주말 산꾼의
등산 이야기

주말 산꾼의 등산 이야기
100대 명산 그랜드슬램을 넘어 산행은 계속되어야 한다

초판 1쇄 발행 2023년 12월 25일

지은이 이진석
펴낸이 장길수
펴낸곳 지식과감성#
출판등록 제2012-000081호

교정 한장희
디자인 정한나
편집 정한나, 이현
검수 김지원, 이현
마케팅 김윤길, 정은혜

주소 서울시 금천구 빛꽃로298 대륭포스트타워6차 1212호
전화 070-4651-3730~4
팩스 070-4325-7006
이메일 ksbookup@naver.com
홈페이지 www.knsbookup.com

ISBN 979-11-392-1372-0(03810)
값 18,000원

- 이 책의 판권은 지은이에게 있습니다.
- 이 책 내용의 전부 또는 일부를 재사용하려면 반드시 지은이의 서면 동의를 받아야 합니다.
- 잘못된 책은 구입하신 곳에서 바꾸어 드립니다.

지식과감성#
홈페이지 바로가기

주말 산꾼의 등산 이야기

100대 명산 그랜드슬램을 넘어 산행은 계속되어야 한다

이진석 지음

등반에서 자신이 하고자 하는 것은 아무 문제 될 것은 없다. 속도등반을 한다면 아이거 북벽을 빨리 올라가면 된다. 그렇다 해도 세상이 바뀌는 것은 아니다. 하지만 아마도 자신의 세계는 변할 것이다. 저녁에 잠자리에 들게 되면 자신이 해낸 일을 알게 될 것이다. 그것이 바로 자신의 변화라면 그것으로 행복할 것이고, 그것이 가장 중요한 것이다.

스위스머신 - 율리 스텍 (1976-2017)
The Swiss Machine - Ueli Steck

샤모니 Les Drus "North Couloir Direct"를 오르는 율리 스텍(2015-12-12)

[출처] https://commons.wikimedia.org/wiki/File:Ueli_Steck_Les_Drus_%22North_Couloir_Direct%22_(VI,_AI_6%2B,_M8)_3_(cropped).png

추천사

  오랫동안 같은 회사에서 근무하며 산행을 같이 했던 이진석 박사가 산행기를 출간한다고 추천사를 부탁해 왔다. 반가운 일이다. 2003년 4월에 발족하여 한 달에 한 번, 금요일 일과 후 출발하여 토요일 장시간 대간 산행을 했던 백두대간산악회에 이진석 박사는 2008년 합류하여 내가 퇴직할 무렵인 2018년 초까지 대간과 전국 명산을 찾아다니는 산행을 오래 같이하였다. 지금도 매월 전국의 유명 휴양림 산장을 함께 찾고 있으니 참으로 오랜 산친구라 할 수 있다.

  보내 준 산행기를 읽어 보고 웃음이 나왔다. 산행기가 회사에서 보던 그의 보고서와 느낌이 똑같다. 화공이 전공인 이 박사는 화학공장의 컴퓨터 시뮬레이션에 기반한 공정설계 관련 일을 주로 했다. 늘 엄청난 양의 데이터와 백 페이지도 넘는 보고서로 유명했는데 산행기도 비슷한 느낌이다. 산행기에는 오랜 시간 꼼꼼하게 적어 놓은 데이터와 자료들이 엄청나다. 이렇게 무수한 산행을 하면서 모든 기록을 유지하는 것도 아무나 할 수 없는 일이다. 이 자료를 보면 평생 산에만 다닌 사람 같다. 회사에서, 연구소에서 그 많은 일을 이루어 낸 사람이라는 것이 상상이 잘 안 간다. 진정으로 좋아하는 것이 있는 사람은 행복한 법이다.

  산에 같이 다니면서 느끼는 또 한 가지는 그의 엄청난 체력이다. 그렇게 많은 산들을 다니면서도, 산행 후 뒤풀이도 즐기는 편인데 아직 어디 아프다는 소리를 들어본 적이 없다. 서울서 경상남도의 산들도 당일로 다녀오는 것을 예사로 한다. 이는 모두 회사 근무지 관계로 인한 오랜 주말부부 생활과 주말 산행으로 집을 자주 비우는 그를 잘 지원해 주신 어 부인 덕분이다. 앞으로도 오랫동안 건강하게 산행을 다닐 수 있기를 바랄 뿐이다.

한화토탈 부사장, 백두대간산악회 회장
최창현

머리말

　1998년으로 기억한다. 당시 다니던 회사에서 경영 악화를 타개하기 위한 회사 수익 극대화 운동으로 LIFT21이라는 캠페인을 실시했었다. 이와 같은 캠페인을 하게 되면 으레 정신력 강화를 위한 단체 등산 행사를 하는 것이 당시의 관행이라서 회사 근처에 있는 서산 팔봉산에 갔다. 평소 술만 즐기고 운동을 멀리하던 나는 재주껏 중간에 빠져나가 술벗 JK와 주변 술집에서 한잔하다가 단체 등산이 끝나 갈 때 슬그머니 일행에 합류하려 했는데 등산 코스가 원점회귀가 아니라 산 반대편으로 넘어가게 되어 있어 결국 하는 수 없이 일행을 따라 산을 넘게 되었다. 아니나 다를까 산행 초반부터 얼굴이 허예지면서 계속 쉬어 가던 나는 SJ 등 동료들의 도움 덕분에 간신히 팔봉산 종주를 마칠 수 있었다. 이때 결심을 하게 된 게 운동을 안 하고 이 상태로 가면 건강상에 큰일이 생길 수도 있겠구나 하는 것이었다. 어떤 운동을 할까 하다가 허리둘레가 36인치에 달할 정도로 배가 볼록했던 나는 무릎에 부담이 덜 가는 운동부터 시작하는 것이 적합할 것으로 생각했다.

　당시 근무하던 공장의 주요 이동 수단이 자전거였고 자전거가 무릎에 부담이 적었기 때문에 자연스럽게 공장 내에서 자전거 타기부터 시작하게 되었다. 근무를 마친 저녁 시간에 자전거를 타고 당시 아직 공터로 남아 있던 2단지용 부지를 자전거로 돌면서 기초 체력을 다졌다. 2단지용 부지는 포장도로 이외에는 자연상태 그대로 방치된 미개척지로서 고라니, 꿩, 뱀, 게, 개구리 등 온갖 야생동물의 보고여서 자전거 타는 시간은 그야말로 오지를 탐험하는 즐거움까지도 안겨 주었다.

　운동과 함께 자연도 탐닉하게 된 나는 주말에는 인근 지역에서 등산에 도전하였다. 등산은 대학 시절 여름방학 때 몇 군데 다녀온 이후 처음이었다. 초기에는 예산 가야산, 예산 덕숭산, 홍성 용봉산 등이 주된 산행지였으며 가끔 서울에 올라오면 북한산, 관악산, 불암산 등에도 오르며 더욱 산행의 매력에 빠지게 되었다.

이후 개인적으로, 또는 등산 모임에 가입하여 전국의 산을 누빈 지 어언 20년이 넘었고 그동안의 산행 활동을 반추하고자 나의 등산 이야기를 쓰기로 하였다. 이미 시중에 전문 산악인과 일반인들의 수많은 등산 이야기책이 나와 있으니 이 책이 새로울 것은 전혀 없을 것이다. 그러나 어쨌든 나에게 있어서는 인생의 취미 활동 기록이니 의미가 남다를 수밖에 없다. 등산은 우리나라 중장년층의 주요 취미 활동이고 최근에는 젊은이까지 즐기는 국민 취미로 등극하였으니 이 책을 보면서 작은 공감이나마 가지면 좋겠다. 공감을 못 해도 그만이긴 하다. 나의 등산 이야기를 쓰고 사진 정리를 하면서 충분히 즐거웠으니까.

1장의 글은 본격적으로 산행을 취미로 갖기 전인 젊은 시절, 특히 대학 시절인 1980년대 초반에 몇 차례 산에 다녔던 이야기다.

2장의 글은 산행 초보 시절인 2000년대에 서산, 서울 근방의 근거리 산행, 그리고 이따금씩 장거리 원정 산행을 다녔던 이야기다.

3장의 글은 계속되는 산행 중 느끼게 되는 슬럼프를 극복하기 위해 2008년 이후 산악형 국립공원, 1,500m 11좌, 100대 명산 그랜드슬램, 주요 종주코스 완주 등의 목표를 가지고 산행을 했던 이야기다.

4장의 글은 가족, 동료들과 함께 산행하면서 느끼고 경험했던 관계 지향의 이야기다.

5장의 글은 나의 산행 유형, 산행과 관련된 여러 가지 잡다한 얘깃거리와 내가 섭렵한 산악문화에 대한 이야기다.

6장의 글은 남은 인생의 산행을 위한 실행 계획 또는 희망 사항을 적은 것이다.

끝으로 이 책을 나의 등산을 때로 지원해 주고 또 때로는 견제해 준 사랑하는 아내에게 바친다.

2023년 6월
상도동에서
진짜돌 이진석

목차

추천사   6
머리말   7

1. 젊은 시절의 산행
- 외설악 산행   12
- 내설악 산행   13
- 지리산 산행   14
- 덕유산 산행   16
- 한라산 산행   17
- 등산 없는 생활   18

2. 본격 산행 입문기
- 서산에서의 산행   20
- 서울에서의 산행   24
- 장거리 원정 산행   28

3. 목표 지향의 산행
- 산악형 국립공원   34
- 도별 최고봉   40
- 1,500m 11좌   42
- 100대 명산 그랜드슬램   45
- 100대 명산 너머   74
- 둘레길   75
- 주요 종주코스   81
- 산경표 산줄기   115

4. 관계 지향의 산행
- 가족과의 산행   134
- 직장 동료들과의 산행   140
- 대학 동창   159
- 중고교 동창   165
- 퇴직 후 전 직장 동료   171

5. 산중 한담

- 가족 휴가 중 솔로 산행　179
- 출장 중 산행　184
- 동네 뒷산　187
- 섬 산행　191
- 해외 산행　202
- 등산 흑역사　221
- 기암괴석 이야기　223
- 산행 준비 및 기록 남기기　229
- 산행 용품　230
- 교통수단　236
- 등산과 관련된 신기술 아이디어　238
- 동명이산 식별법　241
- 산악문화　243

6. 산행은 계속되어야 한다

- 단기 계획　260
- 중장기 계획　260
- 관계 지향　267

참고문헌　269
부록 1 풍광 사진 모음　277
부록 2 산행 기록　306

후기　337

1.
젊은 시절의 산행

우리 베이비 부머 세대에게는 당연한 얘기겠지만 어린 시절 부모님과 등산을 다니는 친구가 있다는 얘기는 들어본 적이 없다. 먹고살기 바쁜 우리 부모님 세대는 대부분 취미 활동을 구가할 여유는 없었고 따라서 자녀를 데리고 산을 찾아간다는 것은 생각하기 힘들었다. 나 역시 동네 친구들과 금화산(현재의 안산)의 바위에서 서부극 놀이를 하느라 올라갔던 일, 초등학교에서 단체로 북한산에 갔던 일, 중학교 때 금화산에 곤충 채집하러 갔던 일, 파주 외갓집 뒷산에 놀러 갔던 일 정도가 대학 입학 이전에 산에 올랐던 기억의 전부이다.

외설악 산행

대학 입학 이후 비로소 제대로 된 등산이라는 것을 하게 되었다. 당시 대학생들은 방학 기간을 이용해 여행 가는 문화가 있었는데 특히 국내 명산에 등산 가는 경우가 많았다. 대학 1학년 때 가족 피서 여행으로 동해안 망상해수욕장에 갔는데 집에 오는 길에 형과 설악산에 들러 설악동 야영장에 텐트를 치고 비룡폭포, 비선대, 금강굴, 울산바위 등을 다녀온 것이 인생 최초의 등산이라고 할 만하다. 당시 주식은 꽁치통조림 등을 넣은 잡탕찌개나 3분 카레였고 알코올버너로 조리해 먹었다. 산행 후 베이스캠프인 야영장에 내려와 마신 맥주는 이제껏 인생 최고의 맥주로 기억된다. 울산바위에 올라가면 등정 기념 메달에 이름과 날짜를 새겨서 파는 분이 있었는데 힘겹게 울산바위 정상에 올랐던 나는 이 메달을 목에 걸고 뿌듯하게 하산했다. 그러나 수돗가에서 씻다가 메달을 흘리고 오고 말았다. 아쉬워하던 나를 위해 형이 1년 후에 울산바위에 올라 내 이름으로 메달을 만들어서 선물로 주었다는 훈훈한 얘기가 전해지고 있다.

형이 내 이름을 새겨서 선물로 준 설악산 울산바위 메달. (1983-3-29)

내설악 산행

대학 2학년 때는 고등학교 동창인 NI, BS와 내설악 산행을 했다. 당시 입대를 앞둔 NI의 환송 여행 성격이었다. 호기롭게 기타를 둘러메고 마장동 시외버스터미널에서 버스를 타고 용대리로 향했다. 지금은 용대리에서 백담사까지 버스가 운행되지만 당시에는 용대리에서부터 걸어 들어가야 했다. 결국 수렴동 대피소 부근에 텐트를 치고 첫날 밤을 보냈다. 마침 비까지 내려서 방수가 제대로 되지 않는 텐트 내에서 추위를 경월 소주로 달래야 했다.

다음 날도 계속 비가 내려 우중 산행을 했는데 제대로 먹지도 못해 생쌀을 씹어 먹으면서 힘겹게 봉정암까지 올랐다. NI는 빗물을 먹어서 더

설악산 대청봉에서 BS, NI와 함께. 빗속에 생쌀을 먹어 가며 고생하여 올랐다. 정상석이 지금 것보다 작고 검은 글씨로 적혀 있다. (1983년 8월)

무거워진 텐트를 메고 가느라 어깨에 피멍까지 든 상태였다. 모두들 기진맥진한 상태였는데 다행히 봉정암에 잘 자리가 있어 퀴퀴한 냄새를 풍기는 산장의 참맛을 보면서 몸을 누일 수 있었다.

다음 날은 대청봉을 찍고 천불동계곡으로 하산하는데 중간에 아킬레스건이 부어올라 절뚝거리면서 어렵사리 설악동으로 빠져나올 수 있었다. 산행 초짜가 무리한 탓이리라. 그날 밤은 낙산해수욕장에 텐트를 치고 모처럼 마음 편하게 쉬었다. 이튿날 시외버스를 잡아타고 용산터미널로 돌아옴으로써 대단원의 첫 야영산행을 마무리 지었다.

지리산 산행

대학 3학년 때는 형, BS와 함께 지리산 종주에 나섰다. 마침 LA 올림픽이 열렸던 때라 산행 중 김원기의 금메달 소식을 듣기도 했다. 첫날 밤

지리산 노고단에서 BS, 형과 함께. 모두 수건을 목에 두른 것이 특징적이다. (1984년 8월)

은 화엄사 인근에서 텐트 치고 자고 이튿날 본격적으로 산에 올랐는데 무거운 배낭을 메고 올라가던 형이 체력이 급소진되면서 계속 쉬는 바람에 진행은 더디기 그지없었다. 막판 깔딱고개에서 그야말로 깔딱거리며 노고단에 올랐더니 군사도로가 뚫려 있어 허탈함을 느끼기도 했다. 이날은 비까지 왔는데 추위에 떨며 노고단에서 먹은 사발면은 인생 최고의 맛이었다. 노고단산장에 자리가 있어 텐트를 치지 않고 산장에서 잤는데 너무 피곤하면 잠을 못 이룬다는 것을 깨닫기도 했다.

다음 날 삼도봉을 지나 뱀사골산장에 잠시 쉬어 가기로 하고 내려서다가 형이 뒤를 보며 LA 올림픽 한국 사이클 선수 일화를 얘기하다가 앞으로 넘어졌는데 귀에서 피가 나서 화들짝 놀란 우리는 종주를 포기하고 서둘러 뱀사골 방향으로 하산하였다. 뱀사골 약국에 갔더니 별거 아니라는 약사님의 말씀을 듣고 긴장이 풀려 더덕을 안주로 동동주를 신나게 마셨다. 안도감에 과하게 술을 먹은 탓에 거나하게 취한 우리는 누군가가 틀어 놓은 〈미워도 다시 한번〉을 자장가 삼아 잠이 들었다.

이튿날 반선에서 남원으로 나가기로 하고 버스를 기다리다 BS가 작은 사고를 당했는데 하드 먹다가 벌에 쏘였는지, 새똥을 맞았는지 기억이 오락가락한다. 남원으로 가서 고속버스로 귀경함으로써 종주를 못 해 아쉬운 지리산 산행을 마쳤다. 남원터미널 인근에서 먹은 콩나물해장국은 인생 최고의 맛으로 기억된다. (지리산 종주는 이로부터 무려 23년 이후인 2007년에 달성하게 된다. 형도 2011년에 백무동 코스로 천왕봉에 올랐다고 한다.)

덕유산 산행

대학 4학년 때는 과외 친구인 HJ와 지금은 이름이 기억나지 않는 HJ 친구와 함께 덕유산 산행에 나섰다. HJ는 과외 친구이기도 하지만 작은 외할아버지의 처제의 아들이기도 하다. 무주 구천동 여관인지 민박에서 첫날 밤을 보냈는데 풀숲의 반딧불이의 영롱한 빛이 지금도 기억에 선명하다.

덕유산 향적봉에서 HJ와 함께. 한양대에서 아나운서를 하던 멋진 친구였다. (1985년 여름)

다음 날 백련사를 경유하여 덕유산에 오른 후 다시 원점회귀를 하는 산행을 했는데 비교적 무난한 산행이었던 걸로 기억한다. 산행 후 전주를 경유하여 변산에서 하룻밤을 더 자고 귀경했다. (나와는 중학교 때부터 밤샘 고스톱, 자전거 놀이 등을 함께 하며 우정을 나눴고 한양대 방송부에서 아나운서로 활약할 정도로 목소리가 좋은 HJ가 지금은 고인이 되었으니 인생이 무상하다.)

한라산 산행

대학원 입학을 앞둔 1986년 2월 고등학교 친구인 JH, SY와 제주도 여행을 했는데 이때 한라산 등산도 했다. 어리목을 들머리로 하여 겨울 산을 두꺼운 파카를 입고 조금 오르다가 라면만 끓여 먹고 하산했다. 나에게는 첫 동계등반이었던 셈이다.

어리목에서 한라산에 오르는 중 JH, SY와 함께. 중간에 라면만 끓여 먹고 하산. (1986년 2월)

등산 없는 생활

대학원 입학 이후 등산과는 담을 쌓고 살았다. 술과 친구가 인생의 낙이었으며 평균 일주일에 6일 이상 술을 마시는 생활이 계속되었다. 한 달 내내 하루도 안 쉬고 술을 마시기도 했다. 대학원 시절에는 그래도 교문에서 15분 거리인 공대 건물까지 걷고 같은 연구실 선후배들과 우유 팩차기나 족구 등을 하는 등 운동량이 충분해서 그런지 건강상에 이상 징후는 전혀 없었다. 기억을 더듬어 보니 당시에도 등산 비슷한 것을 하긴 했다. 같은 연구실 선후배들과 설악산 비선대에 갔다가 낙산에서 하룻밤 자고 돌아오는 1박 2일 여행을 했었다. 행복한 시간이었다.

그러나 대학원을 졸업하고 직장에 다니면서 문제가 발생하였다. 지방의 석유화학회사에 입사한 이후 도어투도어의 버스운행과 계속되는 음주로 배불뚝이가 되었고 머리말에 전술한 바와 같이 회사 단체 등산 행사로 갔던 서산 팔봉산에서 충격적인 경험을 하고야 말았던 것이다. (팔

대학원 같은 연구실의 1박 2일 MT 중 설악산 비선대 가는 길에서.
앞줄 왼쪽부터 JE, SM, 뒷줄 왼쪽부터 SS, 나, JW, YW, SJ, SM. (1987년 12월)

봉산 이전에 홍성 용봉산에도 단체 등산을 갔었으나 이때는 아직 몸이 덜 망가진 시기여서 비교적 무난히 다녀왔었다. 당시 대전에 있던 회사 연구소에서 소백산 단체 등산 행사도 있었으나 내가 속한 팀은 공장에 있어 등산 행사 초청을 고사하기도 했다.)

이상이 내가 40세에 본격적으로 산행에 뛰어들기 이전에 했던 등산 경험의 전부다.

한창 배불뚝이 시절의 모습. 미국 위스콘신 매디슨 출장 중 들른 모도나 호수에서. (1995년 5월)

2.

본격 산행 입문기

🧭 서산에서의 산행

건강상의 문제로 운동에 입문할 수밖에 없게 된 당시의 사정은 머리말에 전술한 바 있다. 자전거 타기로 기초체력을 다지고 아울러 자연에 동경을 가지게 된 나는 우선 집 주변의 산을 찾기 시작했다. 주말이면 집 뒤의 옥녀봉을 주로 오르내리며 산과 친숙해져 갔다. 옥녀봉은 전국적으로 수십 군데에 달할 정도로 흔한 산 이름인데 서산 옥녀봉은 해발 180m 정도에 불과한 낮은 산이다. 전형적인 동네 뒷산으로 볼 수 있는데 산행 초짜가 등산에 필요한 근력이나 심폐지구력을 키우기에 최적화된 곳이다. 마침 동네도서관이 옥녀봉 능선 반대쪽에 있어서 책을 빌리러 옥녀봉을 넘어 다니는 일은 내게 큰 즐거움을 주었다. 어느 정도 체력에 자신감이 붙

서산 옥녀봉 정상에 오른 둘째. (2002-10-12)

은 나는 옥녀봉의 낮은 높이를 보완하기 위해 옥녀봉 능선을 타는 중간에 산을 오르락내리락하며 산행을 즐겼다.

나의 관심은 점차 주변의 더 큰 산으로 옮겨 갔다. 인근 최고의 명산이 예산 가야산이라는 데에는 이견이 없었다. 가야산의 다양한 코스를 다니며 더욱 산행의 즐거움에 빠지게 되었다. 기록을 찾아보니 가야산 산행 횟수만 총 17회에 달하였다.

가야산 산행 중에 잊지 못할 일도 있었다. 2003년 1월 식구들을 인근 세심정목욕탕에 데리고 가서 식구들이 온천욕을 하는 사이 나는 가야산 들머리인 상가리에 갔다. 핸드폰이 주머니에서 흘러나와 차에 두고 내린 것을 인지하지 못하고 산행에 나선 것이 문제의 발단이 된다. 눈길에 아이젠도 없이 갔다가 미끄러운 길에 다리에 무리한 힘을 주는 바람에 장경인대에 무리가 가서 막판 엄청 고생했다. 중간에 김종필목장으로 길을 잘못 든 탓에 시간도 많이 경과하고 말았다. 다리가 아파 차를 세워둔 상가리로 하산하지 못하고 가까운 일락사로 하산하여 인근 주민의 도움으로 콜택시를 호출했다. 어렵사리 상가리로 이동하여 마눌님에게 전화했더니 울고불고 난리다. 이 사건으로 두고두고 마눌님이 단독산행에 제동을 걸었다. 물론 나는 적당히 둘러대고 단독산행을 계속했지만.

가야산 이외에도 서산 도비산, 서산 팔봉산, 예산 덕숭산, 홍성 용봉산, 광천 오서산, 보령 싱주산 등 시신에서 멀지 않은 지역의 산들을 혼자 또는 가족이나 직장 동료들과 함께 오르기도 했다. 특히 나를 산의 세계로 이끌었던 팔봉산에 다시 가 보고 전혀 힘이 들지 않을 정도로 체력이 향상했음을 깨닫고 놀랐다.

예산 가야산 석문봉에 올라. 본격 등산에 나선 이후 산에서 찍은 첫 사진으로 추정된다. 금강제화에서 나온 중등산화를 신고 있다. (2002-9-15)

용봉산 정상에서. (2002-9-29)

서산 도비산을 오르는 가족. (2002-11-24)

예산 가야산 일락산에서. 이날 가족들이 인근 목욕탕에 있는 동안 막간 산행을 하다가 하산이 늦어져 걱정을 끼쳤다. (2003-1-12)

덕숭산의 천하장사 큰애. (2003-3-23)

서울에서의 산행

이따금 본가와 처가가 있는 서울에 들를 때면 서울 안팎의 산을 그냥 두고 갈 수는 없었다. 북한산, 관악산, 수락산, 불암산, 청계산 등 상대적으로 높은 산은 물론 안산, 인왕산, 대모산, 구룡산, 우면산, 백련산 등의 작은 산까지 섭렵했다. 이후 2007년 2월 서울로 이사 온 후에는 매 주말 특별한 일이 없으면 서울 근방의 산에 올랐다. 북한산과 관악산은 일반 산행객의 통행이 가능한 주요 등산로는 안 가본 데가 없을 정도가 되었다. 북한산에서는 비정규탐방로까지도 갔었는데 다음은 비법정탐방로인 호랑이굴에 처음 갔을 때의 산행기다.

▲ 북한산 호랑이굴 탐사 (2007-11-10)

코스: 우이동 – 용덕사 – 육모정고개 – 영봉 – 하루재 – 백운산장 – 백운대 인수봉 사이 안부 – 호랑이굴 – 백운대 – 위문 – 용암문 – 동장대 – 대동문 – 보국문 – 정릉

고등학교 친구 BS가 11월 3일이나 10일에 산에 가자고 한다. 3일은 전 팀원 MS 결혼에 가야 해서 10일에 가기로 했다. 10시 수유역 부근 맥도날드에서 만나 코스를 어떻게 잡을까 하다가 최근 자연휴식년제에서 풀린 우이동 육모정고개 쪽을 산행 들머리로 잡기로 하였다. 과연 육모정고개 코스는 등산객도 얼마 없고 쾌적한 분위기의 산행을 즐길 수 있는 곳이었다. 영봉을 거쳐 하루재에서 도선사 코스와 만난다. 조금 올라가니 백운산장. 여기서 바로 위문으로 갈까 하다가 이왕이면 코스에 변화를 줄 생각으로 산장을 끼고 우회전하여 백운대와 인수봉 사이 안부 쪽으로 향했다. 여기에서는 인수봉 하강 코스가 손에 잡힐 듯이 가깝게 보인다. 말로만 들었던 호랑이굴이 이 부근에 있다는 것이 기억나서 주변 사람에게 물어보니 안부 틈새를 빠져나가 바로 왼쪽으로 꺾으면 된다고 하여 가보니 말대로 호랑이굴 입구가 보인다. 구멍에 들어가니 몸 하나 겨우 통과할 정도의 틈새인데 어두워서 잘 보이지도 않는다. 여기를 배낭을 벗어 손에 들고 꾸역꾸역 통과. 호랑이굴을 나오니 백운대 정상 가는 길에 발 디딜 곳이 마땅치 않다. BS는 여기서 다시 호랑이굴로 되돌아가 위문 쪽으로 향하고 나는 어쨌거나 백운대 방향으로 향했다. 백운대에 올랐다가 위문에서 BS와 다시 만나 보국문을 거쳐 정릉으로 나왔다. BS는 애 생일 때문에 일찍 귀가하고 나는 고등학교 친구 NI와 종로 영풍문고에서 만나 1차 낙지, 2차 골뱅이를 먹고 귀가. 무교동 태성골뱅이집에서 모 은행 젊은 남녀 사원들이 구호를 외쳐 가며 맥주를 먹고 있었다. 어느 조직에 있느냐에 따라 노는 문화가 시대 흐름과 역행할 수도 있다는 생각을 하였다.

도봉산 신선대에서 자운봉을 배경으로. 당시에는 운동복을 입고 산에 올랐다. (2002-12-22)

북한산 백운대에 올라. (2003-7-17)

청계산 정상 망경대에서. (2003-8-17)

수락산 주봉에서. (2003-9-7)

불암산 정상에서. 일반 잠바를 입고 올랐다. (2004-4-16)

북한산 백운대 호랑이굴을 돌파하는 BS. (2007-11-10)

장거리 원정 산행

등산에 취미를 붙인 나는 거주지 주변 산행을 벗어나서 장거리 원정 산행에도 나서게 되었다. 장거리라고는 하지만 산행지는 대부분 거주지인 서산이나 서울에서 200km 이내의 장소가 많았으나 이따금 지리산, 한라산 등 진짜 장거리 원정에 나서기도 하였다. 당시 장거리 원정 산행 갔던 이야기들을 몇 가지 소개한다.

> ▲ 꾸역꾸역 오른 속리산 산행 (2005-5-28)
>
> 코스: 주차장 - 법주사 - 세심정 - 문장대 - 신선대 - 천황봉 - 세심정 - 법주사 - 주차장
>
> 금요일 대전에서 워크숍이 있어 갔다가 직장 동료 WS, YS와 함께 유성 놀부보쌈에서 1차, 인근 술집에서 2차, 그리고 둔산 갤러리아 부근 러시안 술집에서 3차를 먹고 다시 유성에서 취침. 이튿날 술이 덜 깬 상태에서 해장국 먹고 속리산으로 기어이 향했다. 꾸역꾸역 산행을 마치고 돌아오는 길에 졸려서 휴게소에 차를 세워 두고 잠시 눈을 붙였는데 선잠에서 깨는 순간마다 운전 중 잠든 것으로 착각하여 화들짝 놀랐다가 다시 잠들기를 반복.

속리산 정상 천황봉에서. 전날 대전에서 거나하게 술을 마셔 쉽지 않은 산행이었다. 2008년 봉우리 이름이 천왕봉으로 바뀌었다. (2005-5-28)

▲ 직소폭포에 실망한 내변산 산행 (2006-9-24)

코스: 내소사주차장 - 관음봉 - 원암재 - 직소폭포 - 낙조대 - 월명암 - 남여치 - [택시] - 내소사

변산에 같이 가기로 한 NC가 빵꾸를 내는 바람에 혼자 다녀왔다. 내소사 주차장을 들머리로 하였는데 암릉길과 흙길이 적절히 조화되었으며 등산이라기보다는 오르내리는 트레킹 코스에 가깝다. 원암재에서 직소폭포 가는 길은 고즈넉한 오솔길이라서 좋았다. 직소폭포는 물이 말라 질질 흐르는 형국이었다. 아쉽다. 가지고 간 지도에는 낙조대가 월명암 지나 있는 것으로 표시되어 있어 낙조대에 오르고도 낙조대인 줄 모르고 남들이 사진 찍길래 얼떨결에 낙조대에서 인증샷을 한 장 찍었다. 월명암을 통과하여 쌍선봉에 오르려 하였는데 포인트를 놓쳐 그냥 남여치 매표소로 나와 버렸다(나중에 확인하니 쌍선봉은 통제구역이다). 원점회귀 하자니 기력 및 시간이 딸려 2만 원 주고 택시를 불러 타고 내소사로 돌아왔다. 주차요금도 시간별 정산제로 5,600원이나 물었다. 입장료도 3,200원을 냈으니 총 8,800원을 낸 셈이다. 본전 생각이 나서 내소사를 둘러보고 귀가.

▲ 가고 오고 머나먼 동두천 소요산 환종주 (2007-6-17)

코스: 주차장 - 매표소 - 일주문 - 자재암 - 하백운대 - 중백운대 - 상백운대 - 나한대 - 의상대 - 공주봉 - 구절터 - 일주문 - 주차장

더운 날씨다. 서울 근교에서 갈 만한 산을 찾던 중 전철로 갈 수 있는 소요산을 떠올렸다. 가는 데 전철로 2시간이 걸렸다. 전철에 자리를 잡고 졸다 깨다를 반복하는 지루한 여행. 원래 BS와 함께 가려고 하였으나 가겠다던 BS가 집에 가더니 여러 가지 일로 못 가겠단다. 아마도 마나님이 "가긴 어딜 가" 한 건 아닌지. 자재암까지 피크닉코스. 자재암부터 하백운대까지는 제법 가파르다. 하백운대에 오르니 예의 아이스크림 장수가 있다. 다시 하백운대에서 상백운대까지는 피크닉 코스. 상백운대에서 나한대까지는 숨을 몰아쉬게 하는 코스다. 나한대 바로 위가 정상인 의상대. 등산 마치고 집에 오는 길은 역시나 몹시 지루했다.

물이 마른 직소폭포. (2006-9-24)

소요산 정상 의상대에서. 지하철로 가고 오고 시간이 많이 걸렸다. (2007-6-17)

▲ 핸드폰 없는 강화도 마니산 종주 (2007-6-30)
코스: 정수사 - 암릉지대 - 참성단 - 계단길 - 마니산국민관광지

장마철이다. 마침 주말에 비가 안 온다는 예보에 한 번도 가 보지 못한 강화도의 마니산을 다녀오기로 했다. 강화도는 아직 교통편이 그다지 좋지 않다. 마니산 화도행 직행버스가 시간당 1대씩 있어 5호선 송정역으로 나가 타려고 시간 맞추어 나갔는데 어영부영하다가 눈앞에서 놓치고 하는 수 없이 강화터미널행 버스를 탔다. 이왕 터미널로 간 김에 들머리를 정수사로 바꾸었는데 정수사에서 버스에서 내리면서 핸드폰을 흘리는 바람에 이걸 찾느라고 한바탕 쇼를 했다(핸드폰은 이튿날 주운 분으로부터 돌려받았다). 어쨌든 들머리를 정수사로 한 덕분에 아기자기한 암릉지대를 통과할 수 있었다. 마니산 정상이 정수사, 함허동천길 만나는 지점인지, 참성단 부근인지가 불분명하다. 어쨌든 두 군데를 다 통과했으니 정상은 밟은 셈이다.

▲ 만만치 않은 사다리병창으로 오른 치악산 비로봉 산행 (2007-8-17)
코스: 제2주차장 - 매표소 - 구룡사 - 구룡폭포 - 세렴폭포 - 사다리병창길 - 비로봉 - 입석사갈림점 - 계곡길갈림점 - 계곡길 - 구룡사 - 제2주차장

영동고속도로가 밀릴지 모른다는 우려로 5시 기상하여 5시 반 출발. 용인휴게소에서 아침 먹고, 8시경에 치악산 주차장에 도착했다. 매표소로 향했는데 매표소 바로 앞에 주차장이 또 있는 것을 보고 허탈. 8시 반경에 매표소 통과. 초반 디카가 얼린 생수병 옆에서 일어 사진을 찍지 못하고 폰카 사용. 구룡폭포, 세렴폭포 등의 작은 규모에 실망. 대표적 코스인 사다리병창으로 산행 시작. 비로봉 오르는 길에 구룡사 템플스테이하는 분들이 이날의 미션인지 홀로 또는 떼 지어 산을 오르는 모습이 많이 보였다. 계단은 계속 나오고 갈수록 가팔라지는 쉽지 않은 코스. 막판에 그야말로 꾸역꾸역 오르는 지경이 되었다. 하산은 쥐너미고개를 통하려 했으나 길을 폐쇄한 것을 모르고 내려가다 입석사갈림점까지 갔다가 되돌아오느라 시간을 많이 썼다. 사다리병창길과 평행하게 나 있는 계곡길로 하산하는데 미끄러운 돌을 신경 써서 고개를 숙이고 내려오느라고 목이 뻣뻣할 지경이었다.

마니산 암릉지대. 너덜이 만만치 않다. (2007-6-30)

3. 목표 지향의 산행

부지런히 산을 다니던 내게 슬럼프가 찾아왔다. 사춘기랄까 권태기랄까. 산에 가긴 가는데 이전과 같은 뜨거운 열정이 안 느껴지기 시작한 것이다. 통상적으로 이런 경우에는 다른 취미 활동으로 전환한다고들 하는데 나는 등산 이외에 특별히 관심이 가는 취미 활동이 없었던지라 어떻게 하면 등산을 재미있게 또 의미 있게 할 수 있을까를 생각했다.

산악 에세이를 보면 등산의 의미에 대해 무게 잡고 쓴 글이 많이 있긴 하지만 나는 좀 세속적이지만 정량적으로 달성 여부를 판단할 수 있는 지표를 목표로 세워서 슬럼프를 극복하기로 하였다. 목표를 달성해 나가는 과정에서 의미와 재미를 추구하자는 것이다.

수립한 지표는 산악형 국립공원, 1,500m 이상의 봉우리, 도별 최고봉, 100대 명산의 정상에 오르고 주요 종주코스, 주요 둘레길, 그리고 대간, 정맥, 지맥 등의 산경표 산줄기를 타는 것이다. 물론 처음부터 여러 가지 다양한 목표를 수립한 것은 아니고 산에 다니다 보니 알게 모르게 상기 지표들을 일정 부분 이루게 되었고 자연스럽게 목표 설정으로 연결하였던 것이다. 목표 달성의 재미를 배가하기 위해서 각 목표별로 진척도를 체크해 가며 산행을 진행하였다. 구체적으로는 박성태의《신산경표》별책부록으로 나왔던 대한민국산경도 남한지도를 벽에 붙여 놓고 다녀온 산에 표시하는 방법으로 스스로 동기부여를 하였다. 또 블로그에 산 목록을 포스팅해 놓고 새로운 산에 다녀올 때마다 다녀온 산 목록 쪽으로 옮기는 방법도 사용하였다.

산악형 국립공원

우리나라의 국립공원은 일부 해상 해안형과 사적형을 제외하고는 대부분 산악형이다. 통상적으로 어느 정도 등산에 재미를 들이게 되면 국내에서 몇 손가락 안에 드는 명산 위주로 다니게 되고 이러한 명산은 대부분 산악형 국립공원인 경우가 많다. 어느 정도 산에 다닌 2008년 초에 아직 정상에 오르지 못한 국립공원은 경남 가야산, 내장산, 오대산, 주왕산 등 네 군데만 남게 되었다. (당시 무등산, 태백산, 팔공산은 아직 국립공원이 아니었다. 무등산은 2012년, 태백산은 2016년, 팔공산은 2023년에 국립공원으로 지정되었다.)

오대산 비로봉에서. 버스 타이밍이 잘 맞아 동대산, 두로봉, 상왕봉을 거쳐서 온 것이다. (2008-6-14)

▲ 오대산 4대 봉우리 환종주 (2008-6-14)

코스: 동피골 연화교 – 동대산 – 차돌백이 – 신선목이 – 두로봉 – 두로령 – 상왕봉 – 비로봉 – 적멸보궁 – 중대사 – 상원사

지지부진한 국립공원 프로젝트를 간만에 수행키로 했다. 국립공원 중 정상에 오르는 것의 의미가 크지 않은 주왕산, 변산을 빼고 아직 정상에 가 보지 못한 오대산, 내장산, 가야산에 대해서 서울에서 대중교통을 이용, 당일에 다녀올 수 있는지를 조사하였다. 오대산, 내장산은 당일치기가 가능하며 특히 오대산이 소요시간 측면에서 유리함을 확인하고 산행지를 오대산으로 정했다. 오대산은 이미 식구들과 소금강 일대, 방아다리약수, 월정사 등은 둘러본 곳이지만 본격적인 산행은 하지 못했었다. 4시에 일어나 4시 40분쯤 집을 나서 603 버스로 시청으로 가서 5:39 첫 지하철로 강변역으로 향했다. 6:32 진부행 첫 버스로 진부에 도착하니 웬 버스가 하나 출발하고 있다. 진부행 버스를 함께 타고 간 노인분들이 황급히 이 버스를 세우길래 이거다 싶어 나도 잽싸게 상원사 가느냐고 묻고서 버스에 올라탔다. 8:30 상원사행 첫 버스인데 다음 버스가 9:40이니 70분을 번 셈이다. 애초에 8:30 버스는 어렵다고 생각했었는데 운 좋게 이 버스를 탄 것이다. 버스에서 산행 코스를 애초 계획한 상원사코스 대신 시간이 늘어난 만큼 동대산코스로 바꾸는 것이 괜찮은지를 따져 보았다. 좀 빠듯하지만 안 되면 히치하이크할 심 잡고 연화교에서 하차하여 동대산 방향으로 산행을 시작했다. 간밤에 비가 왔는지 나뭇잎에서 물이 떨어져 비가 오는 것을 방불케 했다. 동대산까지 노인분을 한 명 추월한 것 이외에는 산행객을 찾을 수 없다. 안개까지 자욱하여 완전 몽환적 분위기나. 동대산에서 두로봉까지도 두로봉에 거의 다 가서 노부부를 만났을 뿐이다. 전나무 거목, 손대지 않은 원시림 분위기에 호젓하기까지 하다. 안개 때문에 조망이 안 되는 것 빼고는 다 좋다. 두로봉에서 점심을 먹고 상왕봉으로 향하다 보니 드디어 단체 산행객들을 여러 팀 만나게 된다. 상왕봉, 비로봉을 거쳐 문화재 관람료 2,500원 값을 하느라고 적멸보궁, 중대사, 상원사를 둘러보고 16:20 버스로 진부로 가서 17:15 버스로 동서울행. 비용은 동서울 – 진부 11,800원, 진부 – 상원사 2,460원, 문화재 관람료 2,500원, 김밥 2,000원 해서 총 33,020원 들었다.

▲ 내장산 환종주 (2009-5-2)

코스: 171 버스정류장 – 일주문 – 내장사 – 일주문 – 서래봉 – 불출봉 – 망해봉 – 연지봉 – 까치봉 – 신선봉 – 연자봉 – 장군봉 – 유군치 – 동구리 – 171 버스정류장

아직 정상에 다녀오지 못한 국립공원 산으로 내장산, 가야산, 주왕산이 남아 있는데 5월 30일 회사산행으로 주왕산을 가기로 하였으니 실질적으로 내장산, 가야산 2개산이 남아 있는 셈이다. 노동절을 맞아 2개산 중 서울서 다녀오기 나은 내장산으로 향했다. 5시 반경 640번 버스 타고 고속버스터미널로 가서 6:30 정읍행 고속버스에 올랐다. 정읍에 내려 김밥을 사 가지고 171번 버스를 타고 내장산으로 향했다. 마침 소풍 가는 서영여고 2학년 애들로 버스가 만원이었는데 애들 떠드는 소리에 귀가 따가울 지경이다. 다음 날이 초파일이라 연등 단장이 한창인 내장사를 둘러 보고 서래봉을 향해 출발했다. 애초 내장산을 가볍게 보고 갔는데 날도 덥고 오르락내리락이 심해서 그런지 힘이 많이 들어서 쭉쭉 치고 나가지 못하고 꾸역꾸역 걸어갔다. 여하튼 8봉 종주를 마치고 돌아오는 길에 171번 버스에서 만난 등산객은 엄홍길 씨와 등산학교 동기라고 하여 이런저런 얘기를 나누기도 하였다. 서울 집으로 돌아오니 23시였다.

내장산 정상 신선봉에서. 이날 내장산 8개 봉을 환종주 하였다. (2009-5-1)

▲ 주왕산 주봉 산행 (2009-5-30)

코스: 대전사 – 주왕산 – 후리메기 – 제3폭포 – 제1폭포 – 대전사

국립공원 산 중에서 정상에 안 가 본 2개 산, 주왕산과 가야산 중에서 회사 단체 산행으로 주왕산을 다녀왔다. 주왕산은 주봉(720.6m)이 정상은 아니지만 정상이 뚜렷하지 않기 때문에 일단 주봉에 다녀온 걸로 주왕산 정상에 간 걸로 치기로 했다(주왕산 정상에 대해서는 가메봉(882.7m), 왕거암(907.4m), 두수람(923.3m), 태행산(933.1m) 등 다양한 주장이 있다. 국립공원 측에 문의해 보니 탐방 가능한 곳 기준으로 가메봉을 정상으로 치고 있다는 답변을 받았다). 늘 느끼는 거지만 회사 단체 산행은 갑갑하다. 주왕산은 우습게 보고 올랐지만 생각보다는 녹록하지 않다.

회사 단체 산행 중 주왕산 주봉에서. 맨 오른쪽이 나. (2009-5-30)

▲ 경남 가야산에 하루 두 번 오르다 (2009-11-7)

코스: 해인사 – 상왕봉 – 칠불봉 – 서성재 – 백운동 – 서성재 – 칠불봉 – 상왕봉 – 해인사

드디어 국립공원 프로젝트의 유일하게 남은 산, 경남 가야산으로 향했다. 함께 가기로 한 NC가 전날 장인이 왔다고 함께 못 가 죄송하다는 문자를 보내온다. 금요일 밤 회사를 마치고 단독산행에 나섰다. 회사 버스로 대전터미널까지 가고 다시 20:40 고속버스 막차로 대구로 향했다. 동대구에 내려서 지하철로 서부정류장이 있는 성당못역으로 가서 인근의 대아장에 23시 넘어서 묵었다. 다음 날 6:40 첫차로 해인사로 향했다. 버스에서 한 손을 못 쓰는 노인분과 담소를 나누었는데 높이 순서대로 산행을 진행하고 계시단다. 사진 찍어 부인에게 보여 주는 맛에 다니시는 것 같다. 노익장이 대단하다. 해인사에 내리니 8시 10분경. 애초에는 해인사에서 백운동으로 택시로 가서 산행 후 해인사 방향으로 나올까도 생각했지만 적지 않은 택시비를 쓰는 게 아까워 관두고 그대로 해인사를 들머리로 하는 산행을 진행하였다. 해인사에 들러 잠시 구경을 하고 정상 상왕봉(우두봉)과 칠불봉을 찍고 백운동으로 하산했다. 백운동에서 오뎅 하나 먹고 다시 왔던 길을 되돌려 정상을 찍고 해인사로 하산했다.

가야산 우두봉에서. 이날 해인사에서 우두봉, 칠불봉 찍고 백운동으로 하산했다가 역으로 다시 해인사로 되돌아오는 괴력을 발휘. (2009-11-7)

경남 가야산에 오름으로써 산악형 국립공원 완등을 이루었다. (당시 국립공원이 아니었던 무등산, 태백산, 팔공산 중 무등산은 이미 올랐었고 태백산, 팔공산도 가야산에 다녀온 이후 국립공원 지정 이전에 올랐다.)

산악형 국립공원 최초 등반기록 (시간순)

1. 설악산 1983 (NI, BS 동행)
2. 덕유산 1985 (HJ 등 동행)
3. 계룡산 2002-10-24 (솔로)
4. 북한산 2003-7-17 (솔로)
5. 한라산 2004-4-25 (솔로)
6. 속리산 2005-5-28 (솔로)
7. 월악산 2006-4-15 (솔로)
8. 변산 2006-9-24 (솔로)
9. 소백산 2007-6-6 (회사 방향족생산부)
10. 치악산 2007-8-17 (솔로)
11. 지리산 2007-10-3 (솔로)
12. 월출산 2007-10-27 (회사 방향족생산부)
13. 무등산 2008-1-26 (NC 동행)
14. 오대산 2008-6-14 (솔로)
15. 내장산 2009-5-1 (솔로)
16. 주왕산 2009-5-30 (회사 단체)
17. 가야산 2009-11-7 (솔로)
18. 태백산 2010-1-9 (회사 백두대간산악회)
19. 팔공산 2015-11-28 (솔로)

도별 최고봉

도별 최고봉 달성은 의외로 어렵지 않다. 산 하나가 여러 도에 걸쳐 있어서 일타삼피까지도 가능하기 때문이다. 남한 각도의 최고봉은 한라산(제주), 설악산(강원), 지리산 천왕봉(경남), 지리산 반야봉(전북, 전남), 태백산(경북), 월악산(충북), 서대산(충남), 그리고 화악산(경기)이다. 산을 좀 다니다 보니 의식하지 않은 상태에서 경기도 최고봉인 화악산을 제외하고는 모두 정상에 오른 것을 알게 되었다.

▲ **화악산 중봉 산행 (2011-2-4)**
코스: 건들내 왕소나무 – 천도교수련원 – 중봉 – 큰골계곡 – 관청리

상봉역에서 경춘선을 타고 50분 만에 가평역에 도착하였다. 애초에는 가평터미널로 가서 9시 20분 용수동행 버스를 타고 관청리나 가림을 산행 들머리로 삼으려 했는데 가평역에 8시 55분 화악리행 버스가 있는걸 발견하고 들머리를 건들내로 바꾸었다. 건들내 종점에서 버스에서 내린 사람들과 함께 들머리를 찾았으나 찾지 못하고 헤매다가 결국 한 정류장 전인 왕소나무 정류장까지 되돌아왔다. 처음에 버스에서 만난 세 분과 함께 가다가 먼저 치고 올라갔다. 임도로 한참 올라가다 보니 천도교 수련원이 나왔고 여기서 조금 더 가다 등산로로 빠져야 하는 포인트를 놓치고 관성에 의해서 계속 임도를 따라 걷다가 상당한 알바를 하고 말았다. 다시 되돌아와서 등산로로 접어드니 오르내림이 없이 일방적으로 오르기만 하는 단조증가의 산세다. 마침 안개도 많이 껴서 아무 생각 없이 오르기만 하는데 상당히 힘이 들었다. 군사도로를 지나 험한 길을 조금 더 오르니 1,424m 중봉 도착이다. 여기서 세 분을 다시 만나 인사를 나누고 컵라면으로 점심을 먹었다. 관청리로 내려오는 길은 눈길은 잠깐이고 대부분 너덜길이라서 아이젠을 끼고 걷는 데 힘이 많이 들었다. 그렇다고 아이젠을 풀고 걸을 수도 없는 상황. 얼어붙은 계곡을 대여섯 차례 통과하여 관청리에 당도하니 철제문이 길을 막고 있다.넘어서 통과할까 하다가 옆에 빠져나갈 공간이 있어 통과하다가 양발의 아이젠이 얽혀 앞으로 고꾸라지고 말았다. 무릎도 땅에 찧고 철조망에 바지가 조금 찢어지기도. 관청리에서 택시를 부르고 20분 정도 기다리다 보니 세 분도 마침 당도해서 저렴하게 만 원에 가평역으로(택시요금은 3만 원 넘게 나왔다). 세 분과는 서울 오는 전철에 동승하고 훗날 기회되면 또 보기로 하고 NI 만나러 건대입구로.

화악산 중봉 정상에 오름으로써 도별 최고봉을 졸업했다. 정상인 신선봉에는 갈 수 없다. (2011-2-4)

도별 최고봉 최초 등반기록 (시간순)

1. 설악산 1983 (NI, BS 동행)
2. 한라산 2004-4-25 (솔로)
3. 월악산 2006-4-15 (솔로)
4. 서대산 2006-9-30 (NC 동행)
5. 지리산 반야봉 2007-10-2 (솔로)
6. 지리산 천왕봉 2007-10-3 (솔로)
7. 태백산 2010-1-9 (회사 백두대간산악회)
8. 화악산 2011-2-4 (솔로)

🧭 1,500m 11좌

   세계적으로 8,000m 이상의 봉우리는 모두 히말라야에 있는데 위성봉 빼고 14개가 있어 이를 8,000m 14좌라고 부른다. 이와 유사하게 국내에는 한국의 산하 사이트에 따르면 1,500m 이상의 고봉이 11개 있다. 한라산(1,950m), 지리산(1,915m), 설악산(1,708m), 덕유산(1,614m), 계방산(1,577m), 함백산(1,573m), 태백산(1,567m), 오대산(1,565m), 가리왕산(1,562m), 가리봉(1,519m), 남덕유산(1,507m)이 국내 1,500m 11좌. (통일이 되면 2,300이나 2,400m 고봉 목록이 적용되어야 할 것이다. 대부분 함경도에 위치하고 있다.) 2017년 1월 회사 산악회 산행으로 계방산에 다녀오고 나니 1,500m 고봉 중 내가 오르지 않은 산은 가리왕산, 가리봉 두 군데뿐임을 확인하였다.

인제 가리봉 주걱봉 부근에서 조난당해 구조대원 도움으로 헬기를 타고 속초로 향하던 중. 창밖으로는 울산바위의 장관이 펼쳐지고 있다. (2017-6-5)

▲ 가리봉 산행 중 조난 (2017-6-4)
코스: 한계령 – 필례약수갈림점 – 가리봉 – 주걱봉

애초 용문산 백운봉에 가려다가 산행지를 가리봉으로 바꾸고 아침 일찍 동서울 터미널로 향했다. 시외버스로 한계령에 당도하니 8시 40분이다. 일 보고 어쩌고 하다가 9시 10분경에 휴게소 출발하였다. 들머리를 못 찾고 헤매다가 수로를 타고 올라가 9시 반경에 등산을 개시한다. 늦은 운행 및 알바 덕분에 가리봉에 당도하니 이미 15시 반이다. 주걱봉 인근에 당도하니 16시 40분. 여기서 옥녀탕으로 내려가는 등산로를 못 찾고 헤매다 보니 18시가 거의 되었다. 엎친 데 덮친 격으로 등산 스틱도 부러지고 정식 등산화가 아닌 오래된 트레킹화가 미끄러워 엉덩방아를 찧으며 꼬리뼈에 금이 가는 부상까지 당했다. 뒤늦게 지도에서 구간별 소요시간을 보니 하산 루트를 찾아도 도중에 일몰을 만날 것이 확실하다. 랜턴이 없는지라 하산을 포기하고 그냥 비박할까 하다가 만약을 대비하여 18시 조금 지나 119에 조난신고를 하고 말았다. 구조대를 기다리던 중 20시경부터 1시간 정도 비가 많이 와서 체온 유지에 애를 먹었다. 배낭에 남아 있던 초코바 2개, 사탕 등을 먹고 몸을 비비며 체온 유지에 힘썼다. 희끄무레한 기운이 느껴지는 새벽 4시 반경 인제 구조대와 조우한다. 6시경 헬기를 타고 속초종합운동장에 착륙한 후 구급차로 속초보광병원까지 이동하였다. 간단한 의료체크 후 형 자가용으로 형, 마눌님과 함께 서울로 이동하였다. 조난으로 인해 소방 구조대원 및 밤새 걱정하여 잠 못 이룬 가족, 친척에게 큰 민폐를 끼쳤다. 감사함과 미안함을 전한다. 당시 산행에 임하는 자세가 너무 안이해진 것이 문제였으며 이에 따라 구간별 소요시간 사전 확인 및 산행 중 시간 체크, 제대로 된 장비 준비(정식 등산화, 우비, 윈드스토퍼, 랜턴, 보조배터리 등), 비정규탐방로 산행 자제 및 사람 왕래가 적은 산은 솔로 산행 자제, 비상식량 준비 등 산행 준비를 다잡아야겠다.

> ▲ 인상적이지 않은 가리왕산 산행 (2019-6-6)
>
> 코스: 장구목이 - 정상 - 마항치삼거리 - 휴양림
>
> 국내 1,500m 이상의 산 중 유일한 미답봉인 가리왕산으로 향했다. 반더룽산악회 버스 이용. 산행 내내 그야말로 녹색의 향연이다. 정상부 이외에는 조망은 거의 없지만 녹색의 원시림을 걷는 것도 괜찮다. 하산 후 1시간 반 정도 기다리다가 17시 출발. 20시 양재 도착 후 귀가.

이로써 국내 1,500m 이상 봉우리 완등을 달성했다. (사실 지리산군의 반야봉과 지리산 천왕봉의 위성봉인 중봉, 써리봉 등도 1,500m가 넘지만 이 봉우리들은 한국의 산하 사이트에 빠져 있다. 예전 한국의 산하 사이트의 1,500m 이상 목록에는 반야봉, 중봉, 써리봉이 모두 포함되어 있었는데 기준을 변경한 모양이다. 나는 이 중 반야봉에는 올랐었다.)

1,500m 11좌 최초 등반기록 (높이순)

1. 한라산 2004-4-25 (솔로)
2. 지리산 2007-10-3 (솔로)
3. 설악산 1983 (NI, BS 동행)
4. 덕유산 1985 (HJ 등 동행)
5. 계방산 2017-1-14 (회사 백두대간산악회)
6. 함백산 2010-10-9 (회사 연구소 단체)
7. 태백산 2010-1-9 (회사 백두대간산악회)
8. 오대산 2008-6-14 (솔로)
9. 가리왕산 2019-6-6 (반더룽산악회)
10. 가리봉 2017-6-4 (솔로)
11. 남덕유산 2012-10-5 (솔로)

100대 명산 그랜드슬램

윤백현의 《일본백명산》에 따르면 일본은 후가다 규야가 1964년 100대 명산을 선정한 이래 100대 명산 답파가 많은 산악인들로부터 폭발적인 인기를 얻었다고 한다. 일본을 따라 했는지 아닌지는 불분명하지만 우리나라에서도 2000년을 넘어서면서 100대 명산 목록이 만들어지게 된다. 후가다 규야의 목록이 선정된 이후 다른 100대 명산 목록이 만들어지지 않은 일본과 달리 우리나라는 여러 단체나 산악인들이 자체적인 100대 명산 목록을 만들어 좀 어지러워진 측면이 있다. 한국 100대 명산은 애초 2002년 발표된 산림청, 2004년 발표된 한국의 산하 사이트의 목록이 국내 표준으로 자리 잡았으나 2013년에 블랙야크가 그리고 2018년에 《월간 산》이 자체적으로 100대 명산을 발표하여 현재는 4대 목록이 통용되고 있다. (이 이외에도 각종 등산 안내 책자에 각 저자가 선정한 100대 명산 목록이 수록되어 있기도 하나 영향력은 크지 않다.) 4대 목록 중 산림청 목록이 가장 권위가 있었으나 최근에는 정상 인증에 따른 기념품 제공 등의 이벤트를 펼치는 블랙야크가 가장 큰 영향력을 나타내고 있다고 생각한다. 4대 목록 100대 명산을 모두 아우르면 149개지만 4대 목록에 포함되었다가 현재 빠진 산까지 모두 합산하면 160개다. (한국의 산하 사이트와 블랙야크는 목록을 업데이트하기도 한다.) 4대 목록 올타임 100대 명산의 합집합인 160개 산 완등을 "100대 명산 그랜드슬램"이라고 부르기로 한다. 100대 명산을 의식하게 된 것은 2018년 6월 추월산과 강천산을 1일 2산으로 다녀올 때부터였던 것으로 기억한다. 그렇다고 이후에도 100대 명산을 열심히 찾아다닌 것은 아니고 언젠가 달성하겠지 하고 목표에 접근한다는 마음으로 100대 명산 그랜드슬램 완등 봉우리 수를 늘려갔다. 2일 3산 전남 원정, 합천 매화산, 대구 비슬산, 그리고 퇴직 이후 7일 9산의 남부지방 원정, 100대 명산 뽀개기 등산 여행이 기억에 남는다.

* 2일 3산 전남 원정 (2022-3-5~6)

▲ 장흥 제암산 임금바위 등정 (2022-3-5)

코스: 제암산휴양림 곰재주차장 – 무장애데크 – 곰재사거리 – 가족바위 – 돌탑봉 – 제암산 정상 임금바위 – 원점회귀

토요일에 남도 산행을 나선다. 애초 두륜산으로 가려다가 들머리 도착 시간이 늦어져 산행 거리가 짧은 제암산으로 급변경. 제암산휴양림 일대는 무장애데크가 설치되어 가족 단위의 편안한 산책이 가능한 곳이다. 곰재사거리부터는 경사가 다소 급해진다. 능선에 도달하니 시원한 풍광이 일품이다. 임금바위에 올랐다가 원점회귀. 마눌님이 예약해 준 두륜산 부근 숙소에서 숙박.

▲ 추운 날씨에 고생한 해남 두륜산 환종주 (2022-3-6)

코스: 오소재 – 오심재 – 노승봉 – 가련봉 – 두륜봉 – 진불암 – 천년수 – 북미륵암 – 오심재 – 오소재

남도 산행 2일 차. 숙소 부근 식당에서 아침을 먹으려 했는데 문을 열지 않아 그냥 두륜산 산행에 나선다. 두륜산 풍광은 훌륭하나 날이 춥고 바람이 세서 각 봉우리 위는 서 있기도 힘든 수준이다. 주머니 난로까지 동원하여 손을 녹이며 진행. 고생은 했지만 즐거운 산행이다.

▲ 지치고 힘든 장흥 천관산 산행 (2022-3-6)

코스: 도립공원 주차장 – 장천재 – 금강굴 – 환희대 – 연대봉 – 양근암 – 주차장

어제 오후, 오늘 아침에 산을 연이어 탔더니 몸이 피곤하다. 그러나 남도에 오랜만에 왔는데 명산 천관산을 패스할 수는 없어 기어이 다시 천관산으로 향한다. 1박 2일 식당에서 점심을 먹고 힘겨운 산행을 하였다. 기암과 시원한 능선이 조화롭다.

제암산 정상 임금바위 위의 모습. 약간의 릿지를 해야만 오를 수 있다. (2022-3-5)

두륜산 두륜봉에서 바라본 가련봉, 노승봉, 고계봉. (2022-3-6)

* 합천 매화산

▲ 합천 남산제일봉 산행 후 매화봉에 갔다가 경로 이탈 (2022-3-9)
코스: 청량사 주차장 – 청량사 – 남산제일봉 – 돼지골

선거일을 맞아 산행에 나선다. 가야산 건너편 매화산 남산제일봉과 매화봉을 다녀올 마음을 먹고 간다. 길이 평소 주말보다 덜 막혀 비교적 일찍 들머리 청량사에 도착. 최근 천관산에서 바위 쇼를 실컷 본 직후라 감동은 덜하나 그래도 멋지다. 매화산 정상인 남산제일봉을 찍고 매화봉을 찾아 나섰으나 헤매다가 엉뚱하게 돼지골로 하산. 택시를 불러 청량사로 이동. 기숙사로 돌아와서 네이버지도를 보면서 왜 길을 잘못 들었는지 꼼꼼하게 복기. 산을 꽤 다녔음에도 불구하고 길눈이 어둡다. (한국의 산하 목록 2004년판에 매화산이 있었는데 2012년판에는 빠졌다. 매화산의 최고봉이 남산제일봉이니까 한국의 산하에서 말한 매화산이 남산제일봉일 수도 있다. 그러나 매화산에 매화봉이라는 봉우리도 있는지라 매화봉을 100대 명산 그랜드슬램에 남겨 두었다.)

▲ 미어캣을 만나는 합천 매화산 산행 (2022-8-15)
코스: 돼지골탐방센터 – 매화봉 입구 – 매화봉 – 매화봉 입구 – 남산제일봉 – 돼지골탐방센터

연휴에 하루는 산을 타는 것이 정신건강에 좋다. 마눌님의 재가를 받아 최근 비가 많이 오지 않아 지반이 약화되지 않은 남쪽 산으로 향한다. 목적지는 의상봉과 매화산. 애초 의상봉부터 갈까 하다가 매화산부터 찍고 시간 여유가 있으면 의상봉에 가는 것으로 한다. 길을 잘못 들었던 지난 3/9 산행의 복기를 기반으로 이번에는 문제없이 매화봉까지 내달린다. 그런데 매화봉에서 하산하다가 알바를 하는 통에 시간이 늦어져 의상봉은 다음을 기약한다. (의상봉은 퇴직 이후인 11/1에 가게 된다. 의상봉도 가볍게 다녀올 산이 아니므로 이날 의상봉에 가지 않은 것은 오히려 다행스러운 일이다.) 바람이 많이 불어 비교적 시원하게 산행하였다.

매화산의 명물 미어캣바위의 뒷 모습. (2022-8-15)

* 대구 비슬산

▲ 대구 비슬산 암괴류에서 핸드폰 분실 (2022-7-30)
코스: 유가사 – 천왕봉 – 조화봉 – 대견사 – 휴양림 주차장

좋은 사람들 산악회 버스로 비슬산에 간다. 같이 가자고 MY를 꼬셨으나 끝내 가까운 천마산으로 가겠단다. 초반 유가사를 구경하다가 천왕봉 가는 이정표가 나오길래 그냥 내처 계곡길로 올라갔다. 유가사에 들르지 않은 다른 대원들은 곧바로 능선으로 오른 듯하다. 오르는 중 비가 조금 내렸으나 오히려 더위를 가셔 주는 반가운 비다. 다만 덕분에 조망이 꽝이다. 정상 부근에서 가벼운 알바 끝에 정상을 찍고 점심을 먹은 후 대견사 방향으로 향한다. 조화봉에 들렀다가 대견사 구경을 하는 데까지는 좋았다. 이후 하산길에 암괴류 사진을 찍고 축축한 주머니에 핸드폰을 넣다가 떨어뜨렸는데 바닥에 한 번 튄 핸드폰이 바위 사이로 빠지고 말았다. 다른 대원의 도움을 받아 꺼내 보려고 애를 써 보았지만 역부족. 내시경 장치가 있어야 핸드폰 수거가 가능할 듯. 결국 핸드폰을 분실한 상태로 하산. 집에 오니 20시 반경. 사고 친 하루였다.

▲ 핸드폰 찾으러 갔다가 허탕 치고 만 대구 비슬산 산행 (2022-8-5)
코스: 비슬산자연휴양림 공영주차장 – 셔틀버스 – 대견사 – 대견봉 – 대견사 – 칠부능선 – 조화봉 – 월광봉 – 천왕봉 – 대견사 – 전기차 – 주차장

지난주 7/30 비슬산에서 분실한 핸드폰을 찾기 위해 새벽 일찍 비슬산으로 향한다. 애초 핸드폰을 찾으면 바로 화왕산으로 향하고 못 찾으면 비슬산의 봉우리들을 도는 것으로 계획. 체력 절약을 위해 셔틀버스로 오른 후 대견봉에 갔다가 대견사로 되돌아와서 휴양림 쪽으로 칠부능선까지 하산. 분실 장소인 암괴류에서 핸드폰을 찾느라 애써 봤지만 허탕. 조화봉, 월광봉, 천왕봉까지 갔다가 다시 버스 탑승장으로 되돌아와 전기차로 하산. 귀경하느라 막히는 도로에서 5시간 반 동안 고생. 가는 데 걸린 3시간 반까지 더하면 휴게소 체류 시간 포함 총 9시간 운전.

비슬산 암괴류. 여기서 1주 전에 핸드폰을 빠뜨렸다. (2022-8-5)

비슬산 천왕봉에서. 1주 전에 분실한 핸드폰을 찾으러 왔다가 허탕 치고 다시 찾은 정상. (2022-8-5)

비슬산 천왕봉과 월광봉의 양상블. (2022-8-5)

남부지방 원정 하루 전의 부서원 환송회. 이날의 과음으로 다음 날 이동이 쉽지 않았다. 왼쪽 앞자리부터 시계 방향으로 GS, YH, HC, SM, YJ, YW, IS, HW, JC, SJ, SS, 나, CK, ST, WW. 부서원 전원이 나오도록 사진 2장을 이어 붙였다. (2022-10-25)

남부지방 원정 다녀온 날의 팀장 환송회. 왼쪽 앞자리부터 시계 방향으로 YB, 나, HC, YS, MS, EW, YJ, BS, DJ, SK. (2022-11-1)

* 7일 9산의 남부지방 원정 (2022-10-26~11-1)

퇴직 후 가장 하고 싶었던 것이 장기간 원정 산행이었다. 실제 퇴직하고 보름 정도 경과한 시점에 서산에서의 두 건의 환송회 사이 일주일 정도의 일정을 이용하여 장기 원정 산행에 나섰다. 100대 명산 중 못 가본 곳이 남부지방에 많이 포진하고 있어 아예 남부지방을 죽 돌아보려는 것이다. 장기간 산행에 따른 체력 안배를 고려하여 가장 보편적인 산행 코스를 따르는 것을 기본으로 하고 도전적인 산행 코스는 자제하는 것으로 했다.

▲ 공장 뒷산 여수 영취산 산행 (2022-10-26)
코스: 돌고개주차장 - 영취산 진례봉 - 돌고개주차장

남부지방 산행 제1일. 첫날은 광양 백운산에 가려고 했었으나 전날의 과음으로 인해 출발이 늦어져 비교적 짧은 산행이 가능한 여수 영취산으로 변경하고 GS 칼텍스 공장 길건너 돌고개주차장을 들머리로 삼는다. 영취산은 진달래 산행으로 유명하지만 정상에서의 조망도 멋진 산이다. 짧은 산행을 마치고 여수 숙소에서 숙박.

▲ 정상 조망이 일품인 광양 백운산 산행 (2022-10-27)
코스: 진틀주차장 - 상봉 - 신선대 - 한재 - 논실마을 - 진틀주차장

남부지방 산행 제2일. 오늘은 광양 백운산이다. 가장 보편적인 코스인 진틀에서 정상으로 오르는 코스로 진행. 하산은 신선대를 경유하여 다지 진틀로 하산하는 코스가 대세를 이루나 조금 변화를 주기 위해 한재를 경유하여 내려서는 코스로 진행. 한재 이후로는 임도, 차도로 진행. 하산 후 고성 연화산으로 이동.

광양 백운산 상봉에서의 조망. (2022-10-27)

광양 백운산 상봉과 신선대. (2022-10-27)

▲ 고성 연화산에 올라 연꽃을 보다 (2022-10-27)

코스: 연화산도립공원 주차장 - 매봉(연화1봉) - 느재고개 - 편백쉼터 - 월곡싸리재 - 시루봉 - 월곡싸리재 - 연화산 정상 - 운암고개 - 남산 - 황새고개 - 옥천사 - 주차장

오전의 광양 백운산 산행을 마치고 연화산으로 이동. 중간에 섬진강휴게소에서 점심으로 재첩비빔밥을 먹고 간다. 연화산은 차로 옥천사 또는 더 심하게는 싸리재까지 올라가 정상까지 짧게 오를 수 있으나 나는 제대로 된 산행을 하기로 하고 들머리를 연화산도립공원 주차장으로 잡는다. 연화산을 한 바퀴 돌고 다시 원점회귀. 연화산은 등산로로만 이어지는 것이 아니고 느재고개에서 차도를 만나기도 한다. 월곡싸리재에서 주봉인 연화산으로 바로 가지 않고 시루봉에 들렀는데 시루봉이 주봉인 연화산보다 더 높기 때문이다. (시루봉에서 며칠 후에 가게 될 거류산이 시원하게 조망된다.) 연화산과 남산을 지난 후 막판 시간이 늦어져 선녀봉, 옥녀봉, 장군봉을 패스한 것은 아쉬웠다. 산행 후 거제도 숙소에 숙박. 늘 가족과 함께 묵었던 거제도 숙소에 혼자 투숙하려니 기분이 이상했다.

고성 연화산 정상에서의 조망. 연화산이 왜 연화산인지를 보여준다. (2022-10-27)

사천 와룡산 새섬봉. 이 지역 산악인들이 여기서 암벽등반을 많이 한단다. (2022-10-28)

▲ 종합선물세트와 같은 사천 와룡산 환종주 (2022-10-28)

코스: 용두공원 – 대림정 국궁장 – 천왕봉(상사바위) – 도암재 – 새섬봉 – 민재봉 – 기차바위 – 활공장 – 용두공원

남부지방 산행 제3일. 와룡산 한 군데만 가기로 하여 느긋하게 거제도 숙소를 나섰다. 바위 타기, 억새 산행, 완만한 능선 산행을 모두 즐길 수 있고 조망도 훌륭한 와룡산은 등산계의 종합선물세트다. 전형적인 환종주 후 다시 거제도 숙소행.

▲ 엄홍길의 숨결을 느끼는 고성 거류산 산행 (2022-10-29)

코스: 엄홍길전시관 – 문암산 – 거류산 – 거북바위 – 엄홍길전시관

남부지방 산행 제4일. 오늘은 애초 천성산과 천주산을 가려고 했었으나 천성산 정상이 지뢰 제거 작업 때문에 올해 말까지 폐쇄된다는 소식을 접하고 첫 번째 산행지를 천주산과의 동선을 고려하여 100대 명산은 아니지만 고성 거류산으로 변경. 엄홍길의 고향이라 엄홍길전시관이 있다는 것을 알게 되었다. 비교적 짧은 산행을 마치고 창원 천주산으로 이동.

고성 거류산 정상에서 바라본 당동항. (2022-10-29)

▲ 창원 천주산 정상은 천주봉이 아니다 (2022-10-29)

코스: 달천계곡 주차장 - 천주봉 - 만남의 광장 - 천주산 용지봉 - 주차장

오전 고성 거류산 산행을 하고 창원 천주산으로 향한다. 달천계곡 주차장에 차를 대고 산행 안내판을 참조하여 천주봉으로 질러 갔다가 만남의 광장을 지나 정상 용지봉에 오른다. 임도 하산은 지루하다. 산행 후 양산 숙소에 숙박. 양산 숙소는 천성산 내원사 부근에 있는데 애초 천성산 산행 때문에 예약한 것이다. 천성산 산행이 무산되었으므로 굳이 양산에 묵을 필요는 없어졌으나 변경하기 번거로 워 그냥 묵기로 한 것이다.

창원 천주산 천주봉에서. (2022-10-29)

▲ 성곽에 둘러싸인 환상적인 억새밭을 보여 주는 창녕 화왕산 산행 (2022-10-30)

코스: 옥천매표소 주차장 – 산성교 – 관룡사 – 청룡암 – 구룡삼거리 – 관룡산 – 옥천삼거리 – 동문 – 화왕산 – 서문 – 배바위 – 동문 – 옥천삼거리 – 산성교 – 주차장

남부지방 산행 제5일. 애초 오늘은 양산 숙소에서 출발하여 포항의 내연산으로 가려고 했다. 그런데 가는 중에 비가 내려 언양휴게소에 들어가 포항 날씨를 검색한다. 12시까지 비가 온다기에 산행지를 창녕 화왕산으로 급변경. 바윗길이 꽤 험한 관룡산을 거쳐 당도한 화왕산은 성곽에 둘러싸인 환상적인 억새밭을 보여 준다. 날씨까지 더할 나위 없이 좋아 여유로운 억새 산행을 즐겼다. 산행 후 포항 보경사 인근 숙소에 숙박.

창녕 화왕산 배바위. 2009년 억새 태우기 행사 중 불이 번져 산행객들이 배바위 위로 많이 피했었다. (2022-10-30)

창녕 화왕산 정상 가는 길. 시원한 풍광이 일품이다. (2022-10-30)

창녕 화왕산 정상에서.
모자에 차양을 둘렀다.
(2022-10-30)

▲ 포항 내연산 환종주 (2022-10-31)

코스: 보경사 – 문수봉 – 삼지봉 – 향로봉 – 시명리 – 12폭포 – 보경사

남부지방 산행 제6일. 오늘은 내연산에 간다. 포항 지역 날씨 때문에 하루를 미루었더니 날씨가 좋다. 숙소가 보경사 일주문 바로 앞이라 내연산 산행에는 최적의 위치. 아침 일찍 숙소 체크아웃하고 바로 산행 돌입. 초반 산 3개를 타고 하산 후 계곡을 따라 12폭포를 보면서 보경사로 원점회귀 하는 코스. 12폭포 코스는 주왕산처럼 널널한 코스일 것이라고 생각했으나 이 또한 만만한 코스는 아니었다. 12폭포의 비경을 더 만끽하려면 여름에 비 많이 온 다음 날 들르면 좋겠다. 산행 후 거창 숙소에 숙박.

포항 내연산 은폭포.
(2022-10-31)

포항 내연산 연산폭포. 비가 많이 온 다음에 오면 더욱 장관이겠다.
(2022-10-31)

▲ 우뚝 솟은 거창 의상봉에 오르다 (2022-11-1)

코스: 거창 항노화힐링랜드 주차장 – 고견사 – 의상봉 – 우두산 상봉 – 마장재 – Y자형다리 – 주차장

남부지방 산행 제7일. 이제 일주일간의 남부지방 산행의 마지막 날이다. 고견사를 경유하여 의상봉에 닿는다. 유니크한 단일봉인 의상봉은 릿지를 해야만 정상에 도달할 수 있었으나 지금은 누구나 정상에 오를 수 있도록 계단이 놓여져 있다. 의상봉에 오르는데 계단조차 위압감을 준다. 우두산 상봉은 의상봉과 지척거리다. 우두산 상봉에서 마장재로 향하는 암릉길은 기암괴석을 볼 수 있는 멋진 코스다. 조망도 멋져 가야산, 매화봉, 남산제일봉 등이 멋지게 조망된다. 마장재를 지나 주차장으로 돌아올 때 Y자형 출렁다리 구경은 보너스.

거창 의상봉의 유니크한 자태. (2022-11-1)

거창 의상봉의 명물인 Y자형 다리. (2022-11-1)

* 100대 명산 뽀개기 등산 여행 (2023-5-30~6-2)

　2022년 10월 말 7일 9산의 남부지방 원정을 다녀옴으로써 100대 명산 그랜드슬램에 9개 산만을 남겨 놓았다. 이후 산악회 버스로 영남알프스(운문산, 간월산, 천황산, 재약산), 홍도 깃대봉, 울진 응봉산, 영양 일월산 등 7개 산에 다녀와 100대 명산 그랜드슬램에 양산 천성산, 봉화 문수산만을 남겨 놓게 되었다. 천성산은 산악회 일정에는 있으나 정상인 1봉에 가지 않고 문수산은 아예 산악회 일정에 빠져 있어 100대 명산 뽀개기를 위해서는 개인적으로 이동해야만 하는 상황이다. 마침 마눌님이 친구들과 3박 4일 제주도 여행을 간다기에 독수공방하기 싫은 나도 등산 여행을 가기로 했다. 3박 4일간 천성산, 문수산과 백두대간 자투리 구간 몇 군데를 때우는 것으로 일정을 잡았다.

▲ 정상부의 지뢰가 제거된 양산 천성산 산행 (2023-5-31)
코스: 원효암 주차장 - 1봉 - 2봉 - 주차장

5/30 백두대간 정령치 - 통안재 산행을 마치고 양산으로 이동한 나는 5/31 아침 천성산 1, 2봉에 접근하기 용이한 원효암 주차장에 차를 대고 산행에 임한다. 애초 천성산은 작년 10월말 남부지방 산행 때 들르려고 했었으나 당시 정상인 1봉 주변의 지뢰가 제거되지 않고 2봉까지만 갈 수 있었기 때문에 산행을 미루어 둔 터이다. 천성산 1봉에 오르다 보니까 지뢰가 매설되어 있을 수 있으니 등산로 밖으로는 나가지 말라는 경고가 겁을 준다. 천성산 1봉의 평퍼짐한 정상부와 2봉의 뾰족뾰족한 바위군은 인상적이나 전반적으로 산책 수준의 편안한 산행이다. 이제 100대 명산에 봉화 문수산만을 남겨 놓게 되었다.

양산 천성산 2봉에서 바라본 평퍼짐한 천성산 1봉.
1봉은 지뢰가 제거되어 접근이 가능해졌다. (2023-5-31)

▲ 100대 명산 그랜드슬램의 마지막 퍼즐, 봉화 문수산 (2023-6-1)

코스: 축서사 - 문수지맥 능선 - 문수산 - 축서사

5/31 양산 천성산 산행 후 백두대간 단양 저수령 - 벌재 구간을 산행한 나는 영주로 이동했다. 6/1 드디어 100대 명산 졸업을 위해 봉화 문수산으로 향한다. 축서사에 차를 대고 시계 방향으로 원점회귀 하는 코스로 돈다. 비교적 수월한 코스를 따라서 정상에 올랐으나 별다른 감회는 없다. 정상에서 축서사로 돌아오는 등산로는 정비가 잘 안되어 알바를 조심하며 내려온다. 오후에는 태백 화방재로 이동하여 백두대간 화방재 - 만항재 구간을 산행하고 임계의 숙소에 투숙하여 중국집 군만두와 맥주로 100대 명산 그랜드슬램을 자축한다. (다음 날에는 백두대간 강릉 닭목령 - 고루포기산 구간을 산행하고 귀갓길에 오른다. 백두대간 진고개 - 동대산 구간도 애초 계획에는 포함되어 있었으나 교통체증이 우려되어 제치기로 한다.)

100대 명산 그랜드슬램을 마무리 지은 봉화 문수산 정상 인증샷. (2023-6-1)

목표 지향의 산행에 임하면서 산의 정상에 오른 것을 그 산에 다녀온 기준으로 적용했다. 다만 일부 산은 정상이 아닌 주봉에 오르는 것을 그 산에 다녀온 것으로 간주하기로 한다(주봉은 그 산의 대표 봉우리를 말하는데 대체로 정상인 경우가 많다. 그렇지 않은 경우는 측량 실수로 오랫동안 정상 대접을 받다가 재측량에 의해 정상의 자리를 다른 봉우리에 내준 경우, 또는 접근성이 좋거나 조망이 뛰어나서 정상이 아님에도 불구하고 대표 봉우리 대접을 받는 경우 등이 있다).

이미 다녀온 것으로 간주한 산 중에 정상에 오르지 않은 산이 여러 개 있다. 계룡산, 화악산, 변산은 정상이 통제 상태인 경우다. 계룡산은 천황봉(845m) 대신 관음봉(766m), 삼불봉(775m)에, 화악산은 신선봉(1,468m) 대신 중봉(1,450m)에, 변산은 의상봉(509m) 대신 관음봉(425m), 쇠뿔바위봉(475m)에 다녀온 것으로 대체하였다. 무등산은 특이한 경우인데 정상 천왕봉(1,187m)이 1년에 2~3회 개방되기는 하지만 평소 접근 가능한 서석대(1,100m)에 다녀온 것으로 대체한다. 정상이 개방되어도 천왕봉은 군사시설 때문에 갈 수 없고 인접한 지왕봉, 인왕봉까지만 갈 수 있다고 한다. (2023년 9월 23일부터 인왕봉은 상시 개방되었다.) 주왕산, 진악산은 정상 대신 주봉에만 다녀온 경우다. 주왕산은 가메봉이 882.7m로 정상이긴 하나 (주왕산의 범위의 정의에 따라 달라지겠지만 정상이 왕거암(907.4m), 두수람(923.3m), 태행산(933.1m)이라는 주장도 있다) 나는 720.6m의 주봉까지만 다녀왔다. 진악산은 물굴봉이 735.1m로 정상이긴 하나 732.3m의 관음봉이 주봉 역할을 하고 있으며 나도 관음봉까지만 다녀왔다.

정상을 통제한 것은 아니나 암벽등반 없이 오를 수 없는 경우도 있다. 도봉산 정상은 자운봉(739.5m)이나 통상적으로 인접한 신선대(726m)를 정상으로 치고 있으며 나도 신선대까지만 다녀왔다. 점봉산은 오색 - 단목령을 통해 오를 수 있다는 주장도 있으나 통제된다는 주장이 맞는 듯하다. 《월간 산》 2022년 2월 기사를 보면 일부 지도에서 단목령 - 점봉산 5.9km 코스가 산행 가능한 것처럼 표기된 경우가 있으나 이는 공원 계획상 탐방로로 고시돼 있기 때문이고 점봉산 전체가 특별보호구역으로 지정되어 있어 출입이 불가하며, 실제 등산로가 제대로 조성되어 있지 않다고 한다. 점봉산은 정상(1,424m) 대신 곰배령(1,164m)에 다녀온 것으로 대체하였다.

　한라산의 경우도 진짜 정상은 우리가 통상 오르는 백록담의 동쪽인 동릉 정상이 아니라 현재 출입 통제되고 있는 서북벽 정상이나 이는 논외로 한다. 정리하면 다음과 같다.

통제: 계룡산, 화악산, 변산, 점봉산, 무등산
암벽등반 필요: 도봉산
주봉 대체: 주왕산, 진악산

　위에 열거한 산들은 일단 다녀온 것으로 간주하겠으나 향후 정상에 오를 수 있는 기회가 주어지면 다녀오도록 하겠다.

100대 명산 그랜드슬램 최초 등반기록 (가나다 순;
산: 산림청, 한: 한국의 산하, 블: 블랙야크, 조: 조선일보)

1. 가덕산 강원 춘천 (한) 2017-5-3 (솔로)
2. 가리봉 강원 인제 (한) 2017-6-4 (솔로)
3. 가리산 강원 홍천 (산한블조) 2019-2-9 (솔로)
4. 가리왕산 강원 정선 (산한블조) 2019-6-6 (반더룽산악회)
5. 가야산 경남 합천 (산한블조) 2009-11-7 (솔로)
6. 가야산 충남 서산 (한블) 2002-12-15 (솔로)
7. 가지산 울산 (산한조) 2003-5-28 (솔로)
8. 간월산 울산 (한) 2023-1-12 (좋은사람들산악회)
9. 감악산 경기 파주 (산한블조) 2008-11-23 (솔로)
10. 감악산 강원 원주 (블) 2020-5-5 (솔로)

11. 강천산 전북 순창 (산한블조) 2018-6-13 (솔로)
12. 검단산 경기 하남 (한) 2008-8-16 (솔로)
13. 계룡산 충남 공주 (산한블조) 2002-10-24 (관음봉, 삼불봉) (솔로)
14. 계룡산 경남 거제 (조) 2019-8-25 (솔로)
15. 계방산 강원 홍천 (산한블조) 2017-1-14 (회사 백두대간산악회)
16. 고대산 경기 연천 (한) 2009-6-28 (솔로)
17. 고려산 인천 강화 (조) 2019-8-27 (솔로)
18. 공작산 강원 홍천 (산블) 2020-5-17 (솔로)
19. 관악산 경기 과천 (산한블조) 2002-7-12 (솔로)
20. 광교산 경기 용인 (한) 2008-5-25 (솔로)
21. 광덕산 경기 화천 (한) 2015-5-5 (솔로)
22. 광덕산 충남 천안 (블) 2003-10-7 (솔로)
23. 구병산 충북 보은 (산한블) 2018-9-9 (솔로)
24. 구봉산 전북 진안 (블) 2019-5-12 (솔로)
25. 국망봉 경기 포천 (한) 2014-5-5 (솔로)
26. 금대봉 강원 정선 (조) 2013-10-19 (회사 연구소 단체)
27. 금산 경남 남해 (산한조) 2016-2-27 (회사 백두대간산악회)
28. 금수산 충북 제천 (산한블) 2019-1-6 (솔로)
29. 금오산 경북 구미 (산한블조) 2020-9-27 (솔로)
30. 금정산 경남 양산 (산한블조) 2012-10-26 (솔로)
31. 깃대봉 전남 신안 (산) 2023-4-1 (좋은사람들산악회)
32. 남덕유산 경남 거창 (한) 2012-10-5 (솔로)
33. 남신 경북 경주 (산한블조) 2022-8-29 (솔로)
34. 남산제일봉 경남 합천 (한) 2022-3-9 (솔로)
35. 남한산 경기 하남 (한조) 2018-8-11 (솔로)
36. 내연산 경북 포항 (산한블조) 2022-10-31 (솔로)
37. 내장산 전북 정읍 (산한블조) 2009-5-1 (솔로)
38. 노인봉 강원 강릉 (한블조) 2008-8-30 (피닉스산악회, 형 동행)
39. 달마산 전남 해남 (한블) 2011-4-16 (회사 백두대간산악회)
40. 대둔산 전북 완주 (산한블조) 2004-10-23 (솔로)

41. 대암산 강원 인제 (산조) 2018-5-26 (반더룽산악회, 대학 동기 동행)
42. 대야산 경북 문경 (산한블) 2019-6-9 (솔로)
43. 덕룡산 전남 강진 (블) 2013-5-4 (28인승산악회)
44. 덕숭산 충남 예산 (산한조) 2002-12-14 (솔로)
45. 덕유산 전북 무주 (산한블조) 1985 (HJ 등 동행)
46. 덕항산 강원 삼척 (산블) 2022-6-5 (좋은사람들산악회)
47. 도락산 충북 단양 (산한블) 2018-10-20 (산수산악회, 대학 동기 동행)
48. 도봉산 서울 (산한블조) 2002-12-22 (신선대) (솔로)
49. 동악산 전남 곡성 (블) 2021-6-13 (솔로)
50. 두륜산 전남 해남 (산한블조) 2022-3-6 (솔로)
51. 두타산 강원 동해 (산한블조) 2010-8-21 (회사 백두대간산악회)
52. 마니산 인천 강화 (산한블조) 2007-6-30 (솔로)
53. 마대산 강원 영월 (조) 2022-9-3 (솔로)
54. 마이산 전북 진안 (산한블조) 2021-4-18 (솔로)
55. 만행산 전북 남원 (조) 2020-4-5 (솔로)
56. 매화봉 경남 합천 (한) 2022-8-15 (솔로)
57. 명성산 강원 철원 (산한블조) 2008-10-25 (BS 동행)
58. 명지산 경기 가평 (산한블조) 2012-5-12 (솔로)
59. 모악산 전북 완주 (산한블조) 2018-10-3 (WS 동행)
60. 무등산 광주 (산한블조) 2008-1-26 (서석대) (NC 동행)
61. 무학산 경남 마산 (산한) 2021-3-4 (솔로)
62. 문수산 경북 봉화 (조) 2023-6-1 (솔로)
63. 문암산(석화산) 강원 홍천 (조) 2020-6-6 (솔로)
64. 미륵산 경남 통영 (산한) 2010-7-17 (큰애 동행)
65. 민둥산 강원 정선 (한조) 2018-9-29 (반더룽산악회)
66. 민주지산 충북 영동 (산한블조) 2019-7-6 (반더룽산악회)
67. 바래봉 전북 남원 (한블) 2021-4-16 (솔로)
68. 반야봉 전북 남원 (블) 2007-10-2 (솔로)
69. 방장산 전북 고창 (산블) 2018-6-6 (WS 동행)
70. 방태산 강원 인제 (산한블) 2010-6-26 (회사 백두대간산악회)

71. 백덕산 강원 영월 (산블조) 2020-5-1 (솔로)
72. 백암산 전남 장성 (산블) 2018-8-15 (솔로)
73. 백운산 경기 포천 (산한) 2014-5-5 (솔로)
74. 백운산 강원 정선 (산블) 2020-7-18 (솔로)
75. 백운산 경남 함양 (조) 2021-1-31 (솔로)
76. 백운산 전남 광양 (산한블조) 2022-10-27 (솔로)
77. 변산 전북 부안 (산한블조) 2006-9-24(관음봉) (솔로)
78. 병풍산 전남 담양 (조) 2020-6-21 (솔로)
79. 북한산 경기 고양 (산한블조) 2003-7-17 (솔로)
80. 불갑산 전남 영광 (블조) 2020-4-15 (솔로)
81. 불암산 서울 (한) 2004-4-16 (솔로)
82. 비슬산 대구 (산한블조) 2022-7-30 (좋은사람들산악회)
83. 사량도지리산 경남 통영 (산한조) 2012-3-24 (회사 백두대간산악회)
84. 삼악산 강원 춘천 (산한블조) 2011-4-10 (솔로)
85. 서대산 충남 금산 (산한블조) 2006-9-30 (NC 동행)
86. 서리산 경기 남양주 (조) 2008-6-1 (솔로)
87. 선운산 전북 고창 (산한블조) 2020-5-31 (솔로)
88. 선자령 강원 평창 (한) 2012-2-25 (회사 백두대간산악회)
89. 설악산 강원 양양 (산한블조) 1983 (NI, BS 동행)
90. 성인봉 경북 울릉 (산조) 2019-8-29 (솔로)
91. 소백산 충북 단양 (산한블조) 2007-6-6 (회사 방향족생산부)
92. 소요산 경기 동두천 (산한블조) 2007-6-17 (솔로)
93. 속리산 충북 보은 (산한블조) 2005-5-28 (솔로)
94. 수락산 서울 (한블조) 2003-9-6 (솔로)
95. 수리산 경기 군포 (한) 2008-4-19 (솔로)
96. 신무산 전북 장수 (조) 2020-12-27 (솔로)
97. 신불산 울산 (산한블조) 2006-4-28 (솔로)
98. 연인산 경기 가평 (한블조) 2012-6-9 (BS 동행)
99. 연화산 경남 고성 (산조) 2022-10-27 (솔로)
100. 영축산 울산 (한) 2006-4-28 (솔로)

101. 영취산 전남 여수 (조) 2022-10-26 (솔로)
102. 오대산 강원 홍천 (산한블조) 2008-6-14 (솔로)
103. 오봉산 강원 화천 (산한블) 2017-3-25 (대학 동기 동행)
104. 오서산 충남 홍성 (한블) 2002-10-19 (온 가족 동행)
105. 와룡산 경남 사천 (한) 2022-10-28 (솔로)
106. 용문산 경기 양평 (산한블조) 2010-1-31 (솔로)
107. 용봉산 충남 홍성 (한블) 2002-9-29 (솔로)
108. 용화산 강원 화천 (산블) 2019-5-6 (솔로)
109. 운악산 경기 포천 (산한블) 2008-6-7 (BS 동행)
110. 운장산 전북 진안 (산블) 2019-5-1 (솔로)
111. 월악산 충북 제천 (산한블조) 2006-4-15 (솔로)
112. 월출산 전남 영암 (산한블조) 2007-10-27 (회사 방향족생산부)
113. 운문산 경남 밀양 (산한조) 2023-1-4 (좋은사람들산악회)
114. 유명산 경기 가평 (산한블) 2013-8-16 (솔로)
115. 응봉산 강원 삼척 (산한블조) 2023-5-11 (좋은사람들산악회)
116. 의상봉(별유산) 경남 거창 (한) 2022-11-1 (솔로)
117. 일월산 경북 영양 (조) 2023-5-16 (좋은사람들산악회)
118. 장안산 전북 장수 (산한블조) 2019-12-21 (반더룽산악회)
119. 재약산 경남 말양 (산한블조) 2023-2-23 (좋은사람들산악회)
120. 적상산 전북 무주 (산조) 2021-2-15 (솔로)
121. 점봉산 강원 인제 (산조) 2018-5-20 (곰배령) (반더룽산악회)
122. 제암산 전남 장흥 (한조) 2022-3-5 (솔로)
123. 조계산 전남 순천 (산한블조) 2019-3-1 (반더룽산악회)
124. 조령산 경북 문경 (한블조) 2020-11-8 (CK 동행)
125. 주왕산 경북 청송 (산한블조) 2009-5-30 (주봉) (회사 단체)
126. 주흘산 경북 문경 (산한블조) 2020-9-13 (주봉, 영봉) (솔로)
127. 지리산 경남 함양 (산한블조) 2007-10-3 (솔로)
128. 진악산 충남 금산 (조) 2019-6-16 (관음봉) (솔로)
129. 천관산 전남 장흥 (산한블조) 2020-3-6 (솔로)
130. 천마산 경기 남양주 (산한조) 2008-5-11 (솔로)

131. 천상데미 전북 장수 (조) 2021-4-18 (솔로)
132. 천성산 경남 양산 (산한블) 2023-5-31 (솔로)
133. 천주산 경남 창원 (조) 2022-10-29 (솔로)
134. 천태산 충남 금산 (산한블) 2019-8-11 (솔로)
135. 천황산 울산 (블조) 2023-2-23 (좋은사람들산악회)
136. 청계산 경기 과천 (한블조) 2003-8-17 (솔로)
137. 청량산 경북 봉화 (산한블조) 2016-3-19 (회사 백두대간산악회)
138. 청화산 충북 괴산 (블) 2020-1-18 (솔로)
139. 추월산 전북 순창 (산한) 2018-6-13 (솔로)
140. 축령산 경기 남양주 (산한) 2008-6-1 (솔로)
141. 축령산 전남 장성 (블) 2020-4-15 (솔로)
142. 치악산 강원 원주 (산한블조) 2007-8-17 (솔로)
143. 칠갑산 충남 청양 (산한블조) 2002-12-7 (온 가족 동행)
144. 칠보산 충북 괴산 (한블) 2019-10-9 (CK 동행)
145. 태백산 강원 태백 (산한블조) 2010-1-9 (회사 백두대간산악회)
146. 태화산 강원 영월 (산블) 2022-9-3 (솔로)
147. 토함산 경북 경주 (조) 2022-8-29 (솔로)
148. 팔공산 경북 영천 (산한블조) 2015-11-28 (솔로)
149. 팔봉산 강원 홍천 (산한블조) 2016-8-27 (솔로)
150. 팔영산 전남 고흥 (산한블) 2015-2-28 (회사 백두대간산악회)
151. 한라산 제주 서귀포 (산한블조) 2004-4-25 (솔로)
152. 함백산 강원 태백 (블조) 2010-10-9 (회사 연구소 단체)
153. 화악산 경기 가평 (산한블조) 2011-2-4 (중봉) (솔로)
154. 화왕산 경남 창녕 (산한블조) 2022-10-30 (솔로)
155. 황매산 경남 합천 (산한블조) 2022-5-5 (반더룽산악회)
156. 황석산 경남 함양 (산한블) 2021-5-30 (솔로)
157. 황악산 경북 김천 (산한블) 2020-7-12 (솔로)
158. 황장산 경북 문경 (산) 2020-2-9 (솔로)
159. 황정산 충북 단양 (블) 2020-11-15 (솔로)
160. 희양산 경북 문경 (산블조) 2018-10-9 (솔로)

100대 명산 너머

100대 명산 이외에도 추가적인 산 목록이 있다. 한국의 산하에는 100대 명산 목록에 200개 산을 더하여 만든 300대 명산 목록이 있다. 이에 더하여 지역별 명산 목록도 있다. 산림청에서도 1차 추가 100대 명산, 그리고 2차 추가 144대 명산이 있어 총 344대 명산을 선정하였다. 이와는 별도로 1,338산을 발표하기도 했다. 현재에는 산림청 홈페이지에는 100대 명산 목록만 남아 있을 뿐 다른 목록은 삭제되고 없으나 과거에 발표된 상기 목록이 온라인상에는 아직도 돌아다니고 있다. 블랙야크도 공식적으로 추가 100대 명산을 명산 100+라는 이름으로 발표하였다. 《월간 산》은 공식적인 추가 목록은 없지만 조선일보사에서 99대 명산 목록인 《구구즐산》이라는 책을 출간해서 사람들을 헷갈리게 하고 있다. 《구구즐산》 목록 중 영동 백화산, 거제 망산, 거창 기백산, 영암 흑석산, 완도 상왕봉, 함양 대봉산, 남해 설흘산 등 7산은 100대 명산 4대 목록과 겹치지 않는다.

이와 같은 추가적인 산 목록은 당장 목표로 삼기에는 달성이 워낙 요원하기 때문에 나는 이 목록을 산행지 선정에 참조하는 정도로만 활용하고 있다. 특히 산림청 1,338산 목록은 전 직장에 다니던 코로나 시국에 일요일에 자가용으로 기숙사 가는 길에 잠시 들를 수 있는 원점회귀 등산 코스를 짤 때 요긴하게 활용했다. 주로 들렸던 산들은 안성, 수원, 화성, 광주, 오산, 평택(이상 경기도), 보령, 예산, 아산, 당진, 홍성, 천안, 공주, 서천, 청양, 서산, 금산(이상 충남), 진천(이상 충북), 연기(이상 세종), 대전 등에 분포되어 있다. (상세한 산행지 기록은 부록에 첨부되어 있다. 1,338산 목록이 없었으면 존재조차 모르고 지나쳤을 산이 대부분이다.

🧭 둘레길

 부부가 함께 하는 취미로 등산은 제격이다. 함께 산을 타면서 대화하고 맛있는 음식을 함께 먹으면 부부관계가 더 돈독해질 것이라고 생각한다. 부부가 함께 험한 산을 타기가 어렵다면 대안으로 생각할 수 있는 것이 둘레길 걷기다. 2007년 제주도에 올레길이 생긴 이후 전국적으로 둘레길이 우후죽순 생겨나 그 숫자가 매우 많다. 물론 둘레길이 자연으로의 귀의를 지향하는 산악인의 욕구를 완전히 충족해 주지는 못하지만 배낭은 가볍게 하고 식사는 중간에 등장하는 식당에서 할 수 있다는 것은 둘레길의 장점으로 꼽힌다. 이런저런 이유로 휴일 아침 일찍 멀리 산행 가지 못하게 된 경우 느지막이 가볍게 다녀오기 좋다는 것도 둘레길의 장점이다.

✱ 관악산둘레길 (2011-6-19~2017-5-1)

 처음으로 둘레길에 입문한 것은 관악산둘레길이었다. 2012년 4월에 마눌님과 관악산 호수공원에 산책 갔다가 관악산둘레길 이정표를 보고 마눌님을 꼬드겨 관악 1구간을 걸었던 것이다. 이후 2012년 6월 중 관악 2, 3구간을 모두 마쳐 관악산둘레길을 졸업한 것으로 알고 지나갔다. 관악산둘레길이 관악구에만 있는 줄 알았던 것이다. 그런데 2017년 초에 관악산둘레길이 관악구, 금천구, 안양시, 과천시 등

관악산둘레길 3구간을 마친 마눌님이 뿌듯한 표정을 짓고 있다. (2012-6-23)

4개 행정구역에 걸쳐 있다는 것을 알게 되었다. 마늘님에게 나머지 구간을 가자고 꼬셔 보았으나 넘어오지 않아 2017년 4~5월 사이에 나 혼자 안양, 과천 구간을 걸어서 관악산둘레길의 진짜 완주를 마쳤다(금천구 구간은 서울둘레길과 겹쳐 이미 걸었었다).

* 북한산둘레길 (2012-5-5~2014-4-5)

북한산둘레길 내시묘역길에서. 단풍에 싸인 마늘님. (2012-11-10)

검색을 해 보니 북한산둘레길은 2010년 9월에 1단계, 2011년 6월에 2단계를 조성한 것으로 나와 있다. 마늘님과 2012년 5월부터 북한산둘레길을 탔는데 처음부터 의도적으로 탄 것은 아니고 불광동 부근 북한산둘레길이 풍광이 좋다길래 마늘님에게 한 번 가 보자 하고 갔다가 내친 김에 계속 북한산둘레길을 이어 나가게 된 것이다. 북한산둘레길의 피날레는 2014년 4월 북한산과 도봉산의 경계를 이루는 우이령길이었다. 회수로는 총 11차례 트레킹에 나섰으며 기간은 2년이 걸렸다. 북한산둘레길 산행 중 중간에 등장하는 식당에서 순두부, 청국장, 수제비, 막국수 등 맛있는 음식을 먹었던 것도 큰 즐거움이었다.

북한산둘레길 전 구간을 완주한 마눌님.
막판 비까지 오는
악천후를 뚫고 골인. (2014-4-5)

* 불암산둘레길 (2014-6-4~2016-8-15)

  마눌님과 북한산둘레길을 완주하고 이어서 물색한 둘레길이 불암산 둘레길이다. 불암산은 북한산에 비해 산 규모가 작아서 둘레길도 길지 않다. 불암산둘레길은 '날 일(日)' 자 형태로 생겨 바깥쪽 '입 구(口)' 자 구간은 마눌님과 함께 3차례 트레킹을 10일 만에 마쳤으나 안쪽 '한 일(一)' 자 구간은 미루다가 2년 2개월 후에 나 혼자 다녀옴으로써 완주를 달성하였다. 다음은 마눌님과 함께 간 불암산 정상을 통과하는 7구간 산행기다.

> ▲ **불암산 정상을 통과하는 불암산둘레길 7구간 산행 (2014-6-6)**
> 코스: 불암산관리소 - 넓은 마당 - 덕능고개 - 불암산정상 - 불암사
>
> 경기도 산행을 포기하고 마눌님과 불암산둘레길을 이어 나갔다. 산행들머리는 지난번과 같이 불암산관리소로 하고 방향을 반대로 탔다. 1구간 덕능고개까지는 무난했으나 7구간은 둘레길이 아니라 정상 정복코스다. 남양주 쪽으로 둘레길 할 만한 마땅한 길이 없든지 또는 남양주 측의 협조가 부족했던 모양이다. 정상에서 불암사 하산 코스도 둘레길을 찾는 사람에게는 버거운 고난도. 여하간 덕분에 마눌님이 새로운 경험을 하긴 했다. 서울대 입구에서 애들 불러 저녁 먹고 관악산 산책 후 귀가. 이제 남은 구간은 9, 10, 4, 5구간. 마눌님이 고생을 단단히 해서 다시는 불암산에는 안 가겠다고 하는데 또 잘 꼬셔 봐야겠다.

불암산둘레길 7구간 정상 경유 코스에서 로프 타는 마눌님. (2014-6-6)

* 서울둘레길 (2014-8-30~2016-8-15)

서울둘레길은 전체 길이 156.5km로서 2009년 5월 조성을 시작하여 2014년 11월에 개통되었단다. 북한산둘레길, 불암산둘레길, 구로올레길, 강동그린웨이, 아차산 등 일부 산의 산행길 등을 통과하면서 서울둘레길과 공유하는 구간을 통과하였기 때문에 서울둘레길의 상당 부분을 이미 통과한 것을 알게 되었다.

2014년 8월에 마눌님과 7구간 봉산 - 앵봉산 코스 일부를 걸은 이후 서울둘레길을 작심하고 가지는 않다가 2016년 3월부터 잔여 구간을 본격적으로 다니기 시작했다. 도로변이 많이 포함된 서울둘레길의 특성 때문에 마눌님이 좋아하지 않아 대부분의 잔여 구간은 혼자 다녀왔다. 2016년 3월부터 8월까지 6개월간 총 12회 트레킹에 나서 완주하였다. 워낙 잔여 구간이 파편화되어 있어 이를 자투리 시간에 이어 나가느라고 시간이 많이 걸렸다.

* 기타 둘레길

지방 자치단체가 조성한 수많은 둘레길 중 접근성이 좋은 곳 몇 군데를 완주했다.

동작충효길은 당시 다니던 노량진교회에 갔다가 존재를 알게 되어 자연스럽게 걷게 되었다. 총 7개의 구간으로 구성되어 있는데 이미 완주한 집 부근의 국사봉 구간을 제외하고는 마눌님과 함께 걸었다. (2012-9-16~2013-6-2)

구로올레길은 특이하게 산악형 4개 구간, 하천형 3개 구간, 도심형 2개 구간으로 구분되어 있다. 산악형의 3, 4코스 및 2코스 일부는 마눌님과 함께 다녀 왔으나 이후 마눌님이 하천형과 도심형은 내켜 하지 않아 하천형, 도심형, 그리고 산악형 1~2구간은 혼자 다녀 왔다. (2014-7-12~10-9)

한양도성길 중 북악산 구간은 마눌님과 2007년 9월에 이미 다녀온 터이다. 2014년 4월에 마눌님과 한양도성길 낙산 구간과 남산구간을 걸었다. 이로써 한양도성길의 전 구간을 대부분 걸었지만 2016년 9월에 일부 자투리 미답 구간(돈의문터 - 숭례문 - 남산, 신라호텔 - 평양면옥 - 광희문 - 낙산 - 혜화문 - 와룡공원)을 걸어 완주를 달성했다. (2007-9-29~2016-9-29)

성남누비길은 남한산성길, 검단산길, 영장산길, 불곡산길, 태봉산길, 청계산길, 인능산길 등 총 7개의 구간으로 이루어져 있다. 검단지맥을 타다가 검단지맥과 겹치는 4구간 불곡산길과 3구간 영장산길을 지나게 되면서 차제에 성남누비길을 걷게 되었다. (2018-3-3~2021-10-3)

인왕산둘레길은 한 번에 전 구간을 다 탄 경우이다. (2021-12-25)

> ▲ **맹추위 속 인왕산둘레길에서 큰코다치다 (2021-12-25)**
> **코스: 사직공원 – 인왕산둘레길 – 창의문**
>
> 영하 20도에 육박했던 2021년 크리스마스날 대학 동기들과 오후에 만나 가볍게 인왕산둘레길을 걷기로 한다. 8km 정도라서 가벼운 마음으로 길을 나섰으나 오르내림이 심해 만만한 코스는 아니다. 사직공원을 들머리로 창의문까지 인왕산둘레길의 거의 돌고 뒤풀이로 계열사에서 간단한 식사를 했다. 잔여 구간은 인왕산 정상 산행 중 이미 지났었기 때문에 완주를 한 셈이다.

그 밖에 안산자락길, 인왕산자락길, 강동그린웨이 등도 주로 마눌님과 함께 다녔다. 이 길들은 난도가 너무 낮고 규모도 작아서 완주에 큰 의미는 없다고 생각한다.

최근 둘레길의 화룡점정을 찍는 코리아둘레길 개발이 완료되었다. 2016년 6월에 코리아둘레길을 조성한다는 뉴스를 처음 보았다. 서울부터 시계 방향으로 DMZ 평화의 길(530km), 해파랑길(750km), 남파랑길(1,470km), 서해랑길(1,800km)이 조성되었다. 4개 길은 이어지게 되어 있으며 총연장 4,500km로서 산티아고 800km의 5.7배에 달한다고 한다. 요즘 안내산악회에서 해파랑길, 남파랑길, 서해랑길 위주로 프로그램을 가동 중에 있다. 나는 아직 코리아둘레길은 엄두를 못 내고 있다. 2026년 개통을 목표로 충남 태안에서 경북 울진까지 한반도를 횡단하는 동서트레일 849km도 추진 중이라고 하니 완료되면 코리아둘레길과 함께 '날 일' 자 형태를 이루게 될 것이다.

주요 종주코스

산꾼끼리 만나면 대화의 주제가 주로 산 이야기로 돌아가게 되는데 이때 등산의 난도가 높은 코스를 탔다는 걸로 부심을 드러내는 경우가 많다. 대간, 정맥을 완주한 초고수를 제외하면 등산 난도의 지표로 흔하게 등장하는 것이 주요 종주코스를 탔는지의 여부인데 이와 같은 대화를 통해 서로 상대방의 수준을 떠보고 본인보다 고수인지 하수인지를 알아본다. 나 역시 산행 초보 시절부터 이와 같은 등산 경험담을 수없이 들으면서 주요 종주코스의 산행을 꿈꾸게 되었다. 사람에 따라 다른 견해를 가질 수 있겠지만 국내 3대 종주코스로 흔히 회자되는 것이 지리산, 설악산, 덕유산 종주코스다. 나도 이 3대 종주코스를 비롯하여 여러 정보원을 통해 입수한 정보를 바탕으로 다양한 종주코스에 도전하였다. 종주 산행은 구간별로 나누어 진행하는 산행 방식보다 일시 종주의 가치를 높게 평가하고 또한 구간별 종주를 하더라도 같은 방향으로 진행하는 것을 높게 평가한다(일시 종주라면 당연히 동일 방향 종주가 될 터이다). 나도 가급적 이 원칙을 지키려 하였으나 체력적, 시간적 한계로 일시성, 방향성보다는 일단 완주 자체에 만족하는 것으로 자기합리화를 꾀하였다.

* 지리산 종주

지리산 종주는 1984년 산행 초보 시절 멋모르고 형, BS와 도전했다가 종주코스 초반인 뱀사골로 내려서는 해프닝을 겪은 적이 있었다(지금 생각해 보면 당시 산행 능력으로 볼 때 뱀사골로 빠져나온 것은 오히려 다행스러운 일이다). 산에 다닌 이후 지리산 종주는 언젠가 도전해야 할 로망으로 마음속에 자리 잡고 있었다. 이 꿈은 무려 23년 후에야 이루어지게 된다.

▲ 지리산 성중 종주 (2007-10-2, 3)

코스: 성삼재 - 임걸령 - 노루목 - 반야봉 - 삼도봉 - 화개재 - 연하천 - 벽소령 - 세석 - 장터목 - 천왕봉 - 중산리

드디어 학수고대해 왔던 지리산 종주를 다녀 왔다. 원래 NC와 함께 가기로 하였으나 NC가 감기몸살이 도져 못 가게 됨에 따라 일정을 연기할까 하다가 차후로도 적당한 날짜 잡기가 쉬울 것 같지 않아 결국 단독산행을 결행하였다. 월요일 회사 업무 마치고 19:20 퇴근, 서산서 동대전행 20:20 버스 탑승. 동대전에서 서대전역으로 택시로 가서 1시간 반 정도의 시간을 죽이고 0:45 기차를 타고 구례구역으로 향했다. 기차를 기다리다 보니 등산객들이 삼삼오오 모여들었다. 모두 지리산에 가는 등산객들이다. 3:23 구례구역에 내리면 구례터미널에 가는 버스가 기차 도착 시간에 맞춰 대기하고 있어야 하는데 마침 버스 기사가 늦잠을 자서 버스는 없고 택시 몇 대만 호객하고 있었다. 어차피 일찍 가 봤자 하는 마음에 아침이나 먹고 가자 하고 식당에 들어가서 메뉴 중 유일하게 되는 재첩국을 시키고 기다리고 있는데 그제서야 버스가 와서 주인아줌마에게 미안하다고 하고 잽싸게 버스에 올라탔다. 버스로 구례터미널로 가서 터미널 내 식당에서 재첩국으로 간단한 아침 식사. 이곳은 재첩 철인가 보다. 김밥을 싸 갈 요량으로 식당 주인에게 근처에 김밥 파는 데가 있느냐고 물어보니 조금만 가면 천국김밥이 있다고 한다. 별 희한한 상호도 다 있다 생각하면서 가 봤더니 아직 문을 열지 않은 김밥천국 집이 있었다. 김밥을 못 구해 할 수 없이 아침 먹던 식당에서 밥 한 공기와 먹던 반찬을 비닐에 담아 점심용으로 싸 갔다. 애초 타고 왔던 버스로 4시에 성삼재로 출발하여 4:40 산행 개시. 헤드 랜턴을 켜고 산행을 시작하였는데 랜턴 성능이 생각보다 괜찮다. 노고단으로 가는 중 순천분을 만나 함께 올라가며 이런저런 얘기를 나누다 보니 노고단 산장에 도착. 여기서 라면으로 아침 식사를 하는 사람들이 많았다. 새로 산 버너 성능도 시험해 볼 겸 커피를 한잔 마셨다. 성삼재에서 노고단대피소는 통상 1시간 코스인데 40분 걸렸다. 순천분과 함께 노고단대피소를 떠나 다시 헤드 랜턴을 켜고 본격적인 종주 길에 나섰다. 순천분은 반야봉에 올랐다가 피아골로 하산할 예정이란다. 환상적인 여명을 감상하며 가다 보니 동이 터 왔고 곧 헤드 랜턴이 필요 없게 되었다. 노고단대피소에서 임걸령은 통상 1시간 30분 코스인데 1시간 걸렸다.

노루목에서 그냥 종주코스를 탈까, 아니면 반야봉에 거쳐서 갈까 망설이다가 마침 쉬고 있던 노인분이 반야봉을 종주에 포함시키는 것은 나이 들면 못 한다 어쩌구 하는 얘기를 듣고 "그래, 기왕 왔는데" 하는 마음에 반야봉 방향으로 좌회전을 하였다. 다소 가파른 길을 오르다 보니 어느새 반야봉에 도착하였다. 반야봉에서는 천왕봉까지의 종주 능선이 조망되어 올라온 보람을 느끼게 해 주었다. 다시 반야봉에서 내려와 종주코스에 합류하였다. 임걸령에서 반야봉은 통상 1시간 20분 코스인데 1시간 걸렸다. 반야봉에서 내려와서 다시 종주코스에 합류하는 지점을 노루목으로 잡지 않고 곧바로 삼도봉 쪽으로 질러 가는 코스를 잡았다. 곧바로 삼도봉에 도달하였고, 조금 더 가니 화개재가 나왔다. 삼도봉에서 토끼봉은 통상 40분 코스인데 1시간 걸렸다. 토끼봉 지나서 좀 가다 보니 왼쪽 무릎 장경인대에 약간의 신호가 와서 연하천대피소에 도착하여 6,000원을 주고 멘소래담 유사품을 구입하여 발랐다. 평소 좀 무리하면 통증이 오는 부위이다. 따져 보니 5시간 정도 산행만에 신호가 온 것인데 초반에 운행속도를 더 낮출걸 하고 후회하였다. 하늘에 구름이 점점 많아지고 무릎은 계속 이상 신호를 보냈다. 간간이 보이는 장쾌한 풍경을 보며 벽소령을 향하는데 운행 속도가 많이 떨어져 예상보다 시간이 오래 걸려 도착하였다. 여기서 1,500원을 주고 압박붕대를 구입하여 무릎에 감았다. 연하천대피소에서 벽소령은 통상 1시간 반 코스인데 2시간 걸렸다. 벽소령대피소에서 그만 쉬고 싶은 마음이 들었으나 아직 시간이 너무 이르고 오늘 세석까지 가야 내일까지 종주를 마칠 수 있을 것 같아 예정대로 세석으로 향하였다. 붕대를 감으니 무릎 구부리기가 편치 않고 좀 지나니 다시 통증이 온다. 점점 안개는 껴 오고 운행 속도는 점점 떨어져 통상 3시간 코스인 벽소령 – 세석을 4시간 반 정도 걸려서 통과하였다. 세석에 노착하니 이미 어두워져 있었다. 햇반과 삼분카레 등으로 나름대로 맛있게 식사를 하였는데 바베큐를 해 먹는 사람들도 있었다. 냄새만 피우고 지들끼리 먹는 걸 보니 좋아 보이지 않는다. 내일은 무릎 상태가 많이 회복되기를 기원하며 잠자리에 들었다. 코 고는 사람이 많아 숙면 취하기는 애초에 틀려먹었고 오래 자지도 못하였다. 잠은 4시 조금 지나 깼지만 날이 좀 밝아 오면 출발하려고 담요 가지고 뭉개다가 아침 먹고 6:10경에 출발. 마침 타이밍이 잘 맞아 촛대봉의 일출을 볼 수 있었다. 세석에서 장터목 가는 코스는 길도 좋고 조망도 좋은 그야말로 환상적인 구간이다.

무릎 상태는 어제보다는 나으나 여전히 문제가 많았다. 군산분들을 만나 사진도 서로 찍어 주며 장터목에 도착. 세석에서 장터목은 통상 2시간 코스인데 2시간에 통과. 장터목에서 식수도 뜨고 잠시 쉬다가 기어코 천왕봉을 향하였다. 역시 환상적인 코스다. 천왕봉에 도착할 즈음에는 안개가 몰려와 온통 시야가 뿌옇다. 정상 표지석에서 장시간 줄을 서서 기다리고 찍사 노릇도 하다가 사진 한 방 박고 중산리 방면으로 하산. 장터목에서 천왕봉은 통상 1시간 코스인데 1시간 10분 소요. 중산리 쪽 하산길은 안갯속이었다. 따라서 조망도 전혀 안 되었다. 중산리 쪽으로 내려오니 경상도 말씨가 대세이다. 천왕봉에서 중산리는 통상 3시간 10분 코스인데 4시간 반 걸렸다. 중산리에서 비빔밥을 시켜 먹는데 선비샘에서 만났던 대전 원자력연구소 분들이 반갑게 부르면서 막걸리를 권한다. 답례로 아이스크림을 사서 돌리고 15:05 진주행 버스를 타고 원지에서 하차하여 다시 16:20 서울행 버스 탑승. 버스는 대전-통영 고속도로가 뚫려 서울까지 3시간 10분 만에 주파하였다. 악전고투했으나 어쨌든 지리산 종주를 마쳤다.

지리산 종주 중 반야봉에서. (2007-10-2)

지리산 종주 중 천왕봉에서.
(2007-10-3)

* 설악산 종주

설악산 종주라 하면 전통적으로는 서북능선을 말하는 것이었지만 남들과 차별화시키려는 산꾼들에 의해 공룡능선까지 포함되기도 한다. 나는 먼저 2008년 9월에 공룡능선을 탔고 이어서 2010년 11월에 서북능선 일부 구간(한계령부터 남교리까지), 그리고 2014년 5월 서북능선 산여 구간(한계령부터 대청봉까지)을 타서 설악산 종주를 완료했다. 총 6년 정도가 걸린 종주 달성 기간에서 알 수 있듯이 설악산 종주를 의식하지 않고 산에 다니다 보니 달성했다고 할 수 있다. 방향도 3개 구간이 동일하지 않다.

▲ **설악산 공룡능선 종주 (2008-9-27)**

코스: 오색 – 대청봉 – 중청 – 소청 – 희운각 – 공룡능선 – 마등령 – 비선대 – 소공원

올봄에 김관석 사이트에서 본 공룡능선 사진에 감탄하여 이 사진을 PC 바탕화면으로 깔기까지 하며 올여름에는 설악산에 다녀와야겠다고 생각했다. 1박 2일 코스가 부담되어 차일피일하다가 산악회에 무박 2일 코스가 보편화된 걸 발견하고 드디어 설악산에 다녀왔다. 회비 4만 원. 마눌님과 서울대입구역에서 만나 등산복 등을 받고 할리스에서 커피 한잔 먹고 양재역으로 향했다. 산악회 버스를 타고 가던 중 등반대장이 공룡 다녀올 사람 손 들라고 하니까 나까지 불과 4명밖에 안 된다. 대부분 천불동계곡으로 하산한단 얘기다. 등반대장이 공룡 다녀올 사람은 7시 40분 이전에 희운각을 통과해야 되고 설악동 C지구로 15시 30분까지 안 오면 떼놓고 간다고 겁을 준다. 오색에 도착하여 산을 오른다. 어두워서 천천히 오르니 초반에는 전혀 힘이 안 들었는데 막판이 되니 다리에 조금 뻐근한 느낌이 왔다. 매우 지루한 코스다. 대청봉에 올라 사진을 조금 찍고 중청산장으로 가서 컵라면과 김밥으로 아침 식사를 했다. 버너, 코펠을 준비해 와 밥, 라면을 먹는 사람이 많았다. 취사장에서 나오니 대청봉 너머로 해 뜨기 전의 벌건 기운이 나타나는 것이 예술이다. 희운각에 도착하니 6시 55분. 시간은 충분하다. 다리가 조금 뻐근하여 걱정했으나 막상 공룡에 접어드니 오히려 상태가 나아졌다. 아마 황홀한 경치에 취한 탓이리라. 마등령 도착 10시 반. 마등령 도착하면 체력이 바닥날 것이라는 등반대장 말과는 달리 아직 별 탈이 없다. 하산 중 대구분을 만나 말벗을 하며 내려갔다. 하산길이 가파르지만 시간이 워낙 많이 남아 일부러 천천히 내려왔고 금강굴까지 올라갔다 오기도 했다. 비선대에 내려오니 13시 9분. 산악회 점심 제공 식당인 청운정에서 밥을 먹고 소공원 지나 버스 잡아타고 설악동으로 나오니 30분 정도 시간이 남는다.

설악산 공룡능선 산행 중 침봉을 배경으로. (2008-9-27)

▲ 설악산 한계령부터 남교리까지 서북능선을 걷다 (2010-11-6)
코스: 한계령 - 귀때기청봉 - 대승령 - 십이선녀탕계곡 - 남교리

설악산 서북능선을 가 보자고 마음먹은 건 오래전부터이다. 지난 창립기념일에 중청산장을 예약하고 가려고 했었는데 예약이 꽉 차서 못 가고 산악회 무박 2일 주말 산행 버스를 타는 수밖에 없겠구나 하고 생각했다. 11/15 산불방지 산행금지 기간을 앞두고 늦가을의 정취를 맛보고자 어렵사리 마눌님의 재가를 받아 요들산악회 무박 2일 코스를 예약했다. 양재역 23시 20분 출발. 행선지를 묻는데 남교리 방향은 나 혼자다. 봉정암, 백담사 방향이 2명, 나머지는 모두 공룡이나 천불동행이다. 옆자리에 노인분이 앉아 계셔서 가면서 이런 저런 얘기를 나눴다(돌아오는 길에 휴게소에서 맥주를 함께 마시다가 얘기를 들어 보니 인하대 철학과를 정년 퇴임하신 이 교수님이시다). 나는 시간 여유도 있고 해서 한계령에서 서북능선 분기점까지 이 교수님과 함께 야간산행을 하였다. 공룡 타신다고 했는데 70 연세에 제대로 가시려나 심히 걱정이 되었다(나중에 서울로 돌아오는 버스에서 여쭤보니 희운각에서 공룡을 포기하고 천불동으로 내려왔는데 무릎이 아파 혼났다고 하신다). 시간을 죽이면서 귀때기청봉에 올라가서 일출을 보고 대승령, 십이선녀탕계곡을 지나 남교리로 하산. 서북능선의 장쾌한 조망을 기대하고 갔지만 안개 때문에 조망은 전혀 없었다. 게다가 세찬 바람에 윈드스토퍼를 입고도 추위에 떨었다. 그나마 이채로운 십이선녀탕이 아쉬운 마음을 달래 주었다.

설악산 귀때기청봉에서 비박을 하며 기다렸다 바라본 일출.
이날 한계령에서 남교리까지 서북능선 종주를 하였다. (2010-11-6)

▲ 설악산 서북능선 미종주 구간을 걷다 (2014-5-31)

코스: 한계령 – 서북능선 안부 – 끝청 – 중청산장 – 대청봉 – 오색

직장동료 HS, JH 동행. 오랜만의 설악산 산행. 한계령에서 서북능선에 붙어 대청봉까지. 이로써 서북능선 전 구간을 완주. 마등령-미시령은 산행금지 구간이므로 백두대간 중 설악산 종주 구간을 완주한 셈이다. 오늘의 산행은 짧은 구간임에도 나는 무려 9시간, 동료들은 10시간 소요. 돌아오는 길에 인제 남북식당에 들려 점심 먹고 버스 타고 귀가.

대청봉에 4번째 올랐다. 왼쪽부터 HS, JH, 나. (2014-5-31)

* 덕유산 종주

　덕유산 종주는 흔히 육구 종주로 불리는데 육십령부터 구천동까지라는 뜻이다.

▲ 덕유산 육구 종주 (2012-10-5)

코스: 육십령 – 할미봉 – 서봉 – 남덕유산 – 월성재 – 삿갓봉 – 삿갓재대피소 – 무룡산 – 동엽령 – 백암봉 – 중봉 – 향적봉 – 백련사 – 구천동

회사창립기념 휴무일을 맞아 이전부터 가고자 했던 덕유산 종주 길에 나섰다. 덕유산 종주는 남쪽 육십령에서 북쪽의 향적봉으로 향하는 코스가 정통코스이나 최근 모객 산악회 등에서는 곤돌라로 설천봉까지 오른 후 역으로 남쪽 영각사로 나오는 코스를 소개하고 있다. 어차피 산악회 스케줄에도 없고 해서 나는 정통코스로 가기로 했다. 삿갓재대피소에서 1박 하는 방안도 고려했으나 이틀이 소요된다는 점 때문에 새벽부터 하루에 끝내는 무박 2일 코스를 택했다. 0시에 동서울터미널에서 함양으로 가니 3시 10분쯤 되었다. 택시를 타고 육십령에 당도하니 3시 40분경. 어두운 육십령에서 택시기사와 같이 들머리를 어렵사리 찾았으나 미심쩍어 택시기사가 간 뒤 다시 따져 보니 반대 방향이었다. 무작정 갔으면 초대형 알바를 할 뻔한 상황. 들머리 찾느라 시간을 소모하여 산행 시작은 4:20경. 새벽에 일어나 서울-서산을 왕복하고 다시 밤차로 함양에 내려와서 그런지 컨디션은 좋지 않다. 산행 중 공주에서 온 분들을 만나 서로 사진도 찍어 주고 점심 라면도 얻어먹었다. 이분들은 삿갓재대피소에서 먼저 떠났고 이후 다시 만나지 못했다. 후반 체력 저하가 와서 힘들었지만 그럭저럭 구천동으로 나와서 무주, 대전 거쳐 귀가하니 0시. 24시간 이상의 외출이었다.

덕유산 종주 산행 중 남덕유산에서 공주분들과 함께. (2012-10-5)

덕유산 중봉에서 바라본 덕유평전. (2012-10-5)

* 치악산 종주

치악산 종주도 여러 코스가 있지만 구룡사 – 성남 코스가 통용된다.

> ▲ **치악산 구성 종주 (2011-10-3)**
>
> **코스: 구룡사 – [사다리병창] – 비로봉 – 곧은치 – 향로봉 – 남대봉(만경봉) – 성남**
>
> 드디어 치악산 종주를 다녀왔다. 종주하려다가 입석사/황골 방향으로 새서 중간에 포기했던 것이 작년 10/1이니까 1년 만에 치악산을 다시 찾은 것이다. 6:20 버스로 원주터미널에 도착하여 33, 41-1로 환승하여 구룡사 도착. 후반을 생각해서 사다리병창 길은 일부러 천천히 운행. 비로봉에서 김밥, 두유, 스프를 먹고 능선 산행을 시작했다. 비교적 수월한 코스이나 비로봉 오르느라 체력 소모가 커서 쉽지 않다. 중간에 만난 분과 잠시 산행 얘기 나누며 걷다 향로봉에서 막걸리 한잔 마시고 헤어진 후 스피드업. 남대봉에서 웬 청년이 오길래 인사를 나누고 느긋하게 사과를 먹으려는데 성남에서 16:50 버스를 타려면 부지런히 가야 한다고 얘기하더니 총총히 사라진다. 부지런히 내려갔으나 버스를 탈 수 있을까 헷갈리던 중 어떤 분이 자가용 출발 준비를 하고 있었다. 버스 타는 데까지 태워 달라고 청했더니 아예 터미널까지 태워 주신다. 원주에 사는 은퇴 부부인데 고마운 마음을 전한다. 터미널에 17:10 경에 도착했으나 버스는 18:40에 있단다. 할 수 없이 던킨에서 남은 떡 먹고 책 읽으며 시간 보내다 서울로 오니 20:40경. 약 7시간 반의 산행. 총 운행 거리는 21.5km.

* 한라산 종주

한라산에서 정상인 백록담까지 오를 수 있는 들머리는 성판악과 관음사 두 군데이다. 성판악으로 들어가서 관음사로 나온 적도 있고 반대 방향으로도 진행했었다.

▲ 한라산 성관 종주 (2004-4-25)
코스: 성판악휴게소 – 진달래밭대피소 – 정상(백록담) – 용진각대피소 – 관음사

방향족공장 외국 기술선의 기술 소개 학회가 제주도 하이야트호텔에서 열렸다. 당시 학회에서 오랜만에 만난 대학 후배 SJ와 회포를 풀고자 소주 각 4병을 마시고 객실에 있던 술까지 봉빨 내는 괴력을 발휘했었다. 다음 날 저녁때 또 술을 마셨으니 어지간히 마시던 시절이다. 학회가 끝나고 참새가 방앗간을 그냥 못 지나가듯이 한라산 등산을 갔었다. 날씨도 매우 좋았고 매우 편안한 산행을 했던 걸로 기억한다.

▲ 한라산 동계 관성 종주 (2009-1-16)
코스: 관음사 – 백록담 – 성판악

제주도에 워크숍이 있어 갔다가 한라산에 다녀왔다. 제주도에는 최근 폭설이 내려 제대로 된 설산 산행을 하게 되었다. 호텔에서 아침을 먹고 체크아웃하고 나서니 비가 와서 순간 가야 하나 망설였지만 "못 먹어도 고" 정신으로 택시를 잡아타고 관음사로 향했다. 516도로에서 갈라진 제1산록도로는 결빙된 상태라 택시 운행이 조심스럽다. 8,000원이 나왔지만 운전 고생비를 추가해 10,000원을 드리고 내려서 등산로 입구로 향했다. 초반 조망이 전혀 없는 지루한 길이 이어진다. 삼각봉에 이르러 샌드위치를 먹고 길을 이어 가려니 등산로가 잘 보이지 않는다. 멀찌감치 등산로 흔적이 있어 가다가 눈 속으로 가슴까지 빠진다. 눈 헤엄을 치며 이어진 등산로에 붙었다. 눈을 헤치며 좀 더 가다 보니 고등학생으로 보이는 애들 10여 명이 야영을 하고 있다. 계속 가려면 러셀을 해야 갈 수 있다고 한다. 계속 가야 하나 말아야 하나 하고 고민 중인데 마침 두 분이 하산하면서 자동러셀을 해 줘서 옳다구나 하고 계속 진행했다. 정상에 오를 때까지 눈 속에 미끄러지고 빠져가면서 힘겨운 진행을 하였다. 내려오는 분들이 계속 있어서 그나마 차츰 길 상태가 나아지기는 했으나 여전히 힘겹다. 허벅지 쪽이 당기는 걸 느끼며 백록담에 도착. 강풍이 불어 잠시 기념 촬영을 하고 성판악 쪽으로 하산하기 시작했다. 예상대로 성판악 코스는 매우 양호하다. 장경인대까지 문제가 조금 왔으나 무사히 산행을 마치고 시외버스, 시내버스를 갈아타고 호텔로 돌아왔다가 곧바로 택시로 공항으로 향했다.

한라산 백록담에서. 이날 성관 종주를 하였다. (2004-4-25)

한라산 삼각봉이 눈에 덮여 있다. (2009-1-16)

한라산 삼각봉 부근의 펜스 상부까지 눈에 덮여 있다. (2009-1-16)

한라산 정상에서. 이날 관성 종주를 하였다. (2009-1-16)

한라산 왕관바위 오르는 길. 하산자가 눈을 쓸고 지나간 덕분에 백록담을 향해 올라간다. (2009-1-16)

* 북한산 주 능선 종주

북한산은 2005년 이후 많이 다니기 시작하여 2008년까지 북한산의 주요 등산로는 모두 섭렵할 정도로 열심히 북한산을 찾았다. 주 능선 종주도 2006~2008년 사이 달성했다.

▲ 북한산 주 능선 동진 종주 (2006-3-12)

코스: 정진매표소 – 족두리봉 – 향로봉 – 비봉 – 사모바위 – 청수동암문 – 대남문 – 대성문 – 보국문 – 대동문 – 동장대 – 용암문 – 위문 – 백운대 – 위문 – 백운산장 – 도선사

날이 꽤 추웠던 3월에 열심히 걸었던 것으로 기억한다.

북한산 종주 중 백운대에서. (2006-3-12)

▲ 영봉을 포함한 북한산 주 능선 서진 종주 시도 (2008-3-1)

코스: 우이동 – 용덕사 – 육모정고개 – 영봉 – 하루재 – 백운산장 – 위문 – 백운대 – 위문 – 용암문 – 동장대 – 대동문 – 보국문 – 대성문 – 대남문 – 구기동

지난번 수락산에서 미끄러지면서 휜 스틱을 블랙야크에 수선 의뢰하였는데 막상 공장에 들어가니 국내 구입 증명 홀로그램이 부착되어 있지 않다는 이유로 거부되었단다. 다행히 휜 부분을 어느 정도 펴 놔서 사용하기에 큰 지장은 없어 보인다. 불암수락산, 사패도봉산에 이어서 북한산 종주에 나섰다. 코스도 우이동 도봉산 하산길에 연결되는 육모정고갯길로 잡았다. 이 코스는 작년 11월 BS와 왔을 때만 해도 고즈넉했었는데 이제 자연휴식년제가 풀린 것이 많이 알려져서 그런지 등산객이 꽤 많았다. 백운대도 오르는 것이 망설여질 정도로 사람이 많다. 남쪽 방향으로 코스를 잡아 오를 때는 빙판이더라도 내릴 때는 녹아 있는 경우가 많아 아이젠은 있었지만 거의 필요가 없었다. 대남문 거의 다 와서는 내리막길이 빙판이었는데 아이젠 꺼내 차기 귀찮아서 그냥 가다가 두어 번 미끄러지기도 했다. 대남문에 이르니 이미 16시가 되어 비봉, 향로봉, 족두리봉 방향으로의 종주를 포기하고 구기동 쪽으로 하산. 하루재-위문 구간과 노적봉 이후 구간에는 스틱을 사용하니 산행이 한결 수월하다. 진흙 길 산행이었다.

▲ 북한산 주 능선 종주 땜빵 산행 (2008-3-9)

코스: 구기동 – 문수사 – 대남문 – 문수봉 – 사모바위 – 비봉(우회) – 향로봉(우회) – 족두리봉(우회) – 불광기점

지난주 북한산 종주를 끝내지 못해서 이번에는 지난번 미종주 구간을 끝내기로 했다. 지난번 구기동으로 나왔으니 이번 산행들머리도 구기동으로 잡았다. 마침 맥도날드 공짜 커피 쿠폰이 있어 종로1가에서 커피와 맥머핀, 감자튀김 등을 1,700원에 먹고 0212번을 타고 구기동으로 갔다. 사람이 많아 속도를 낼 수 없는 상황인지라 한 번도 안 쉬고 대남문까지 올라갔다. 중간에 향로봉에서 부상자가 들것에 실려 가는 것을 보면서 무모한 릿지는 하지 말아야겠다고 다시 생각해 본다. 불광기점은 마침 연신내로 연결돼 571번 버스를 타고 곧바로 귀가.

▲ 하산 코스로 소귀천계곡을 지나는 북한산 주 능선 동진 종주 (2008-8-9)

코스: 불광매표소 – 향림담 – 비봉 – 사모바위 – 문수봉 – 대동문 – 소귀천계곡

어제 35.4도, 오늘 32.6도 연일 매우 더운 날씨다. 더워도 산행은 한다. 571타고 불광매표소로 향했다. 가는 도중 밴쿠버로 이민 간 JM으로부터 전화를 받았다. 전문대에 입학 허가를 받았다는데 잘해 나가시리라 믿는다. 날이 더워 오버 페이스 하지 않으려고 일부러 천천히 걸었지만 쉽게 지치는 것은 어쩔 수가 없다. 하산길은 시원한 계곡 길로 잡기로 하고 목표를 소귀천계곡으로 하였다. 더운 날씨는 어쩔 수 없어 문수봉 철제 난간을 잡고 오를 때에는 몹시 힘이 들었으나 이후로는 무난한 코스. 계곡의 운치는 수량과 폭포 유무 등과 관계 있는데 소귀천계곡은 그다지 뛰어나지 않다. 저녁에는 더위도 식힐 겸 마트에 장 보러 가기도.

* 북한산 12성문 종주

북한산에는 주 능선 종주 이외에 12성문 종주라는 것이 있다. 북한산성의 5개의 대문과 7개의 암문을 통과하는 산행이다. (중성문, 대서문 옆 수문터를 추가하여 14성문, 여기에 중성문 옆 수문터와 시구문을 추가하여 16성문이라는 주장도 있는데 난도는 12성문 종주와 별 차이가 없다.)

▲ 북한산 12성문 종주코스 답사 (2005-3-19)

코스: 산성매표소 – 중성문 – 야호샘 – 대남문 – 대성문 – 보국문 – 대동문 – 동장대 – 용암문 – 위문 – 백운산장 – 위문 – 북문 – 시구문 – 산성매표소

향후 12성문 종주를 염두에 두고 의상능선의 암문들을 제외한 성문을 죽 둘러보는 코스를 구상했다. 특히 통상적인 북한산 산행에서 잘 가지 않는 시구문을 포함시켰다.

▲ 북한산 12성문 중 미답 성문 답사 (2006-10-7)

코스: 산성매표소 – 대서문 – 국녕사 – 가사당암문 – 용출봉 – 용혈봉 – 증취봉 – 청수동암문 – 사모바위 – 비봉 – 향로봉 – 탕춘대매표소 – 상명대

추석 연휴 기간 중 북한산에 다녀왔다. 애초 계획은 12성문 종주를 하려고 했었으나 늦잠을 잔 데다 구파발에서 버스 기다리는 데 시간이 많이 소요되고 날이 더운데 물을 너무 조금 준비했고(이유가 많다) 결정적으로 가사당암문과 청수동암문 사이의 부왕동암문을 보지 못하고 그냥 통과해 버리는 바람에 포기하고 한 번도 가 보지 못했던 탕춘대능선을 통해 하산하는 경로로 바꾸었다. 등산객이 많은 데다 날씨가 덥고 가물어서 흙먼지가 많이 일었다. 이번 산행으로 통산 12성문은 돌아본 셈이다.

▲ 북한산 12성문 종주 달성 (2007-4-30)

코스: 산성매표소 – 대서문 – 국녕사 – 가사당암문 – 용출봉 – 용혈봉 – 증취봉 – 부왕동암문 – 청수동암문 – 대남문 – 대성문 – 보국문 – 대동문 – 동장대 – 용암문 – 위문 – 북문 – 시구문 – 산성매표소

노동절 샌드위치데이에 휴가를 쓰고 그동안 몇 차례 시도하였으나 성공치 못했던 북한산 12성문 종주 산행을 다녀 왔다. 감기에 걸려 컨디션이 좋지 않았고 산행도 작년 12/31 가야산 이후 처음인지라 전반적으로 힘이 들었다. 이전 12성문 종주 산행 시도때 성문 하나를 그냥 지나치는 실수를 했었기에 이번에는 흘리는 성문이 없도록 주의를 기울인다. 감기 때문에 콧물은 나오는데 휴지를 가져가지 않아 손 안 대고 코 푸는 내공을 틈틈이 발휘해야 했다. 북문에 가려면 위문을 지나 산성매표소로 하산하다가 우측의 원효봉에 올라야 하는데 체력이 떨어진 후반에는 쉽지 않다. 막판 북문 – 원효봉 – 시구문 코스는 역시나 고통스러웠다.

북한산 12성문 종주 중 각 성문사진. (2007-4-30)

* 관악산 11국기봉 종주

관악산은 비교적 규모가 작기 때문에 종주 산행(사당 - 안양)에 큰 의미를 두지는 않는다. 그 대신 관악산에는 11국기봉 종주라는 것이 있다(사실 관악산 11국기봉 종주는 줄곧 능선을 타는 것이 아니기 때문에 북한산 12성문 종주와 마찬가지로 종주라는 표현을 쓰는 것이 적절하지는 않지만 산행 성격상의 유사성이 있으므로 그냥 종주라는 표현을 쓰기로 한다). 관악산에 이런 종주코스가 있다는 것은 관악산만 집중적으로 다니는 짱가님의 블로그를 통해서 알게 되었다.

▲ 관악산 11국기봉 종주 (2010-9-23)

코스: 관악산유원지 – 돌산 국기봉 – 칼바위능선 국기봉 – 호암산 국기봉 – K48 국기봉 – 삼성산 국기봉 – 무너미고개 – 불성사 – 육봉능선 국기봉 – 팔봉능선 국기봉 – 학바위능선 국기봉 – 연주봉 – 자운암능선 국기봉 – 연주봉 – 사당능선 국기봉 – 관음사위 국기봉 – 사당역

지난 5/30부터 관악산 11개 국기봉 통과 산행을 염두에 두고 있다가 추석 연휴 중 비가 안 온다길래 길을 나섰다. 통과기준은 국기봉에 대해서 깃대를 터치하는 것으로 하였다. 9시 반경에 시작하여 19시 반경에 산행을 마쳤으니 거의 10시간이 걸린 셈이다. 시간이 예상보다 많이 걸린 것은 후반에 체력 저하로 진행 속도가 늦어지고 삼성산 국기봉, 육봉능선 국기봉, 학바위능선 국기봉에서의 알바 탓이다. 자운암능선부터는 다리에 쥐가 나고 사당능선에 접어드니 무릎에 이상증세까지 느껴져서 스틱을 사용하였다. 원래 연휴 중 치악산이나 설악산을 한 번 더 다녀올까도 생각했지만 무리가 될 것 같아 근교 산행이나 하는 것으로 해야겠다. 생수 3병을 준비해 갔으나 중간에 메로나 1개를 1,500원, 포카리 2캔을 4,000원, 생수 1병을 2,500원에 사 먹었다. 총 8,000원. 내려와서 포카리 1캔을 또 사 먹었는데 600원이니 산 위에서는 3배 이상 받는 셈이다. 자운암, 사당능선에서 싸우는 부부를 세 쌍이나 봤는데 싸우는 이유는 모두 "나를 왜 이리 힘한 코스로 데리고 왔느냐"라는 것이었다. 초보자는 적당히 데리고 다니는 것이 좋겠다는 생각이다.

돌산 국기봉

칼바위능선 국기봉

호암산 국기봉

K48 국기봉

삼성산 국기봉

육봉능선 국기봉

팔봉능선 국기봉

학바위능선 국기봉

자운암능선 국기봉

사당능선 국기봉

관음사위 국기봉

관악산 11국기봉 종주 산행 중 각 국기봉 사진. (2010-9-23)

*불수사도북

불수사도북은 수도권, 더 나아가서는 국내 산꾼들의 로망에 해당하는 서울 주변의 5산(불암산, 수락산, 사패산, 도봉산, 북한산) 연계 산행이다. 산악 마라톤으로 불수사도북을 완주하는 분도 있지만 산깨나 타는 분들도 통상 20시간 가까이 걸리는 극한의 코스로 알려져 있다. 불수사도북의 최대의 적은 산행 중 길을 잘못 드는 소위 알바라고 할 수 있다. 또 수락산 이후 의정부, 그리고 도봉산 이후 우이동을 통과하므로 음식물 보급에는 유리하지만 중도 포기의 유혹에 빠지기 쉽다는 것도 어려움을 더한다. 나도 불수사도북을 염두에 두고 불수, 불수사도 해 보았고 사도북도 해 보았지만 불수사도북은 엄두가 안 나 여태 시도해 보지 못하고 있다. 불수사도북을 염두에 둔 예비산행 기록들을 소개한다.

▲ 남양주 방향으로 하산하여 불발로 그친 불수 종주 (2008-2-3)

코스: 상계역 – 정암사 – 입석대 – 불암산 정상 – 청학리갈림길 – 덕능고개 – 치마바위 – 하강바위 – 철모바위 – 수락산 정상 – 수락산장 – 내원암 – 금류폭포 – 수락산유원지 – 남양주

구정을 끼고 월화 휴가를 써서 한결 여유 있는 일요일의 산행이었다. 불수사도북을 3구간으로 쪼개서 가 볼까 하고 "불수"를 산행 코스로 잡았다. 새로운 코스를 잡아 보려고 정암사 쪽으로 올랐다. 제법 눈이 쌓여 있어 하산길엔 아이젠이 필요하겠다고 생각하며 올랐다. 불암산 정상을 지나 수락산으로 향하는데 길을 잘못 들어 청학리 방면으로 내려섰다. 수락산으로 가려면 덕능고개 동물이동통로로 가야 하기 때문에 덕릉로 차도 변을 따라 열심히 올라갔다(중간에 흥국사로 들어가는 길이 나타났으나 그냥 무시하고 갔는데 나중에 알고 보니 이 길이 수락산으로 통하는 지름길이었다). 수락산에 들어서서 컵라면, 드림파이, 바나나로 간단히 점심 요기를 하고 산행을 이어 나갔다. 중간에 등산책을 팔고 있는 《실전 명산 순례 700코스》의 저자 홍순섭님을 보기도 하였다.

애초 수락산 정상을 지나 북쪽 의정부 방면으로 하산하려고 하였으나 배낭을 뒤져 보니 아이젠이 없는 것을 깨달았다. 결국 상대적으로 결빙이 덜한 동쪽 하산로인 수락산장 쪽으로 하산하기로 하였다. 남양주로 향하다가 중간에 두어 번 미끄러졌는데 이 바람에 레키스틱 한쪽이 휘어져 버렸다. AS를 맡겨야겠다.

▲ 덕능고개 길을 찾기 위한 불암산 산행 (2008-3-16)
코스: 상계역 – 불암산 정상 부근 – 덕능고개 – 불암산 정상 부근 – 상계역

약한 황사가 분다기에 산에 갈까 말까 망설이다 10시 넘어 집을 나섰다. 불암산에서 덕능고개를 가는 길은 매번 헷갈려서 한 번에 통과한 적이 없기에 오늘은 이 코스를 확실히 해 두고자 불암산으로 향했다. 상계역에서 불암산공원을 경유, 왼쪽 등산로로 들어갔다. 정상에는 여느 때와 같이 사람이 많아 들르지 않고 옆 봉우리에서 점심을 먹고 덕능고개 방향으로 향했다. 확인 차원에서 중간 바위 지점 통과 후 다시 불암산으로 되돌아왔다가 다시 가면서 확실히 코스를 숙지했다. 동물이동통로에서 되돌아서서 폭포약수 방향으로 향했는데 중간에 상계역 방향으로 빠졌다. 이곳도 그렇지만 서울 근방 산은 의외로 이정표가 약하다.

▲ 수사 종주 (2008-4-12)
코스: 수락산역 – 능선길 – 깔딱고개 – 암릉지대 – 철모바위 – 정상 – 기차바위 – 동막골 – 회룡역 – 범골안부 – 사패능선 – 사패산 – 사패능선 – 안부 – 회룡계곡 – 회룡사 – 회룡역

지난주에 산에 못 가시 2주 만의 산행이다. 의정부 언걸로도 익힐 겸 수락산-사패산으로 코스를 잡았다. 산에 가 보니 진달래가 지천이다. 말 그대로 흐드러지게 피었다(산행 초반에는 진달래인 줄 제대로 알았는데 산행 중에 진달래에 붙어 있는 푯말에 철쭉이라고 적혀 있길래 철쭉으로 생각했다. 그러나 나중에 얘기를 들어 보니 아직 철쭉이 필 때가 아니라는 말에 푯말이 잘못 붙어 있었다는 것을 알았다). 수락산역에서 오르는 길은 깔딱고개를 지나면서 바위 타기를 해야 하기 때문에 체력 소모가 심하다. 날도 더워 물도 많이 먹힌다. 정상에서 캔디바까지 사 먹었으며 진행했다. 의정부 동막골에 내려와서 회룡역을 지나면서 그냥 집에 갈까 하는 유혹을 느꼈지만 기어코 사패산도 올랐다. 계곡 길로 가려다 범골능선 길을 택해서 올랐는데 힘이 많이 들었다. 사패산 정상에서 멀리 보이는 오봉, 북한산 전망이 장쾌했다. 사과, 커피, 콘칩 등을 먹고 사패능선에서 회룡계곡 쪽으로 하산.

▲ 사도ㅂ 종주 (2008-5-2)

코스: 회룡역 – 회룡계곡 – 사패능선 안부 – 사패산 – 사패능선 안부 – 포대능선 – 자운봉 – 도봉주능선 – 우이암 – 원통사 – 우이동 – 용덕사 – 육모정고개 – 영봉 – 하루재 – 위문 – 백운대 – 위문 – 하루재 – 도선사

지난주에 가려다 못 갔던 사도북 코스를 가려고 아침 일찍 집을 나섰다. 회룡역 앞 민들레분식집에서 순두부로 아침을 먹고 김밥 하나를 사 들고 길을 나섰다. 회룡계곡을 지나 사패능선에 도달하니 9시쯤 되었다. 사패산은 오른쪽, 도봉산은 왼쪽이다. 1.2km 거리의 사패산 정상을 다녀온 후 도봉산 방향으로 향했다. 5월치고는 더운 날씨라 신선대에 가니 캐멀백에 넣어 온 물이 동이 났다. 캐멀백은 잔량이 보이지 않고 용량이 충분하여 자만심을 유발시키기 때문에 무절제하게 물을 빨아 먹게 되어 의외로 물이 쉽게 동이 난다. 다행히 보온병의 뜨거운 물이 있고, 토마토, 사과 등이 있어 크게 걱정되지는 않는다. 오봉 갈림길 지나서 조금 더 가서 점심을 먹고 우이암, 원통사를 거쳐 도봉산을 하산했다. 우이암에서 원통사 가는 길에 가수 이용을 만나 반갑게 악수를 나누기도. (다음 날 아침 KBS2에서 이용이 산악구조대원과 함께 다니는 것이 방영되었다.) 우이동에 나오니 이미 기운이 떨어져 있었으나 MS와의 약속 시간이 많이 남아 있고 가는 김에 더 가자라는 생각이 들어 기어코 육모정고개 쪽으로 향했다. 탱크보이를 발고 물 2병, 파워에이드 1병을 사 가지고. 영봉 오르는 길은 몹시 힘들었으나 하루재 이후 백운대까지는 오히려 페이스가 조금 살아났다. 그래 봤자지만. 백운대에 오른 후 북한산 종주까지 해야 사도북인데 그냥 최단거리인 우이동 방향으로 하산했다. 시간도 늦었지만 시간이 있어도 어려운 상황이다. 체력과 페이스 조절이 더 필요하다는 것을 절감했다. 더운 날씨도 악재였다. 그래도 하루에 3개 산 정상에 올랐다는 데서 위안을 삼는다. 북한산 종주를 하지 못했으니 정확히 얘기하면 "사도북"이 아니라 "사도ㅂ"이라고 할 수 있겠다.

수사 종주 산행 중 사패산 정상에서. (2008-4-12)

사도ㄴ 종주 중 백운대에서. 웃는 게 웃는 게 아니다. (2008-5-2)

▲ 제대로 불수 종주 (2008-11-29)

코스: 불암사 – 불암산정상 – 덕능고개 – 도솔봉 – 하강바위 – 철모바위 – 수락산 – 기차바위 – 도정봉 – 동막골 – 회룡역

불암산코스 중 가 보지 못한 불암사코스로 해서 불암수락 종주를 하기로 했다. 석계역에서 1155번을 타고 불암동에서 하차. 불암사에서 학도암 쪽 길과 합류하여 갈 수도 있지만 곧바로 정상에 오르는 길을 택했다. 이 길은 약간의 릿지를 필요로 하여 이제껏 불암산 정상으로 다녔던 길에 비해 난도가 높다. 정상에 오르니 칼바람에 몸이 밀릴 지경이다. 얼른 윈드스토퍼를 입고 잠시 북한산, 도봉산을 보다가 내려섰다. 본격적인 겨울 산행은 오랜만이라 컨디션이 좋지 않았으나 원래 계획대로 수락산까지 밀어붙였다. 하강바위 위에도 처음으로 올라서서 기념촬영도 하는 등 나름대로 재미를 느끼며 동막골까지 산행을 이어 나갔다. 회룡역 민들레분식에서 오뎅 하나 먹고 귀가.

불수 종주 산행 중 수락산에서 바라본 북한산 빛 내림.
이 사진은 사내 사진전에도 출품했었다. (2008-11-29)

* 기타 종주

서울 강북에 불수사도북이 있다면 강남에는 광청 종주(광교산 - 청계산)가 있다(혹자는 광청에 우면산, 관악산, 삼성산을 붙여서 광청우관삼이라고 확장시키기도 한다). 광청 종주도 쉽지는 않지만 불수사도북에 비하면 어린애 수준으로 볼 수 있다. 첫 번째 시도는 하오고개를 못 찾아 중간에 포기했고 두 번째에 성공하였다. 그 밖에도 전국적인 지명도는 떨어지지만 나름대로 지역사회에서는 잘 알려진 종주코스들도 몇 군데 다녀왔다.

▲ 판교로 빠진 광청 종주 시도 (2008-5-25)

코스: 경기대후문 - 경기대정문 - 반딧불이화장실 - 형제봉 - 광교산(시루봉) - 노루목대피소 - 억새밭 - 백운산 - 바라산 - 판교

요즘 경기 지역 산을 찾는 중인데 이번에는 분양 열풍에 휩싸일 것으로 예상되는 광교에 있는 광교산으로 향했다. 사당역에서 7000번을 타고 경기대 후문에 내려서 경기대를 관통하여 정문으로 향했다. 조금 걸어 내려가 반딧불이 화장실에서 산행을 시작하였다. 광교산에 오른 후 착각을 하여 직진하다가 길을 잘못 든 것을 깨닫고 되돌아와서 백운산, 바라산을 거친 후 내친김에 청계산으로 향하려다가 다시 길을 잘못 들어 판교로 내려오고 말았다. 분당 수내역을 경유해서 귀가

▲ 광청 종주 (2012-5-26)

코스: 반딧불이 - 형제봉 - 종루봉 - 광교산(시루봉) - 억새밭 - 백운산 - 바라산 - 발화산(우담산) - 영심봉 - 하오고개 - 국사봉 - 이수봉 - 망경대 - 매봉 - 옥녀봉 - 화물터미널

3일 연휴를 맞아 하루쯤은 장거리 산행을 할 생각을 했다. 연인산도 생각했으나 광교산 청계산 연계 산행하려다 길을 잘못 들어 못 했던 기억이 나서 소위 광청 종주 길에 나섰다. 아침 일찍 집을 나서는데 컨디션이 영 안 좋다. 장거리 산행이라 스틱을 준비했지만 고전이 예상된다. 지하철 7, 4, 1호선을 갈아타고 수원역

에서 13번을 타고 광교산으로 향했다. 수원역에서 먹을 걸 사려고 했는데 역 구내에 마땅히 살 게 없다. 역 인근에도 역시 가게가 보이지 않아 길 건너 편의점까지 갔다 온다. 마침 와서 잡아탄 13번 버스는 산행객 등으로 만원이다. 9시 45분 반딧불이 화장실을 들머리로 산행 개시. 주요 봉우리를 경유해서 어렵사리 하오고개를 찾고 청계산 구간에 접어들었다. 피곤한 몸을 끌고 산행을 마치니 18시 반경. 총 8시간 40여 분의 긴 산행을 마쳤다. 종주에 의미를 두고 꾸역꾸역 걷다 보니 산행 본연의 재미는 덜했다. 식구들과 W보쌈집에서 보쌈 외식을 하고 귀가. 근래 보기 드물게 맛이 없는 보쌈집이었다.

▲ 몽가북계 종주 (2017-5-3)

코스: 흥적종점 – 흥적고개 – 임도 – 몽덕산 – 가덕산 – 북배산 – 계관산 – 싸리재종점

연휴 기간 중 미세먼지가 없다는 소식에 새벽에 부랴부랴 집을 나선다. 초반 대형 알바를 하는 바람에 고생을 했다. 능선이 훤히 보이는 건 좋은데 햇빛을 피할 데가 전혀 없어 더운 날씨에 고생했다. 어쨌든 몽가북계 종주를 마쳤다. 이 코스는 여름 산행은 피하는 것이 좋겠다.

광청 종주 중 광교산 시루봉에서. (2012-5-26)

광청 종주 중 청계산 정상 망경대 바위. (2012-5-26)

가평 계관산 가는 길. 몽가북계 종주 산행 중이다. (2017-5-3)

▲ 광주 태화산 능선 종주 (2021-3-21)

코스: 은곡사 – 미역산 – 태화산 – 연지봉 – 마구산 – 마락산 – 휴양봉 – 정광산 – 노고봉 – 발리봉 – 백마산 – 동광아파트

일요 산행으로 은곡사에 차를 대고 경기도 광주 태화산 능선 종주 산행에 나선다. 너무 여유를 잡는 바람에 11시에 산행 개시. 높지 않은 능선이지만 기온이 낮고 바람도 세서 고생했다. 시간이 늦어 백마산에서 종주를 마치고 우측 초월 동광아파트 방향으로 하산. 어렵사리 콜택시를 잡아타고 은곡사로 복귀.

경기 광주 마구산에서 바라본 미역산, 태화산. 이날 태화산 종주 산행을 하였다. (2021-3-21)

▲ 천안 성거산 능선 종주 (2021-4-4)

코스: 부수문이고개 – 위례산 – 성거산 – 태조산 – 흑성산 – 용연저수지 – 독립기념관

일요 산행으로 평이하면서 길게 타는 코스인 천안 성거산 종주에 나선다. 독립기념관에 차를 대고 택시로 부수문이고개로 간다. 마침 부수문이고개로 가는 57번 국도는 차박족이 창궐한 지역인 데다 벚꽃터널을 이루고 있어 차가 많이 막힌다. 산행 초반에는 잘 진행하였으나 후반 잇단 알바로 고생하였다. 성거산 – 태조산, 태조산 – 흑성산, 흑성산 – 독립기념관 구간에 이정표가 아쉽다.

천안 흑성산 노을. 이날 천안 성거산 종주 산행을 했다. (2021-4-4)

▲ 천안 배태망설 종주 (2021-10-11)

코스: 동천교회 – 배방산 – 태화산 – 태학산 – 태화산 – 망경산 – 설화산 – 초원아파트 – 동천교회

대체공휴일을 맞아 그동안 별러 오던 배태망설에 나섰다. 배태망설은 천안 동천교회에서 시작해 배방산, 태화산, 망경산, 설화산을 거쳐 다시 원점회귀 하는 코스다. 4개의 산은 능선이 자연스럽게 연결되지 않고 인접한 별개의 산을 이어서 타는 것으로 보는 것이 맞다. 대체로 등산로는 무난한 편이지만 워낙 장거리 코스라 쉽지 않다. 출발이 늦어 해 질 녘에 산행을 마쳤다.

천안 설화산 정상의 평상. 저 평상에서 막걸리 한잔하면 기가 막힐 것 같다. 천안 배태망설 종주를 마친 터이다. (2021-10-11)

산경표 산줄기

산경표는 조선 영조 때 사람인 신경준이 편찬하였는데 한국의 산줄기를 1대간, 1정간, 13정맥으로 구분하고 있다. 일제시대에 정립된 산맥이 지질 구조선에 근거한 반면 산경표는 산줄기를 나누는 하천을 기준으로 하였기 때문에 실생활에 더 현실적이라고 할 수 있다. 산줄기가 워낙 복잡하여 일괄적으로 말할 수는 없으나 러프하게 얘기하면 나무의 본줄기에 해당하는 대간이 있고 여기에서 가지를 친 것이 정맥, 정맥에서 다시 가지를 친 것이 지맥이라고 할 수 있다. 최근 나름의 합리성을 주장하며 산경표를 개선한 신산경표, 대한산경표 등이 제안되었으나 여전히 원래의 산경표가 산악인 사이에 주로 통용되고 있다. 나도 산경표 산줄기를 따르는 장거리 종주 산행을 몇 차례 하였고 또 하는 중이다.

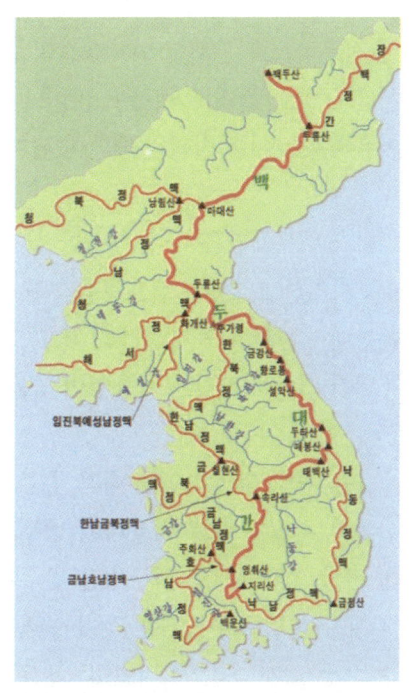

1대간, 1정간, 13정맥을 보여주는 산경도. 백두대간, 한북정맥은 남북한에 걸쳐 있고 8정맥은 남한에 있다.
출처: 권태화, 《현오와 걷는 백두대간》

* 백두대간 2005-5-28~진행 중

이 산 저 산 다니다 보니 의도치 않게 백두대간 구간을 통과하게 된다. 애초 백두대간을 의도적으로 다니지는 않았지만 퇴직할 무렵인 2022년

말 100대 명산 졸업이 임박해지면서 새로운 목표로서 백두대간 완주를 목표에 포함시켰다. 들머리와 날머리가 다른 종주 산행의 특성상 백두대간 종주를 위해 자가용을 운행하는 것은 어렵고 비용도 많이 든다. 또한 전국적으로 산재한 백두대간의 들머리까지 대중교통으로 가는 것도 시간도 많이 걸리고 비용도 많이 들기 때문에 결국 안내산악회 버스를 이용하는 것이 현실적인 대안이 된다.

내가 백두대간을 타기 시작한 시점을 특정하기는 쉽지 않다. 1984년 8월 지리산 노고단 - 삼도봉을 지났던 적도 있었고, 2005년 5월 속리산 문장대 - 천황봉을 지나기도 했고 그 밖에도 부지불식간에 짧게나마 백두대간 길을 지나갔을 가능성이 있을 것으로 생각한다.

나는 가장 활발히 백두대간 종주 프로그램을 진행 중인 좋은사람들 산악회 버스를 주로 이용하여 백두대간 산행을 진행 중이다. 좋은사람들 산악회 내에서도 백두대간 기수에 따라 구간 구획이 조금씩 다르나 50개 구간으로 구획되는 것이 보편적이다. 나는 2023년 10월 31일 기준 전체 50개 구간 중 비법정탐방로를 제외하고 27개 구간을 완주했다. 구간 전체가 비법정탐방로인 구간은 문장대 - 늘재, 마등령 - 미시령의 두 군데이므로 잔여 구간은 21개 구간이다. 백두대간 종주에서 비법정탐방로를 제외하고 완주하는 것은 잔여 구간이 파편화되어 동선 잡기가 오히려 더 힘들 수도 있다. 어쨌든 백두대간 종주 진행은 우선 비법정탐방로를 가급적 배제하도록 하겠다.

다음 목록은 백두대간 산행 기록을 정리한 것인데 자잘한 구간 통과(예컨대 1984년 8월 지리산 노고단 - 삼도봉)나 동일 코스 재통과(예컨대 2023-1-31 대관령 - 선자령)등은 빼고 작성하였다.

백두대간 완료 구간 (북진 구간 순)

1. 천왕봉 – 성삼재
   남진: 성삼재 - 천왕봉 2007-10-2~3 (솔로)
2. 성삼재 - 주촌
   북진: 성삼재 - 정령치 2008-10-11 (회사 백두대간산악회)
   북진: 정령치 - 주촌 2023-5-30 (솔로)
3. 주촌 – 통안재
   북진: 주촌 - 통안재 2023-5-30 (솔로)
7. 영취산 - 육십령
   북진: 영취산 - 육십령 2023-7-2 (좋은사람들산악회)
8. 육십령 - 백암봉
   북진: 육십령 - 백암봉 2012-10-5 (솔로)
9. 백암봉 - 빼재
   북진: 백암봉 - 빼재 2023-8-13 (좋은사람들산악회)
11. 덕산재 - 삼마골재
    북진: 덕산재 - 삼마골재 2023-2-13 (좋은사람들산악회)
12. 삼마골재 - 우두령
    남진: 우두령 - 삼마골재 2023-9-3 (좋은사람들산악회)
13. 우두령 - 괘방령
    북진: 우두령 - 괘방령 2023-6-20 (좋은사람들산악회, MK 동행)
15. 추풍령 - 큰재
    남진: 큰재 - 추풍령 2023-3-29 (좋은사람들산악회)
16. 큰재 - 지기재
    남진: 지기재 - 큰재 2023-1-17 (좋은사람들산악회)
17. 지기재 - 화령재
    남진: 화령재 - 지기재 2023-5-14 (좋은사람들산악회)
20. 문장대 - 늘재 (전 구간 비법정탐방로)
21. 늘재 - 밀재
    북진: 늘재 - 밀재 2023-5-22 (좋은사람들산악회)
22. 밀재 - 버리미기재 (대야산 - 버리미기재 비탐)
    남진: 대야산 - 밀재 2019-6-9 (솔로)

26. 이화령 - 제3관문
   북진: 이화령 - 제3관문 2020-11-8 (CK 동행)
28. 하늘재 - 작은차갓재 (마골치 - 작은차갓재 비탐)
   북진: 하늘재 - 마골치 2023-8-12 (좋은사람들산악회)
29. 작은차갓재 - 저수령 (황장산 - 벌재 비탐)
   북진: 작은차갓재 - 황장산 2020-2-9 (솔로)
   남진: 저수령 - 벌재 2023-5-31 (솔로)
30. 저수령 - 묘적령
   북진: 저수령 - 묘적령 2023-4-17 (좋은사람들산악회)
31. 묘적령 - 죽령
   북진: 묘적령 - 죽령 2023-5-1 (좋은사람들산악회)
32. 죽령 - 고치령
   남진: 고치령 - 죽령 2014-10-25 (서산지역 산악회)
36. 화방재 - 두문동재
   남진: 두문동재 - 만항재 2010-10-9 (회사 연구소 단체)
   북진: 만항재 - 두문동재 2013-10-19 (회사 연구소 단체)
   북진: 화방재 - 만항재 2023-6-1 (솔로)
37. 두문동재 - 피재
   북진: 두문동재 - 피재 2013-10-19 (회사 연구소 단체)
38. 피재 - 구부시령
   북진: 피재 - 구부시령 2022-12-2 (좋은사람들산악회)
39. 구부시령 - 댓재
   북진: 구부시령 - 댓재 2022-6-5 (좋은사람들산악회)
43. 닭목령 - 대관령
   북진: 고루포기산 - 대관령 2019-2-16 (반더룽산악회)
   북진, 남진: 닭목령 - 고루포기산 2023-6-2 (솔로)
44. 대관령 - 진고개 (매봉 - 노인봉 비탐)
   북진, 남진: 대관령 - 선자령 2012-2-25 (회사 백두대간산악회)
   남진: 진고개 - 노인봉 2008-8-30 (피닉스산악회, 형 동행)
48. 한계령 - 마등령 (대청 - 희운각 비탐)
   북진: 대청 - 마등령 2008-9-27 (피닉스산악회)
   북진: 한계령 - 대청 2014-5-31 (회사 백두대간산악회)

49. 마등령 – 미시령 (전 구간 비법정탐방로)

백두대간 미완료 구간 (북진 구간 순)
4. 통안재 – 복성이재
5. 복성이재 – 중재
6. 중재 – 영취산
10. 빼재 – 덕산재
14. 괘방령 – 추풍령
18. 화령재 – 피앗재
19. 피앗재 – 문장대
    남진: 문장대 – 천황산 2005-5-28 (솔로)
23. 버리미기재 – 은티재 (버리미기재 – 악휘봉 비탐)
24. 은티재 – 사다리재
    북진: 호리골재 – 성터 2018-10-9 (솔로)
    북진: 은티재 – 시루봉 2023-9-8 (좋은사람들산악회)
25. 사다리재 – 이화령
27. 제3관문 – 하늘재
33. 고치령 – 늦은목이
34. 늦은목이 – 도래기재
35. 도래기재 – 화방재
40. 댓재 – 백복령
    북진, 남진: 댓재 – 두타산 2010-8-21 (백두대간산악회)
    북진: 댓재 – 박달령 2016-8-20 (백두대간산악회)
41. 백복령 – 삽당령
42. 삽당령 – 닭목령
45. 진고개 – 구룡령 (두로봉 – 신배령 – 1210고지 인근 공원 경계 비탐)
    북진: 동대산 – 두로봉 2008-6-14 (솔로)
46. 구룡령 – 조침령
47. 조침령 – 한계령 (875고지 – 단목령, 점봉산 – 한계령 비탐)
50. 미시령 – 진부령 (미시령 – 대간령 비탐)

지리산 만복대에서 연구소 단체 산행 대원들과 함께.
왼쪽부터 CY, 나, KH, JR, GM, SH, GH, WM. (2008-10-11)

삼척 두타산 정상에서 백두대간산악회 대원들과 함께.
앞줄 JH, 뒷줄 왼쪽부터 GH, 나, JA, SH, WM. (2010-8-21)

선자령 산행 중 눈보라를 뚫고 가는 백두대간산악회 대원들. (2012-2-25)

선자령에서 백두대간산악회 대원들과 함께. (2012-2-25)

만항재 - 피재 종주 산행 중 함백산에서 연구소 단체 산행 대원들과 함께. (2013-10-19)

만항재 - 피재 종주 산행 중 S, KW와 함께. (2013-10-19)

만항재 - 피재 종주 산행 중 피재에 도착하여 JC와 함께. (2013-10-19)

소백산 종주 산행 중 국망봉에서 UK, CH, DS와 함께. (2014-10-25)

문경 조령산에서 CK와 함께. 이날 후반에 근육이 올라와서 고생했다. (2020-11-8)

* 한북정맥 2014-5-5~2015-5-5

광덕고개를 들머리로 하여 100대 명산 국망봉 산행에 나섰다가 멋진 능선에 매료되었는데 이 능선이 한북정맥에 포함된다는 것을 알게 되어 차제에 한북정맥을 타 보자고 마음먹게 되었다. 서울에 가까이 위치한다는 것도 한북정맥에 도전하게 된 계기가 되었다. 광덕고개에서 남하하던 종주코스가 축석령에 이르면서 능선이 골프장, 아파트 단지, 소규모 공장 등에 의해 무너지고 종주의 의미가 현저히 감소하면서 한북정맥 종주를 계속 이어 나가야 할지 고민하게 되었다. 그러나 뒤이어 불곡산, 호명산 등이 이어지면서 인내심을 바닥내지는 않을 수 있었다. 호명산을 지나 한강봉, 첼봉에 이르면서 산경표와 신산경표의 한북정맥 경로가 갈라지게 되는데 산경표는 사패산, 도봉산, 우이령, 노고산을 지나 장명산에 이르게 되고, 신산경표로는 앵무봉, 월롱산을 지나 오두산으로 빠져나가게 된다. 산경표에서는 신산경표의 잔여 경로를 오두지맥이라 부르고 신산경표에서는 산경표의 잔여 경로를 도봉지맥이라 부른다. 나는 산경표를 기준으로 하여 장명산까지의 잔여 구간을 진행하였는데 잔여 구간 역시 도시화가 심하여 끝까지 인내심을 시험받는 시간이었다.

이제 한북정맥에 발을 들여놓을 때 들머리로 삼았던 광덕고개 북쪽 구간이 남았다. 장명산까지 마친 지 3일 후에 수피령으로 가서 광덕고개까지 산행함으로써 한북정맥을 마쳤다. 공교롭게 한북정맥을 시작한 지 딱 1년이 되는 날이었다.

▲정확히 1년만에 한북정맥 졸업 (2015-5-5)

코스: 수피령 - 촛대봉 - 복계산 - 촛대봉 - 복주산 - 하오현 - 회목현 - 상해봉 - 광덕산 - 광덕고개

한북정맥을 졸업할 마음으로 새벽에 집을 나선다. 동서울터미널 6시20분 버스로 와수리로. 택시를 타고 수피령에 당도하여 산행 시작. 한북정맥 코스에 더해

서 인근 복계산, 상해봉도 다녀 오면서 광덕고개까지 완주. 이로써 한북정맥 남한 구간을 마쳤다. 미답 구간은 통일이 되어야 가 볼 수 있으므로 내가 가기는 어려울 듯. 광덕고개에서 조촐한 자축연을 할까 했으나 동서울행 버스가 바로 오길래 그냥 탑승. 작년 5/5부터 금년 5/5까지 딱 1년만에 한북정맥을 완주했다. 세어 보니 작년에 4번, 금년 들어 피치를 올려 8번 종주산행에 나섰다. 다음에 종주산행을 한다면 한남정맥이나 오두지맥 정도가 될 것 같다.

한북정맥 첫 산행 중 국망봉에서. (2014-5-5)

한북정맥의 종착점 곡릉천. (2015-5-2)

* 천마지맥 2015-7-19~2015-10-9

천마지맥도 처음부터 타려고 탄 것은 아니고 애초 천마산과 철마산을 잇는 소위 천철 종주를 하게 되면서 시작되었다. 천철 종주를 마친 나는 아예 주금산까지 계속 진행키로 하고 2회에 걸쳐 주금산 권역을 산행하였다. 뒤이어 백봉산, 예봉산

천마지맥 종주 산행 중 주금산에서. (2015-7-26)

구간을 역시 2회에 걸쳐 산행함으로써 총 5회 산행을 거쳐 천마지맥을 졸업하게 되었다. 백봉산 정상을 중심으로 북쪽은 북진, 남쪽은 남진으로 진행한 종주였다.

천마지맥 종주 산행 중 주금산에 다시 왔다. (2015-8-8)

* 오두지맥 2016-3-12~2017-3-4

산경표를 기준으로 한북정맥 종주를 진행하긴 했지만 신산경표 한북정맥 종주는 마치지 못해 께름칙한 생각이 머리에 남아 있었다. 한북정맥을 마친 지 10개월 만에 신산경표 한북정맥 잔여 구간에 해당하는 오두지맥 산행에 나섰다. 오두지맥

오두지맥 종주 산행 중 용미리 석불입상. 관촉사 은진미륵을 방불케 한다. (2016-9-11)

도 나지막한 야산에 군부대, 자잘한 상업시설들이 많이 들어서서 길 찾기가 어렵기도 하고 재미도 없어 짧은 구간임에도 불구하고 총 5회 산행에 1년 정도가 소요되었다. 막판 오두산 가까이 가면서 내려다본 묘지가 눈에 익어 지도를 검색해 보니 아버지를 모신 동화경모공원임을 깨닫고 들렀다 가는 일도 있었다.

오두지맥 종주 중 들른 동화경모공원. (2017-3-4)

* 검단지맥 2017-5-5~2021-9-22

검단지맥 역시 검단산 - 용마산 연계 산행을 하고 이어서 검단지맥의 남은 구간을 계속 타게 된 경우이다. 총 7회 산행에 나서 완주하였다. 엄미리 북쪽은 남진, 남쪽은 북진으로 진행하였다. 검단지맥 산행을 통해 성남누비길을 알게 되었으니 산행도 꼬리에 꼬리를 무는 경향이 있다고 하겠다.

남한산의 정상인 벌봉에 있는 바위. (2018-8-11)

* 진행 중인 정맥, 지맥

　정맥, 지맥 산행은 쉽지 않다. 백두대간은 산의 규모가 크고 차량 이동 거리가 길지만 이정표가 비교적 잘되어 있고 안내산악회 프로그램이 있어서 체계적으로 진행할 수 있는 반면 정맥, 지맥은 통상 개인적으로 진행해야 하기 때문에 들머리까지 대중교통으로 이동해야 하는데 버스 배차 간격이 워낙 드문드문하여 접근이 쉽지 않다(최근 좋은사람들 산악회에서 정맥 산행 프로그램도 진행하기는 한다). 이정표도 부실하기 때문에 진행 중 알바를 하게 되는 경우도 많다(물론 요즘 많이 사용되는 트랭글 등의 앱을 사용하여 선행자의 트랙기록을 따라가면 알바는 막을 수 있겠으나 등산가의 모험 정신을 포기하는 것으로 생각하여 나는 지금도 지도만 산행에 참조한다). 더 심각한 문제는 군부대, 골프장, 공장, 아파트 단지, 가게 등 상업시설이 들어서 있는 경우가 많아 종주코스를 따라가기가 불가능하고 대체길 찾기를 하러 왔다는 생각이 들게 만든다. 종종 도로를 횡단하거나 고속도로 갓길을 걸어야 하는 등 위험한 상황까지 연출되니 문제다.

　한남정맥은 서울 부근이라 타 볼까 생각했는데 2018년 9월에 검단지맥을 타던 중 한남정맥의 일부 구간을 지나게 되면서 입문하게 되었다. 2023년 10월 31일 기준 용인 기흥구 88CC - 김포 대곶사거리 구간을 마친 상태이며 이왕 시작했으니 어쨌든 마치고 싶다. 왕방지맥도 2019년 9월, 2020년 6월 두 번에 걸쳐 축석령 - 국사봉 구간을 탔고 아직 국사봉 이후 구간은 마치지 못했다. 한두 번 정도 더 타면 마칠 것 같은데 대중교통으로도 자가용으로도 가기가 좋지 않아 차일피일하고 있는 중이다. 한남정맥과 왕방지맥 이후 산경표 산줄기 타기를 계속 이어 나갈 생각은 없는데 정맥, 지맥 타기의 고생스러움을 잘 알기 때문이다.

1. 막산 타기. (2023-4-20)

2. 도로 가장자리로 걷기. (2023-4-20)

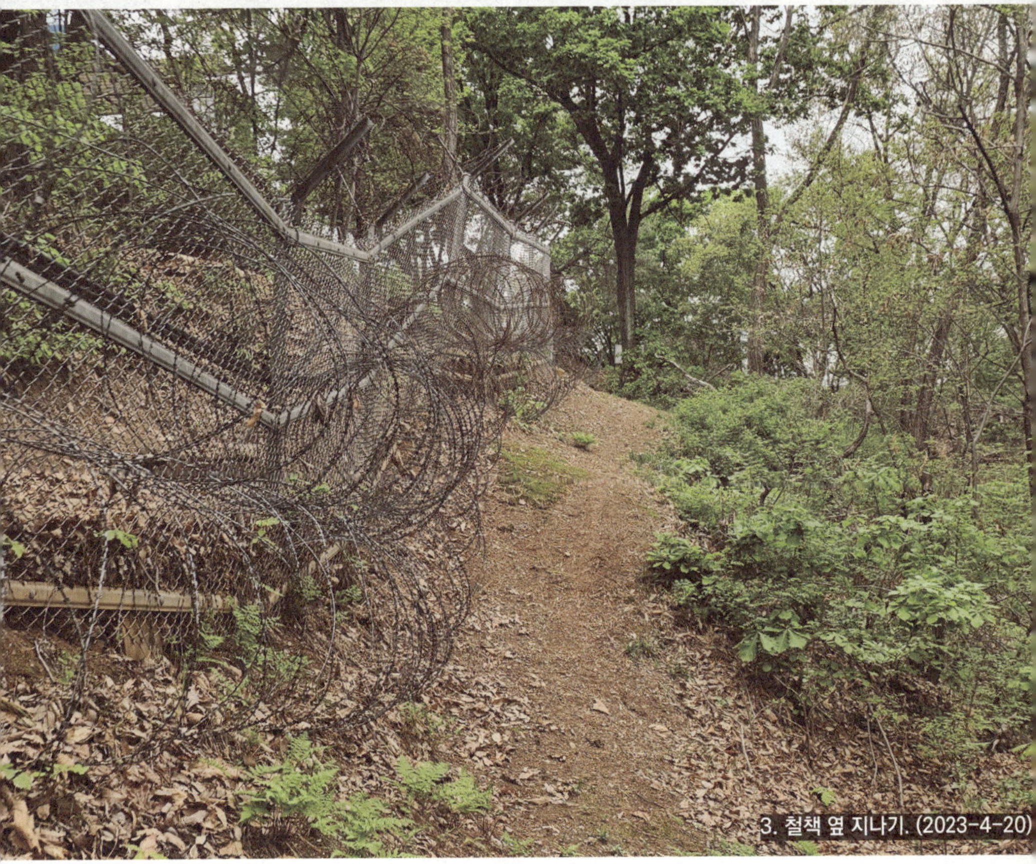

3. 철책 옆 지나기. (2023-4-20)

한남정맥 종주의 흔한 풍경들.

왕방지맥 종주 중 Horse shoe band를 방불케 하는 회암고개의 굽은 도로를 지난다.
(2019-9-11)

3. 목표 지향의 산행　133

4.
관계 지향의 산행

   산을 찾는 이유는 다양하게 있겠지만 산의 정상이나 능선 종주 등의 목표를 달성하고자 하는 "목표 지향의 산행"과 함께 산에 간 동료들과의 우애를 다지는 "관계 지향의 산행"이 가장 흔한 이유일 것이다(물론 이 이외에 홀로 산에 올라 유유자적하면서 사색에 잠기거나 일상사의 고민을 잊기 위한 산행, 학술 탐구 목적의 산행 등도 있을 수 있겠다). 대부분의 산행은 목표 지향의 산행과 관계 지향의 산행이 혼합된 형태일 것으로 생각한다. 솔로 산행은 목표 지향의 산행인 경우가 많을 것이고 회사 단체 산행은 관계 지향의 산행 성격이 강할 것으로 생각한다. 소그룹의 산행은 대원들의 성향에 따라 어떤 성격일지가 결정될 것이다.

   나는 산행의 슬럼프를 극복하고자 목표 지향의 산행에 천착했다고 하였지만 누구 못지않게 관계 지향의 산행도 즐긴다. 사실 술자리를 즐기는 사람 중 산에 다니는 사람은 대체로 관계 지향의 산행을 좋아하는 사람으로 봐도 무방하리라 생각한다. 동행 산행은 대부분 가족, 대학 동창, 고교 동창, 재직 시 회사 동료, 퇴사 후 전 직장 동료 등과 함께 했다.

🧭 가족과의 산행

   가족과의 산행은 빈도가 많지는 않지만 가끔씩 가긴 간다. 예전 마눌님의 상태가 좋았을 때에는 북한산둘레길을 함께 완주했고 서울둘레길,

불암산둘레길, 동작충효길도 일부 구간을 함께 걸었더랬다. 과거 기록을 찾아보니 도비산(2002-11-24), 덕숭산(2003-3-23, 2006-6-3), 한라산 윗세오름(2003-8-24)에 온 가족이 함께 오른 적도 있었다. 마눌님과의 산행기는 둘레길 편에 많이 소개했으니 여기에는 기억에 남는 애들과의 산행 기록을 소개한다.

▲ 비 오는 와중에 설악산 울산바위에 씩씩하게 오른 큰애 (2002-8-15)
코스: 소공원 - 울산바위 - 소공원

가족과의 강원도 휴가 여행 중 설악산에도 들렸다. 설악동에 숙소를 잡고 권금성에 케이블카로 다녀온 후 신흥사를 거쳐 흔들바위로 향했다. 여기서 마눌님과 둘째는 기다리게 하고 나는 큰애와 울산바위까지 올랐다. 나로서는 1982년 형과 함께 오른 후 20년 만이다. 비까지 내렸는데 주변의 젊은 언니, 오빠들의 응원을 받으며 큰애는 씩씩하게 잘 다녀왔다. 큰애에게 등반 기념 메달을 새겨 주려 했는데 메달을 파 주는 사람이 없었던 걸로 기억한다.

큰애와 함께 설악산 울산바위에 올라서. 큰애는 샌들을 신고 올라왔다. (2002-8-17)

▲ 고진감래의 참 의미를 깨달은 큰애 (2003-1-1)
코스: 안양예술공원 - 삼성산 - 석수역

엄청 추운 새해 첫날 큰애와 관악산 삼성산에 갔다. 삼막사로 하산하여 사발면과 닭꼬치를 사 줬는데 추위에 떤 뒤끝이라 큰애가 맛있게 먹었다.

새해 첫날 관악산 삼성산 정상에 오른 큰애. 추운 날씨에 고생하다가 하산길에 닭꼬치를 맛있게 먹었다. (2003-1-1)

▲ 인과응보의 의미를 깨닫는 산행 (2007-12-24)

코스: 아차산역 – 공원입구 – 팔각정 – 아차산성 – 팔각정 – 아차산 – 용마산 – 대순진리회 – 아차산역

이래저래 연말 분위기는 안 나지만 어쨌든 크리스마스이브다. 큰애는 아직 방학을 안 했고 둘째는 방학을 했다. 운동 부족인 둘째를 데리고 갈 만한 만만한 산을 물색하다가 아차산으로 낙점하고 5호선을 타고 아차산역으로 향했다. 중턱에 있는 팔각정은 철거 중이었다. 팔각정 터에서 아차산성을 들렸다가 아차산 정상으로 향하였다. 둘째는 계속 그만 가고 돌아가자고 징징거린다. 그러거나 말거나 앞서가 버리면 결국 또 따라온다. 그리고 또 징징거리길 여러 번. 결국 아차산, 용마산 정상을 모두 찍었다. 용마산 하산로로 내려오는 중 아차산 능선을 바라볼 수 있었다. 아차산-용마산 등산 코스 중 백미라고 해야 할 것 같다. 둘째는 아차산 능선을 마주 보며 외친 소리가 메아리가 되는 것이 신기한 모양이다. 둘째가 외치는 장면을 녹화했는데 들뜬 마음에 하지 말아야 할 소리를 했다가 뒤에 동영상을 본 언니에게 맞기도.

둘째, 용마산에서 아차산을 배경으로. (2007-12-24)

▲ 서울 최고봉에 오른 큰애 (2009-4-18)

코스: 도선사 – 백운대 – 용암문 – 도선사

큰애와 함께 산행을 하게 되어 어디로 갈까 하다가 의미 있는 산행을 만들어 주고 싶어서 서울 최고봉인 북한산 백운대로 향했다. 등산객 통행이 많아 반질반질 해진 백운대에 오르는 바윗길은 테니스화를 신은 큰애에게는 미끄러워 신경이 많이 쓰였다. 오는 길에 광화문에서 맥도날드에 들러 맥플러리와 스낵랩을 사 주고 교보에 들렀다 귀가.

▲ 온 가족의 추석맞이 청계산 산행 (2018-9-24)

코스: 원터골 – 매봉 – 원터골

최근의 온 가족 산행은 대부분 청계산에 가게 된다. 원터골을 들머리로 하는 원점회귀로 이루어져서 마눌님이 중간에 기다렸다가 다시 만나기 용이하기 때문이다. 이번에도 정상에는 둘째만 데리고 올라갔다 왔다. 원터골에서 이른 저녁으로 '숨 쉬는 두부'에서 만두두부전골로 추석 음식의 느끼함을 달랜다.

추석맞이 청계산 산행을 출발하면서 셀카. (2018-9-24)

▲ 등린이 둘째의 북한산 산행 (2021-3-13)

코스: 비봉주차장 – 구기탐방지원센터 – 사모바위 – 승가봉 – 문수봉 – 대남문 – 구기탐방지원센터 – 주차장

미세먼지가 조금 덜한 토요일 오전 시간을 틈탄 둘째와의 등산. 둘째와의 산행은 아차산 이후 처음인 것 같다. 등린이 맞춤형 코스로 구기동에서 비봉능선에 올라 대남문을 경유하여 하산. 막상 산을 타 보니 등린이에게는 좀 고난도의 코스인 듯.

둘째, 북한산 산행 중 비봉과 사모바위를 배경으로. (2021-3-13)

직장 동료들과의 산행

회사에서 함께 일하던 방향족생산부의 동료들이 1박 2일 MT로 먼 산에 가는 경우가 가끔 있었는데 공장 동료들과 인간적인 유대감을 가졌던 나는 방향족생산부 MT를 따라가곤 했다. 이렇게 함께 간 산이 소백산과 월출산이다. 등산을 즐겼지만 여전히 주당이었던 나는 첫날 밤 엄청난 폭음을 하고도 이튿날 산행에서는 크게 지장을 받지 않았었다. 당시 운동량이 워낙 많았고 또 젊었기 때문에 가능했으리라.

직장 동료 중에서 특히 관련 업무를 함께 하며 친해진 NC와는 둘만의 산행을 함께 할 때가 많았는데 기억나는 산은 광천 오서산, 금산 서대산, 광주 무등산, 예산 가야산 등이다. NC와는 지금까지 인간적인 만남을 이어 오고 있지만 NC의 무릎에 이상이 생겨 같이 산행을 하지 못하고 있는 것은 아쉽다. 당시의 산행기를 몇 가지 소개한다.

▲ 충남 최고봉 금산 서대산 산행 (2006-9-30)

코스: 서대산드림리조트 - 용바위 - 제비봉 - 신선바위 - 장군바위 - 정상 - 서대산드림리조트

충남에서 제일 높다는 서대산에 NC와 다녀왔다. 높이는 900m를 살짝 넘은 904m. NC가 네비게이터를 가져왔음에도 불구하고 추부 IC에서 나와 길을 잘못 드는 바람에 시간을 까먹었다. 새로 대전-추부 간 국도가 생겼는데 이 길이 네비게이터에 입력되어 있지 않기 때문이다. 서대산드림리조트는 방갈로, 수영장, 바이킹 등을 갖추고 있으나 전반적으로 썰렁한 모습. 원래 구름다리를 통과하는 코스로 가려 했으나 제비봉 코스로 가다 보니 곧바로 신선바위가 나오면서 구름다리는 우회하게 되었다. 장군바위 위에서 과일을 먹고 조금 더 가니 정상이 나왔다. 하산 길에 구름다리 이정표를 따라 내려왔으나 역시 구름다리는 못 찾고 그대로 하산. 이번 산행은 얼음물, 각종 과일, 김밥에 라면까지 먹거리가 풍성했다.

서대산 장군바위 아래를 통과하는 NC. (2006-9-30)

▲ 소백산을 오르며 술이 깨다 (2007-6-6)
코스: 어의계곡 – 비로봉 – 제1연화봉 – 연화봉(천문대) – 희방사

6/5-6 방향족생산부 소백산 워크숍에 꼽사리 끼었다. 숙박은 원주 치악산옛날 황토방에서 하였다. 오랜만에 얼큰한 자리였으며 "낙동강만 강이냐 두만강도 강이다" 식의 7080 시절 놀던 분위기가 재연됐다. 몇몇 의기투합한 사람들과 함께 원주 시내 한국관에도 다녀왔는데 덕분에 다음 날 소백산 산행에 조금 지장이 있었다. 한국관에 같이 갔던 사람들이 모두 지원조로 빠져서 배신감을 느끼기도. 소백산 등산을 마치고 돌아오는 길에 충주로 방향을 잡아 송어회로 저녁 식사를 하였는데 야채와 비벼 먹는 맛이 괜찮았다. 송어가 연어처럼 붉은색이라는 것도 처음 알았다. 아무튼 이번에 방향족생산부 동료들 덕분에 즐거운 시간을 가졌다.

방향족생산부분들과 소백산 철쭉 산행을 앞두고 치악산옛날황토방에서.
첫 줄 왼쪽부터 YR, JK, OS, SW, MI, 둘째 줄 왼쪽부터 KS, SH, IS, BH, JH, 셋째 줄 왼쪽부터 NC, YH. 이 중 밤새 격전을 치렀던 YR, MI, YH는 지원조로 빠졌다. (2007-6-6)

▲ 기암괴석에 감탄한 월출산 산행 (2007-10-27)
코스: 도갑사 - 억새밭 - 구정봉 - 천황봉 - 구름다리 - 천황사지

10/26 대전 KAIST에서 열린 화공학회에 참석했다가 방향족생산부 월출산 등산팀에 합류하기 위해 광주로 갔다. 원래 광주에서 영암행 버스를 탈 생각이었으나 목포에서 회를 한 접시 먹고 간다기에 목포로 진로를 수정하였다. 북항 승주수산에서 일행을 만나 목포 회 맛을 보았다. 몇 년 전 가족과 함께 북항에서 산낙지를 먹었던 일이 떠올랐다. 목포 여관에서 일출을 보고 영암으로 이동, 도갑사를 기점으로 산행을 시작하였다. 월출산은 규모는 작으나 기암괴석이 즐비한 아름다운 산이다. 마침 사내 다른 팀도 등산을 와서 앞서거니 뒤서거니 하면서 운행하였다. 부담 없이 즐거운 산행이었다.

방향족생산부분들과 월출산 천황봉에서. 앞줄 왼쪽부터 나, JM, TW, KS, 뒷줄 왼쪽부터 NC, HC, OS, JH, 뒤에 YH. (2007-10-27)

▲ 너무나 편안한 무등산 산행 (2008-1-26)

코스: 원효사지구 - 꼬막재 - 규봉암 - 장불재 - 입석대 - 서석대 - 장불재 - 늦재 - 원효사지구

오랜만에 NC와 등산을 갔다. 중부지방에 한파주의보가 발효될 정도로 추운 날씨였으나 막상 토요일에는 날이 좀 풀렸다. NC 차로 광주로 이동, 원효사지구까지 갔으나 숙소가 마땅치 않아 다시 광주 화물터미널 인근 모텔촌으로 가서 잤다. 모텔에 늦게 도착한 데다가 족발을 시켰는데 배달이 늦어져 2시 넘어 잠자리에 들었다. 다음 날 8시 넘어 출발했는데 역시 아침 먹을 만한 데를 못 찾아 원효사지구로 다시 이동. 빵으로 아침 때우나 하다가 무등산장에 들어가 보니 아침 식사가 된다 하여 보리밥 백반으로 아침 식사를 했다. 출발하고 산길에 접어드니 길이 매우 미끄러워 신경이 쓰였으나 새로 산 스틱 덕에 무난히 진행. 잠시 올라가니 평지가 산행 내내 이어져서 등산이 아니라 트레킹 수준이다. NC와 "이건 등산도 아녀"라고 농을 주고받으며 갔다. 규봉암에 들러 커피 마시다 배 속이 안 좋아 뒷간에 들렀다. 엉덩이를 스치는 서늘한 바람이 어릴 때 시골 뒷간의 추억을 일깨워 준다. 3-4미터를 자유낙하하는 똥 덩어리가 햇빛을 받아 빛난다. 규봉암을 떠나 조금 더 가니 장불재가 나왔다. 입석대, 서석대 가는 길이 몹시 붐빈다. 하산은 원점회귀를 위해 군사도로로 했다. 돌아오는 길에는 정읍과 고창 사이에 난 고속국도를 이용했는데 여기에 문수산 터널이라고 하는 매우 긴 터널이 있었다(나중에 알아보니 길이가 3,820m로 도로 터널로는 국내에서는 중앙고속국도 경북 풍기의 4,600m짜리 죽령터널 다음으로 2위란다. 기차 터널까지 포함하면 황학터널이 9,975m로 최장이며 2010년에 강원도 태백지역에 16.2km짜리 솔안터널이 뚫린단다). 서산 경유, 서울로 오니 21시 반경.

무등산 입석대 주상절리 위에 쌓인 눈이 적설량을 가늠케 해 준다. (2008-1-26)

수지생산부에는 백두대간산악회라고 불리우는 자체 산악회가 있었고 이 모임에 연구소 사람들도 몇 명 참여하였다. 백두대간산악회는 백두대간 종주를 목표로 하여 운행되었는데 비탐방 구간 및 산행의 의미가 크게 떨어지는 구간을 제외한 전체 구간의 종주를 완료할 즈음해서 백두대간산악회 회장 CH가 연구소장으로 부임하게 되었다. 등산을 좋아하던 나도 자연스럽게 백두대간산악회에 가입하였다. 아이러니하게도 백두대간산악회가 이미 백두대간의 주요 구간을 마쳤기 때문에 내가 가입한 시점 이후로는 산악회 이름과는 달리 정작 백두대간 산행은 그다지 많이 하지 않았다.

백두대간산악회와 함께한 산은 설악산(마등령, 대청봉, 귀때기청봉 등), 태백산, 월출산, 인제 방태산, 동해 두타산, 계룡산, 남양주 축령산, 고흥 팔영산, 해남 달마산, 문경 주흘산, 평창 선자령, 사량도 지리망산, 남해 응봉산, 정선 백운산, 소백산, 봉화 청옥산 남해 금산, 봉화 청량산, 한라산, 홍천 계방산, 덕유산(향적봉, 중봉), 양양 조봉 등이다. 백두대간산악회에서 산만 타는 것이 아니고 트레킹 코스를 걷기도 하였는데 정선 화절령, 소매물도, 양양 미천골, 울진 불영계곡, 인제 자작나무숲, 문경새재, 제주 용눈이오름, 제주 사려니숲, 강릉 안반데기, 문경 선유동계곡 등에 다녀왔다. 백두대간산악회에서 들렀던 명소로는 문경 문경온천, 해남 대흥사, 남해 선구마을, 정선 거북이마을, 영주 부석사, 울진 덕구온천, 문경 미륵사지, 강진 월남사지, 양양 선림원지, 제주 유민 아르누보 뮤지엄 등이 기억난다. 숙박 장소도 멋진 곳을 많이 찾아갔는데 인제 미산녀와집(개인약수산장), 영암 낭서고택(월출산), 해남 유선관(두륜산, 달마산), 안동 농암종택(청량산), 고흥 팔영산장, 정선 거북이민박 등이 그런 곳이다. 낭서고택의 원래 이름은 안용당인데 TV 예능 프로그램 1박2일에도 나왔던 곳이다. 몇몇 기억에 남는 산행 기록을 소개한다.

▲ **대원 승진 누락 위로주 후유증으로 힘겨웠던 축령산 산행 (2011-2-26)**
코스: 휴양림 – 수리바위 – 남이바위 – 축령산 – 절고개 – 서리산 – 휴양림

백두대간산악회 산행으로 하동의 지리산 자락으로 산행 가려다가 사정이 있어 서울 근교 남양주 축령산으로 산행지를 바꾸었다. 잠실에서 일행들을 만나 마석을 지나 남양주로 이동. 간단한 야식 후 고스톱 12판 치고 마석으로 나가 2차를 가지기도. 축령산에는 2008년도에 왔으니까 약 3년 만인데 당시와 동일한 산행 코스로 진행하였다. 9명 중 4명은 절고개에서 바로 하산하고 나를 포함한 5명은 서리산까지 연계 산행을 하였다. 전날 밤 함께 격전을 치른 JH는 서리산 위에 또 하나의 봉우리를 올리는 대역사를 이루기도. 하산길은 해빙기를 맞아 곤죽이어서 질퍽거리는 데다 미끄러웠다. 그럭저럭 산행을 마치고 청국장과 김치말이국수를 먹고 마석역에서 전철로 귀가.

백두대간산악회 대원들과 남양주 축령산 얼음탑 앞에서. 왼쪽부터 JH, JW, YJ, SH, 나, OI. (2011-2-26)

백두대간산악회 대원들과 팔영산 8봉에서. 왼쪽부터 나, ST, CH, SH, JH, HJ, OI, HS. (2011-3-19)

백두대간산악회 대원들과 해남 유선관 쪽마루에서. 왼쪽부터 JH, CH, HJ, JA, JI, ST, JH, WJ, HS, GH, 나, DH, SH, OI. (2011-4-16)

정선 백운산 산행 후 선생 김봉두를 찍은 예미초교 연포분교 앞에서.
왼쪽부터 나, IT, HNB, G, OI, JH. (2013-4-20)

백두대간산악회 대원들과 해남 유선관에서. JG의 머리 위에 공을 올려놓는 묘기도 볼 수 있다.
앞줄 왼쪽부터 JG, HS, G, NY, HNB, 뒷줄 왼쪽부터 HW, MH, 나, CH, DH. (2014-2-28)

백두대간산악회 대원들과 미황사에서. 왼쪽부터 SH, G, HNB, JG, HW, MH, NY, HS. 나도 사진에 찍혔다. (2014-3-1)

▲ 여자 대원들을 쫓아 버린 봉화 청옥산 오지 산행 (2014-8-2)
코스: 늦재 - 청옥산 - 진대봉 방향 - 태란사 인근

청옥산 정상까지는 등산로 주변 수풀이 우거져 바닥이 잘 보이지 않는 수준 정도여서 그럭저럭 진행할 수 있었다. 하산 중 몇 차례 알바를 하며 막판에는 길도 없는 곳을 수풀을 헤치고 가야 하는 오지 산행 수준의 막산을 타는 지경에 이르렀다. 대원들이 고생을 많이 했다. 인근 휴게소에서 곤드레밥과 제육볶음을 먹고 귀가. 집에 돌아와서 샤워하다가 정강이가 온통 까진 걸 뒤늦게 깨달았다. 긴 바지 입었다고 가시덤불을 밀고 간 게 패착. 어쨌든 이날 산행으로 인해서 이후 여자 대원들의 참석률이 떨어지게 되었음은 아쉬운 일이다. (여자 대원들의 참석률을 떨어뜨린 사건은 이전에도 있었다. SH의 차로 양양 미천골로 가던 2012년 9월 7일, 내가 운전하던 중 차가 고장났다. 내가 잘 대처하여 미사터널과 마곡터널 사이에 어렵사리 차를 세웠고 대원들은 대피 후 그냥 전철을 타고 서울로 돌아왔는데 여자 대원 JH, HY가 이후 백두대간산악회에서 이탈했다는 슬픈 전설이 전해진다.)

백두대간산악회 대원들과 봉화 청옥산에서. 왼쪽부터 MH, SW, JH, HS, 나, HNB, DH, DS. (2014-8-2)

고생 끝에 봉화 청옥산 산행을 마친 백두대간산악회 대원들이 계곡물에 발을 담그며 휴식을 취하고 있다. (2014-8-2)

태백산 당골로 하산 중 글리세이딩을 하는 DS. (2015-1-17)

백두대간산악회 대원들 팔영산 깃대봉에서. 뒤로 8개의 봉우리가 펼쳐져 있다. 왼쪽부터 DK, JH, DS, CH, IS. (2015-2-28)

백두대간산악회 대원들과 울진 불영사에서. 왼쪽부터 HS, HJ, SW, MH, JK, DH, 나, JH, JY, CH. (2015-8-29)

한라산에 오른 백두대간산악회 대원들. 앞줄 왼쪽부터 DH, JH, HS, 나, 뒷줄 왼쪽부터 DH, HC. (2016-5-6)

백두대간산악회 대원들과 계방산에서. 영하 20도의 엄동설한 산행이었다. 왼쪽부터 DH, 나, HC, JH, JW, DS. (2017-1-14)

계방산 추위에 얼어붙은 JH, DH와 함께. (2017-1-14)

백두대간산악회 활동 이외에도 연구소에는 연 2회 전체 연구소원을 대상으로 하는 산행 프로그램이 진행되었으며 희망자에 한하여 참가하도록 하였다. 통상 30명 이상은 참가했던 걸로 기억한다. (회사 캠페인 때 실시하는 단체 등산 행사에 비하여 참석률이 낮음은 오히려 사내 분위기가 개선되었음을 말해준다.) 연구소 단체 산행으로 갔던 곳은 지리산 만복대, 정선 화절령, 영월 장산, 덕유산, 태백 함백산, 정선 은대봉, 정선 금대봉, 삼척 대덕산, 주왕산 등이다. 2010년 10월 연구소 뉴스레터에 내가 게재한 함백산 산행기를 소개한다. 다소 남사스러운 글이다.

▲ **사내 뉴스레터에 실린 함백산 산행기 (2014-10-9)**
코스: 두문동재 – 은대봉 – 함백산 – 만항재 – 정암사

연구소에는 여러 가지 봄업 프로그램이 있는데 그중 하나가 등산이다. 지리산 만복대, 화절령 산행에 이어 이번에는 함백산 산행을 다녀왔다. 사내 백두대간 모임과 달리 이번 산행은 연구소 오픈 등산 모임이어서 상대적으로 코스가 빡세지는 않다. 함백산은 높이가 남한 6위에 해당하는 1,573m에 이를 정도로 높은 산이지만, 산행 들머리인 두문동재의 높이가 1,282m이므로 실제 고도차는 300m 정도에 불과하다. 숙소인 하이원 마운틴콘도는 강원랜드 바로 위에 위치해 있지만 강원랜드의 악명을 익히 아는 착한 연구소원들은 얌전히 숙소에서 조별로 조촐한 모임만을 갖고 취침하였다. 이튿날 산행은 두문동재에서 출발하여 은대봉, 함백산을 거쳐 만항재로 내려서는 코스. 아직 본격적으로 단풍이 들지 않은 것은 아쉬웠지만 이날 코스는 대부분 흙길인 데다가 전날 비까지 와서 포근함을 느낄 수 있었다. 정상에서 드라마 찍으러 온 유이 일행를 만났는데 모 과장이 사인을 받으려다 뺀치를 맞는 불상사가 벌어지기도. 산행이 너무 헐렁하여 운동량 부족을 걱정한 소장님의 배려로 추가된 만항재에서 정암사까지의 지리한 아스팔트 길을 걷느라 튀어나온 연구원들의 입은 이른 저녁으로 먹은 허생원 감자옹심이가 쏙 들어가게 해 주었다. 다시 내년의 단체 산행이 기다려진다.

회사 Survival-1000 캠페인 산행으로 예산 가야산 석문봉에 올라 SM, YS와 함께. (2002-9-28)

연구소 동료들과 관악산 정상에서. 어느 틈에 플래카드가 등장했다. (2006-11-25)

연구소 단체 산행으로 화절령에 왔다. 등산티도 단체로 맞추었다. (2010-6-5)

연구소 단체 산행 대원들과 함백산 정상에서. (2010-10-9)

연구소 단체 산행 대원들과 덕유산 정상 향적봉에서. (2014-6-21)

연구소 단체 산행 대원들과 삼척 대덕산 정상에서. (2015-6-6)

연구소 단체 산행 대원들과 영월 장산 정상에서. 앞줄 왼쪽부터 IS, GH, HC, IK, 뒷줄 왼쪽부터 나, GS, DH, JR, JW, KH, JD, YJ. (2015-10-17)

연구소 단체 산행 대원들과 청송 송소고택에서. 2017년에는 봄, 가을 모두 이 고택을 찾았다. (2017-5-12)

연구소장이 바뀐 다음에 연구소 등산 행사가 사라졌음은 아쉬운 일이다. 딱 한 번 산행을 가기는 하였으나 인근 식당에서 전체 회식을 하기 전의 식전 행사 성격이 강했다고 보는 것이 적절하겠다. 그나마 코로나 창궐 등의 이유로 더 이상의 산행은 없었다.

대학 동창

내가 한창 한북정맥 산행에 열을 올리던 2015년 대학 동기 YM에게서 연락이 왔다. 다동 맥줏집에서 학센을 안주로 맥주를 마시던 중 YM이 문득 DK, SB, HM, SI와 함께 매달 산에 다니고 있으니 끼지 않겠느냐고 제의를 했다. 당시 목표 지향의 산행에 매진하고 있었으나 관계 지향의 산행도 마다하지 않는 나는 함께 산에 가기로 의기투합하였다.

2015년 8월 불암산 산행 때부터 함께 한 대학 동기들과의 산행은 서울, 경기도 전철역 부근의 산을 대상으로 주로 진행하였고 가끔 설악산, 소백산, 청량산 등 전국적 지명도가 높은 명산에도 찾아갔다. 대개의 산행 패턴은 중턱쯤에서 맥주나 막걸리로 목을 축이고 정상 부근에서 정상주 한잔하고 하산 후 당구 한판과 다시 한잔을 더 하는 식이다. 친구들과 멋진 풍광을 벗 삼아 나누는 한잔은 각별한 맛이라고 하겠다. 이 모임은 매월 모으는 회비로 기금을 축적 중에 있으며 나중에 산티아고에 다녀오는 것을 꿈으로 가지고 있다.

KS가 대학 동기회장이 되면서 취미 활동별 동호회를 만들었고 내가 등산 모임을 맡게 되었다. 모임 이름을 8240산악회라고 지었으며 분기별로 산행을 진행 중이다. 2022년 5월부터 계룡산, 북한산, 관악산, 북악산, 인왕산, 수통골, 청계산을 다녀 왔다. 같은 과 선후배 산행 모임인 화공산우회에도 몇 차례 참석했으나 참석 빈도가 높지는 않다.

대학 동기들과 관악산 마당바위에서. 왼쪽부터 SI, HM, YM, DK, SB. (2015-12-19)

대학 동기들과 추운 날씨에 북한산 등산을 마치고 419탑 부근 인수제에서 YM과 함께. (2017-1-21)

대학 동기들과 남양주 철마산 정상에서. 내가 정상 직전에 오버 페이스 하여 고전했다. 왼쪽부터 DK, SB, HM, YM, 나. (2022-7-23)

대학 동기들과 설악산 대청봉에서. HM은 차량회수를 위해 중간에 내려 갔다. 왼쪽부터 나, SB, YM, DK. (2023-7-8)

수학여행 중 설악산 울산바위에 오른 대학동기들의 앳된 모습. 앞줄 왼쪽부터 TY, JD, JB, SY, SK, 뒷줄 왼쪽부터 DK, SM, BJ, DJ, KS, KM, HK, KS, K. 나는 무엇 때문인지 기억은 안나지만 참가하지 않았다. (1984-10-14)

8240산악회 대원들과 계룡산 산행 중 간식타임을 갖는다. 왼쪽부터 JD, DH, DK, 나, SH, SB. (2022-5-14)

북한산 삼천사계곡에서 알탕하고 있는 DH와 SH. 이 사진은 알탕 사진 2개를 합성한 것이다. (2022-8-20)

8240산악회 대원들과 북한산 사모바위 앞에서. 왼쪽부터 SH, DH, SY, DK, YM, 나. (2022-8-20)

8240산악회 대원들과 관악산 관음사위 국기봉 전망대에서.
왼쪽부터 SH, MY, SM, 나, DK, SB. (2022-11-26)

화공산우회 대원들과 도봉산 신선대에서. 앞줄 왼쪽부터 SM, 나, 뒷줄 왼쪽부터 WH, DK, TJ, KU, OO. (2009-3-21)

🧭 중고교 동창

　같은 고등학교와 대학교를 나온 동기들의 모임이 있다. 여기에도 어김없이 등산 모임이 있는데 HD를 중심으로 하여 주로 둘레길 위주의 마일드한 산행을 하고 있다. 나도 멤버에 들어가 있는 상태이기는 하나 산행 난이도가 너무 평이하여 많이 참가하지는 않았다. 게다가 대학 동기 모임과는 달리 한잔하는 재미까지 없으니 구미가 당기지 않는 것은 인지상정이리라. 그러나 퇴직 이후 시간 여유가 많이 생겨 이 모임에도 참가 횟수를 늘려 가려고 생각하고 있다.

고교대학 동기 대원들과 북악산에서. 왼쪽부터 나, HD, HM, NS. (2018-1-14)

동작충효길 트레킹 후 고교대학 동기 대원들과 노들섬 피자집에서. 왼쪽부터 HM, 나, JH. (2021-3-28)

북한산둘레길 9구간 마실길에서 고교대학동기 대원들. 왼쪽부터 JJ, NS, HD, SD, HM, SH. (2021-9-25)

성북구 천장산에 오른 고교대학동기 대원들.
왼쪽부터 HM, W, SH, NS, HD. 나도 곧 합류해야지. (2023-10-22)

고교대학 동기 MS와 북한산 대동문 앞에서. 평소 운동 부족인 MS가 고생을 많이 했다.
(2010-4-3)

  개인적으로 고교 동창인 BS와는 2007-2013년경에 가끔 함께 산행하곤 했는데 워낙 바쁜 BS가 시간 내기가 힘들어 이후에는 뜸한 상태이다. 설악산, 운악산, 북한산, 도봉산, 불암산, 수락산, 연인산, 백봉산 등을 함께 갔었다. 설악산 산행기를 소개한다.

▲ 30년 만의 설악산 산행 리바이벌 (2013-10-3)

코스: 백담사 - 수렴동대피소 - [구곡담계곡] - 봉정암 - 소청봉 - 중청봉 - 대청봉 - 오색

1983년도 광복절 즈음해서 NI, BS와 설악산 산행을 했었다. 비도 맞고 생고생 하면서 수렴동, 봉정암에서 1박씩 하고 설악산을 넘어 낙산해수욕장에서 하룻밤 더 자고 귀가했었는데 BS에게 이 추억의 코스산행을 제안했다. 동서울터미널에서 6:05 버스 타고 용대리 하차. 백담사 셔틀 타고 백담사까지 이동 후 산행 개시. 수렴동계곡은 1983년에는 비가 와서 몽환적이었던 걸로 기억하는데 이번에는 맑은 날씨에 환상적인 경관을 보여 준다. 대청봉에 올랐다가 오색으로 하산. BS는 대청봉에서 천불동계곡 하산을 주장하였으나 장경인대에 이상이 온 내가 현실적인 판단을 하여 오색 하산을 하자고 한 것이다. 18:20 버스 타고 서울로 귀가.

고교 동창 BS와 북한산 영봉에서. (2007-11-10)

고교 동창 BS, NI와 검단산 정상에서. 세 명이 함께 산행한 것은 1983년 이후 처음이다. (2008-8-16)

고교 동창 BS와 설악산 용소폭포 앞에서. (2013-10-3)

우면산에서 과외, 미팅 친구들과 함께. 왼쪽부터 나, HJ, JH, SB. 미국에 사는 JH 방한 기념 산행. (2010-12-19)

4. 관계 지향의 산행 169

중학교 친구들과 부여 백제문화원에서.
왼쪽부터 나, MK, YG, JM. (2023-6-5)

중학교 친구 MK와 백두대간 산행 중 김천 황악산에 올랐다. MK가 힘든 와중에도 완주했다. (2023-6-20)

퇴직 후 전 직장 동료

2022년 말 회사를 퇴직하고 환송식과 남도 산행 등을 마친 이후에 먼저 퇴직하신 JR에게서 연락이 왔다. 직장 OB 산악회인 한토등산회가 있으니 참가하라는 제의였다. 나는 물론 옳다구나 하고 모임에 참가하였다. 마침 내가 산행 코스를 선정하는 모임의 총무가 되어 청계산, 강동둘레길, 관악산, 북한산, 수락산, 도봉산, 양평 청계산 등 서울 근방의 산을 주로 산행지로 삼고 있다. 이 모임이 좋은 점은 하산 후 막걸리를 함께 나눌 수 있다는 것이다. HM, NY, IB, JR, YI, JH 등 산행 대원들은 누구 하나 빠지지 않는 걸출한 주당들이다.

한토등산회 대원들과 청계산 매봉에서. 한토회는 한화토탈 퇴직 임원 모임이다.
앞줄 왼쪽부터 JH, YI, 뒷줄 왼쪽부터 JR, NY, DH, 나, HM. (2022-11-7)

한토등산회 대원들과 송파둘레길 눈길 트레킹 중. 왼쪽부터 DH, YI, IB. (2022-12-15)

한토등산회 대원들과 관악산 정상에서. 왼쪽부터 NY, YI, 나, JR, IB. (2023-2-20)

첫눈이 엄청나게 내린 날 한토등산회 대원들과 서산 가야산에서. 이날은 서산지부 대원들과도 함께 했다. 왼쪽부터 나, HI, JR, HC, YI, OS, DK, CY. 준프로급 사진가인 YH가 사진 촬영. WJ는 출발전 인사만 교환. (2023-11-17)

퇴직 후 가입한 또 하나의 산행 모임이 있는데 백두대간산악회 회장이셨던 전임 연구소장 CH와 몇몇 퇴직자분과 함께 매월 휴양림 산장을 찾아가 하룻밤을 보내고 이튿날 간단한 트레킹을 하는 모임이다. 이 모임은 공식 명칭이 없지만 나는 편의상 이 모임을 산장 모임이라고 부른다. 지금까지 들렀던 숙소는 청태산휴양림, 두타산휴양림, 하이원 마운틴콘도, 용대휴양림, 검봉산휴양림, 용화산휴양림 등이었다.

산장 모임 대원들과 영동 부석사에서. 왼쪽부터 CH, DH, JR. (2023-3-14)

산장 모임 대원 DH, JR과 동강 거북이마을 다리에서. (2023-3-15)

    그 밖에 이따금 다른 전현직 직장동료들과도 산행을 함께 하고 있다. 서산에서 같이 직장생활을 했던 분들과의 모임인 대벗회의 GP, 예전 백두대간산악회 대원이었던 GH와 청계산에서 가벼운 산행을 하고 막걸리 한잔을 나누는 모임을 갖고 있다. 내가 퇴직할 당시 속했던 팀에서 계속 근무 중인 HW, KS와는 봄, 가을에 한 차례씩 금요일에 1박2일로 산에 가는데 첫날밤에 펜션 등에서 거나한 술자리를 갖고 이튿날 숙취 산행을 한다. 예전 연구소 단체 산행과 유사한 산행 방식이다.

전 직장동료 GH, GP와 함께 청계산 옥녀봉에서. 이 모임은 가벼운 산행을 추구한다.
(2023-4-15)

대벗회 회원들과 한잔 중. 대벗은 대산 벗이라는 뜻. 주로 양재역 부근에서 한잔한다. 왼쪽부터 나, GP, DS, KS, YJ. (2022-12-16)

4. 관계 지향의 산행 175

현직들과 함께 계룡산 갑사한옥민박에서 바베큐 파티. (2023-4-7)

현직 KS, HW와 함께 계룡산 연천봉에서. (2023-4-8)

연구소 임원 환송회. 왼쪽부터 JY, DH, HS, 나, SJ, HC.
퇴직 기념 선물로 제로그램 침낭(Monarch 250)을 받았는데 아직 실전 투입 대기 중이다. (2022-10-12)

연구소원 환송회. 왼쪽 앞자리부터 시계 방향으로 HC, 나, HW, YS, JS, HR, JM, SM, KS, JY, WS, TB. (2022-10-13)

방향족공장 분들과의 환송회. 왼쪽부터 HC, JH, 나, OS, SS. (2022-11-9)

대학동기들과의 퇴직 기념 식사. 왼쪽부터 DY, 나, SB, YM, HM. (2022-11-11)

옛 TF 팀원과의 퇴직 기념 식사. 왼쪽부터 BG, HS, 나. (2022-11-15)

화현회 후배들과의 퇴직 기념 식사. 왼쪽부터 HC, KS, 나, YW. 이천 도드람산에 다녀오는 길이다. (2022-11-17)

5.

산중 한담

🧭 가족 휴가 중 솔로 산행

애들이 어릴 때는 가족이 다 함께 산행을 하기도 했다. 제주도 여행 가서 윗세오름 산행으로 일정을 시작할 정도였다. 그런데 애들이 크고 나서는 이러한 행사를 계속 이어 나가기가 어려워졌다. 그러나 나는 가족 여행 중에도 산행을 할 수 있는 기막힌 방법을 찾아냈다. 가족 여행은 보통 하루의 일과를 느지막이 시작하므로 새벽에 일어나 아침 산행을 짧게 즐기는 것이다. 속초 청대산과 같이 가족들을 잠시 기다리게 하고 후딱 정상에 다녀온 경우도 있다.

> ▲ 가족을 기다리게 해놓고 후딱 다녀온 속초 청대산 산행 (2012-7-31)
> **코스: 신라샘 – 정상 – 신라샘**
>
> 속초하면 고봉준산만 있을 것으로 생각하기 쉬우나 청대산과 같이 아담한 산도 있다. 2박3일 간의 속초 가족 여행 중 영랑호 범바위에 갔다가 이 곳이 속초8경에 포함된다는 것을 알게 되었고 차제에 속초8경을 모두 둘러보기로 한다. 1일차에 2경 범바위, 1경 속초등대전망대, 4경 청초호에 갔고 3일차에 3경 청대산을 찾는다. 신라샘 주변에 차를 대고 가족들이 기다리는 사이 뛰다시피 청대산에 다녀 왔다. 정상에서 5경 조도도 조망. 이후 8경 학무정, 7경 해맞이공원, 6경 외옹치까지 들름으로써 속초8경 미션 수행을 마무리짓고 귀경길에 오른다.

거제도 대금산에서 바라본 거가대교. (2020-6-15)

▲ 한낮의 거제도 계룡산 산행 (2019-8-25)

코스: 공설운동장 – 정상 – 공설운동장

거제 여행 중 가족들이 숙소에 머무는 오후에 잠깐 계룡산에 들렀다. 가볍게 보고 산행에 임했으나 의외로 쉽지 않다. 약 2시간의 왕복 산행.

▲ 거제도 대금산에 올라 거가대교를 바라보다 (2020-6-15)

코스: 율천주차장 – 진달래군락지 – 대금산 정상 – 시루봉 정상 – 진달래군락지 – 율천주차장

거제 여행 중 잠시 아침 산행. 반깨고개 등산로 입구 주변 주차. 대금산 정상에서 바라보는 거가대교 조망은 일품이다. 숙소로 돌아오니 식구들은 막 일어난 참이다. 아침 식사 후 바람의 언덕, 지세포성 등의 관광을 이어 간다.

▲ 학의 몸통에 오르다 (2021-3-4)

코스: 서원곡 – 원각사 – 백운사 – 암반약수터 – 데크쉼터 – 중간전망대 – 365 사랑계단 – 서마지기 – 무학산 정상 – 학봉분기점 – 체육관 – 백운사 – 서원곡

마산의 진산 무학산에 다녀왔다. 아침 일찍 숙소를 떠나 서원곡 공영주차장에 주차. 3월 남도임에도 불구하고 다소 추운 날씨.

▲ 풍력발전기 때문에 불편한 평창 태기산 산행 (2021-8-15)

코스: 양구두미재 - 태기산정상 - 양구두미재

휴가 여행 중 잠시 산행. 가벼운 산책을 예상하고 갔으나 의외로 거리가 길다. 양구두미재부터 정상까지 내내 포장도로와 임도로 되어 있다. 풍력발전기 회전 시 발생하는 저주파 소음이 느낌이 안 좋다는 것도 확인. 특이한 아침 산행 후 숙소로.

▲ 두타산 위성봉이지만 강렬한 인상의 삼척 쉰음산 산행 (2021-9-3)

코스: 천은사 - 쉰음산 정상 - 천은사

휴가 중 아침 산행. 짧은 산행지로 독립봉이라기보다는 두타산 위성봉으로 볼 수 있지만 정상부의 물웅덩이 때문에 나름 명성이 있는 쉰음산으로 향한다. 정상에서 두타산과 무릉계곡을 바라보며 커피 한잔 마시는 여유 만끽.

▲ 비로 샤워한 삼척 근산 산행 (2021-9-4)

코스: 산불감시초소 - 구방사 - 근산 정상 - 원점회귀

어제의 쉰음산 산행에 이어 오늘도 일찌감치 아침을 먹고 가까운 산으로 향한다. 산행지는 근산. 밤새 비가 오고 개는 줄 알았으나 하산 중 비가 또 내린다. 짧은 산행을 마치고 숙소로 복귀.

▲ 안개 속의 평창 청태산 산행 (2022-7-17)

코스: 자연휴양림 주차장 - 숲체험데크로드 - 3등산로 - 청태산 정상 - 1등산로 - 야영장 - 주차장

가족 주말여행 중 이른 아침 인근 청태산 산행. 휴양림이 있고 어렵지 않은 산이라는 정보를 접하고 가벼운 마음으로 산행에 나선다. 간밤에 내린 비로 뿌연 산행을 아침 일찍 마치고 숙소로.

삼척 쉰음산 산행 중 바라본 동해 바다. (2021-9-3)

삼척 쉰음산 정상. 정상부에 수많은 우물이 있어 오십정이라고 부른다. (2021-9-3)

▲ 문화재 관람을 겸한 경주 남산 산행 (2022-8-29)

코스: 용장주차장 – 이무기능선 – 고위봉 – 백운재 –이영재 – 금오봉 – 삼릉

가족과의 부산 여행 중 경주에서 분임조 발표대회가 열려 참석하였다. 경주에 들른 김에 오전에 시간을 내어 남산에 오른다. 대표 봉우리는 금오봉이나 최고봉은 고위봉이다. 두 봉우리를 모두 통과하도록 코스를 구성했다. 남산의 명성은 산 자체보다는 군데군데 포진한 문화재에 기인하였다고 할 수 있다. 대표적인 문화재인 칠불암 마애불상군, 용장사곡 삼층석탑 등을 둘러보느라고 5시간 넘게 산행.

▲ 석굴암은 보지 않은 경주 토함산 산행 (2022-8-29)

코스: 석굴암주차장 – 토함산 정상 – 주차장

남산에 이어 토함산도 오른다. 토함산은 고등학교 경주 수학여행 때 불국사 여관에서 오른 적이 있다. 당시 석굴암 본 것은 확실히 기억하고 일출 본다고 더 올라가기는 했었는데 정상까지 갔었는지는 모르겠다. 석굴암주차장에 차를 댔으나 별도의 입장료를 내야 하는 석굴암 관람은 하지 않고 토함산 정상만 찍고 하산.

경주 남산 산행 중 일부러 찾은 칠불암 마애불상군. (2022-8-29)

출장 중 산행

재직 시절 국내외 출장을 많이 다녔다. 업무를 마치고 나서 주말을 이용하든지 휴가를 내서 출장지나 경유지 부근 산행을 가곤 했다. 산행을 위한 배낭까지 준비하여 짐이 많아지지만 산행을 한다는 것이 출장의 활력소여서 업무 효율도 올릴 수 있었던 것 같다. 한라산은 앞서 소개하였고 다른 사례 몇 가지를 소개한다.

▲ **계룡산 동학사 들머리 산행 (2002-10-24)**
코스: 동학사 - 은선폭포 - 관음봉 - 자연성능 - 삼불봉 - 남매탑 - 동학사

대전에 출장을 가게 되면 중간에 계룡산을 지난다. 대전 업무가 일찍 끝나 서산으로 돌아오는 길에 유혹을 못 이기고 계룡산 산행 감행. 산행 중에 동생을 하나 만났는데 잠시 메일을 주고받다 연락이 끊겼다.

계룡산 자연성릉에서 만난 동생과 함께. (2002-10-24)

▲ 계룡산 갑사 들머리 산행 (2004-10-14)

코스: 갑사 – 연천봉 – 관음봉 – 자연성능 – 삼불봉 – 금잔디광장 – 용문폭포 – 갑사

대전에 출장 갔다가 오는 길에 가 보지 못했던 갑사 들머리로 향했다. 마침 이날이 마눌님 생일이라서 후딱 산행을 다녀올 생각으로 산행을 시작했는데 바쁜 마음에 초반 오버 페이스를 하여 막판 힘이 들었다.

▲ 학회 소풍시간을 이용한 울산 가지산 산행 (2003-5-28)

코스: 석남사 – 귀바위 – 쌀바위 – 정상 – 석남사

경주에서 열린 학회 중에 학회소풍으로 불국사 등을 간다고 한다. 나는 학회소풍 대신 따로 떨어져 나와 경주에서 언양, 언양에서 석남사 입구까지 버스로 이동. 가지산 정상까지는 잘 갔으나 하산길에 무릎인대 통증이 느껴졌다. 어영부영 내려와 버스로 경주 복귀.

경주 학회 기간 중 학회소풍 시간에 찾은 가지산 정상에서. 정상 인증샷을 찍은 듯 한데 어쩌자고 정상석을 몸으로 가리고 찍었는지 모르겠다. (2003-5-28)

▲ 자면서 오른 양산 영축산 산행 (2006-4-28)

코스: 통도사 – 극락암 – 백운암 – 안부 – 영축산 – 신불산 – 자수정동굴나라

회사 도입 공정 기술선이 개최한 학회가 부산에서 열렸다. 기술선 학회는 기술 소개보다 고객 접대가 우선인지라 나도 이틀에 걸친 음주 가무로 심신이 피로한 상태에서 학회가 끝나고 양산 통도사로 향했다. 대부분의 등산객들이 극락암 부근까지 차를 가지고 오는데 나는 차가 없었던지라 버스로 통도사 정류장에 내려서 통도사를 거쳐 계속 도로변을 걸어야 해서 체력 소진이 심했다. 산행 도중 평퍼짐한 바위 위에서 퍼질러 잠을 자 가며 오른다. 영축산 정상에서 통도사로 돌아갈까, 신불산으로 이어 갈까 하다가 버스로 왔는데 뭐 하러 원점회귀를 하냐 싶어 계속 산행. 신불산 정상을 거쳐 공룡능선으로 내려오다 보니 자수정동굴나라가 나왔다. 내려오는 중에 큰 고라니 같은 동물도 보았다. 자수정동굴나라에는 대중교통 수단이 없어 히치하이킹을 시도하여 보았으나 실패. 결국 도로변을 따라 언양 방면으로 가는 삼거리까지 걸어 내려와 언양까지 택시 탑승. 언양에서 양산까지 버스로 이동 후 다시 택시를 잡아타고 고교친구 KJ의 아기 돌잔치에 갔다. 돌잔치가 끝나고 그냥 심야버스를 타고 귀경하려 하였으나 KJ가 완강히 붙드는 통에 KJ 집에서 KJ 처가 식구들과 함께 맥주를 마시며 활기찬 분위기를 느꼈다. 이튿날 노포동 버스터미널에서 서울을 거쳐 서산으로 돌아왔다. 나중에 생각하니 대전서 버스를 갈아탈걸 하고 후회.

▲ 숙취로 힘겨운 창원 비음산 산행 (2011-4-29)

코스: 창원중앙역 – 비음산 날개봉 – 비음산 – 포곡정 – 용추계곡 – 창원중앙역

창원 컨벤션센터에서 열린 화공학회에 갔다가 서울로 돌아오는 길에 잠시 창원중앙역 부근에 있는 비음산에 다녀왔다. 처음에는 비음산 – 정병산을 돌려고 했으나 전날 격전으로 늦게 일어나는 바람에 비음산만 다녀오는 것으로 수정. 명서동 숙소 부근 하동돼지국밥에서 아침을 먹고 창원중앙역으로 이동하여 등산복으로 갈아입고 산행 시작. 컨디션이 안 좋아 중간에 여러 번 쉬면서 올라갔다. 산행을 마치고 KTX로 서울로 와서 집 찍고 사리원에서 저녁 식사하고 서산으로.

양산 영축산 정상에서. 부산 학회가 끝나고 통도사를 들머리로 했다. (2006-4-28)

동네 뒷산

가장 좋은 카메라는 내 손 안의 카메라이고 가장 좋은 산은 동네 뒷산이라는 말이 있다. 동네 뒷산은 잠시나마 자연과 벗 삼을 수 있고 코스를 훤히 꿰고 있기 때문에 본인 체력이나 컨디션에 맞춰 운동을 할 수 있다는 장점이 있다. 나에게 동네 뒷산은 서산 옥녀봉, 목동 양천공원, 대산 망일산, 상도동 국사봉이라고 할 수 있다.

* 서산 옥녀봉

서산 시내에 있는 옥녀봉은 주로 주말에 운동 겸 도서관 방문을 위해 숱하게 찾았던 산이다. 산의 규모가 작은 만큼 코스별로 오르고 내려서기를 반복하면서 운동시간을 늘리는 작전을 구사하였다. 옥녀봉 운동은 가족을 서울 목동으로 이사 보내면서 종말을 고하였다. 내가 주중에는 대산 읍내에 있는 기숙사에 묵게 되었기 때문이다.

* 목동 양천공원

양천공원은 산은 아니지만 목동에 살 당시에 늦은 밤에도 마음 편하게 운동하기에는 최적의 장소였다. 양천공원 주변으로 트랙이 형성되어 있었는데 거리가 750미터 정도이다. 나는 주말에 서울에 있을 때 밤만 되면 양천공원으로 가서 공원 내에 설치된 벤치프레스, 철봉 등을 곁들이며 트랙 돌기에 몰두하였다. 트랙을 돌다 보면 본의 아니게 속도 경쟁을 하게 되는데 이 또한 트랙 돌기의 재미였다.

양천공원 야간 운동 중. 당시 주말이면 어김없이 여기를 찾아 열심히 걸었다. (2007-10-14)

* 서산 망일산

대산읍 기숙사 주변에도 망일산이라는 괜찮은 산이 있었다. 망일산이 좋은 점은 밤에 누구나 오를 수 있도록 8부 능선의 망일사까지 포장도로가 나 있고 낮에는 정상까지 오를 수도 있도록 등산로가 나 있다는 것이다. 나는 늦게 퇴근한 날에는 포장도로로 망일사까지 두 번 왕복하였고 일찍 퇴근한 날에는 등산로로 정상까지 올랐다가 종주하든지 망일사 방향으로 하산하는 식으로 운동을 하였다. 기본적으로 일찌감치 술자리가 없는 날은 항상 망일산으로 향했다고 할 수 있다. 대산은 공장 인근이지만 밤에 반딧불이를 볼 수 있을 정도로 환경이 좋다. 그 밖에 고라니, 너구리, 뱀, 지네, 사슴벌레 등 많은 동물들을 관찰할 수 있고 봄에는 멋진 벚꽃놀이를 즐길 수 있다는 점도 망일산의 매력이다.

망일산 정상에서 서해 조망. (2020-6-17)

망일산 밤 벚꽃놀이 풍경. (2021-4-6)

망일산 운동 중 석양에 비친 길. (2021-5-17)

망일산 전망대에서 조망. (2021-8-2)

* 상도동 국사봉

집을 관악구, 동작구로 이사함에 따라 동네 뒷산도 국사봉으로 바뀌었다. 주말 오후에 별일 없이 집에 있는 날에는 어김없이 국사봉으로 향하였다. 국사봉은 정상으로 통하는 등산로도 많지만 둘레길도 조성이 잘 되어 있어 주로 둘레길을 도는 형식으로 운동을 했다. 국사봉에는 운동 기구가 많이 있어서 중간중간 상체 운동도 함께 할 수 있다. 지금도 이따금 동네 도서관 순례를 겸하여 국사봉 운동을 한다.

상도동 국사봉의 시검석. 칼로 벤 듯한 모습이다. (2010-8-7)

섬 산행

블랙야크에서는 섬&산이라는 프로그램을 진행할 정도로 섬 산행은 등산 세계에서 유니크한 한 분야를 점하고 있다. 신명호의 《한반도 60 섬 산행안내》라는 산행 안내서가 발간되기도 했다. 나는 배 타는 절차와 시간 맞추기가 번잡스러워 섬 산행을 그다지 좋아하지는 않지만 100대 명산 산행 등을 통해 섬 산행도 가끔 하게 된다. 배를 타야만 갈 수 있는 섬 산행 이야기다. 제주도는 워낙 큰 섬이고 비행기도 다니기 때문에 한라산은 섬 산행에서 제외한다.

▲ 옥녀봉 전설에 경악한 사량도 지리망산 산행 (2012-3-24)
코스: 돈지 – 지리망산 – 가마봉 – 옥녀봉 – 진촌

백두대간산악회 산행으로 사량도 지리망산에 다녀왔다. 통영의 미주농원에서 자고 가오치항으로 가서 9시 사량도행 배에 승선. 진촌에 내려 마을버스로 돈지로 이동하여 산행을 시작하여 선착장인 진촌으로 다시 나오는 코스다. 거친 바윗길인데 초반 그다지 어렵지 않다가 막판 옥녀봉 쪽으로 갈수록 난도가 올라간다. 초심자는 조심해야 할 코스. 시간 여유가 없어 통영 구경은 전혀 못 하고 곧바로 서울로. 올라오는 길에 덕유산 부근에 이르니 눈이 쏟아진다. 하루 사이 다양한 날씨를 경험했다. 집에 오니 21시 반경.

사량도 지리망산 옥녀봉을 오르는 백두대간 산악회 대원 SH. (2012-3-24)

사량도 지리망산 옥녀봉 수직 줄사다리를 타고 내려서는 백두대간산악회 대원 SH. (2012-3-24)

사량도 지리망산 옥녀봉 전경. (2012-3-24)

▲ 한결 편해진 사량도 지리망산 산행 (2018-4-21)
코스: 돈지 – 지리망산 – 가마봉 – 옥녀봉 – 여객터미널

백두대간산악회 산행으로 5년 만에 사량도에 다녀왔다. 대전 월드컵경기장에 차를 대 놓고 HS 차로 함께 통영으로 이동. 숙소는 가오치항 인근 펜션이었는데 CH와는 오랜만에 재회했다. 옥녀봉에 출렁다리가 놓여 산행이 한결 편해졌다. 대전에서 서울 올라오는데 차가 많이 막혔다. 집에 오니 거의 20시 반경.

다시 찾은 사량도 지리망산 옥녀봉에 다리가 놓였다.
손 흔드는 이는 백두대간산악회 대원 DH. (2018-4-21)

▲ 소매물도 망태산 산책 (2015-4-18)
코스: 선착장 - 망태산 - 등대섬전망대 - 선착장

백두대간산악회 산행으로 소매물도에 갔다. 소매물도 1993년 8월 결혼 전에 갔었으니까 무려 22년 만이다. 해발 121m인 망태산이 정상이다. 산행으로서의 의미는 크지 않고 아름다운 풍광을 보자고 온 여행이다. 숙소는 거제도 저구항 하늘애펜션. 오랜만에 이가 참석해서 반가웠다. 바람이 잔잔해서 배를 타고 가는 느낌도 별로 없다. 신선한 해산물을 먹고 가벼운 산책을 마치고 다시 선착장으로 돌아오니 1시간 반쯤 배 탑승 시간이 남는다. 카페 다솔에서 한참 시간을 죽이다가 멍게를 먹고 저구항으로 복귀. 통영에서 충무김밥을 사 가지고 귀가하니 21시 반경.

카페 다솔에서 CH가 개를 어르고 있다. 관객은 SW와 SM. (2015-4-18)

소매물도를 찾은 백두대간산악회 대원들. 왼쪽부터 CH, JH, SM, MH, SW, HS, DS, 나.
(2015-4-18)

소매물도에서. 이때는 제법 바람에 흩날릴 머리가 있었다. (1993년 여름)

▲ 배 타고 들어간 무의도 국사봉 산행 (2017-2-11)

코스: 무의도 큰무리선착장 – 국사봉 – 하나개해수욕장 – [버스] – 무의도 큰무리선착장

대학 동기 산행. 8시 40분 서울역에서 만나 공항 직통열차로 인천공항 이동. 이어서 무료로 이용하는 자기부상열차로 용유역으로 이동. 그런데 썰물 때라 12시 반 선박운행 재개까지 2시간 정도가 비는 불상사가 발생했다. 무의도 이동 후에 YM이 약속이 있다 하여 국사봉까지만 운행하고 하나개해수욕장으로 하산. 버스를 타고 다시 큰무리선착장으로 이동 후 배, 버스, 열차로 공덕역으로 이동. YM 이외 남은 친구들과 당구 치고 저녁 먹고 해산. 다양한 교통수단을 원 없이 이용한 하루였다. (2019년에 무의도와 육지를 연결하는 다리가 개통되었으니 당시는 다리가 놓이기 이전이다.)

대학 동기들과 잠진도 선착장 부근에서 이른 식사. 무의도 국사봉 산행을 위해 배를 타야 하는데 물때가 안 맞아 2시간이나 비어서 버너, 코펠로 라면을 끓여 먹었다. 왼쪽부터 DK, YM, 나, HM. (2017-2-11)

▲ 울릉도를 찾은 이유는 오로지 성인봉 산행 때문 (2019-8-29)
코스: KBS중계소 – 정상 – 나리분지

순전히 성인봉 등산을 위해 울릉도를 찾는다. 하슬라투어 성인봉 1박 2일 패키지 이용. 울릉도 도착 후 저동 숙소에 짐을 풀고 점심을 먹은 직후 시간 절약을 위해 택시를 타고 KBS중계소로 향했다. 출발 고도가 높아서 그런지 비교적 무난한 산행이었다. 나리분지 하산 후 버스로 천부, 다시 버스 갈아타고 도동으로. 둘째 날은 오전에 섬 일주 버스 투어 하고 개인적으로 관음도 산책. 1박 2일 일반 패키지에서 봉래폭포 투어 비용을 빼 주고 1인실 숙박요금 3만 원 추가하여 준성수기 비용으로 296,000원이라는데 우수리 떼고 29만 원에 계약. 울릉도에서는 개인경비로 택시비 14,000원, 저녁 13,000원, 호박막걸리 3,000원, 예림원 입장료 4,000원, 관음도 입장료 4,000원, 버스비 1,500원 3회 해서 총 42,500원을 썼다. 쇼핑 위주의 섬 일주 버스 투어 대신 55,000원을 내고 독도 탐방을 할 걸 그랬다. 그래도 울릉도의 풍광을 만끽해서 전체적으로 좋았다.

울릉도 성인봉 오르는 길의 고사리 군락지가 장관을 이루고 있다. (2019-8-29)

▲ 당진 난지도 망치봉 산책 (2022-6-1)

코스: 소난지도선착장 – 난지대교 – 난지섬해수욕장 – 망치봉 – 난지도선착장 – 선녀바위 – 난지도선착장

선거일을 맞아 WS와 가볍게 난지도 트레킹에 나섰다. 도비도에서 7시 50분 배로 소난지도로 들어가서 13시 반 난지도에서 도비도로 나왔다. 예상한 바와 같이 색다른 볼거리나 즐길 거리가 많지 않지만 아무 생각 없이 걷기에는 괜찮은 곳이다. 난지도는 두 번째인데 첫 번째 온 지 20년은 족히 넘은 것 같다.

▲ 100대 명산의 남은 난제를 풀기 위해 홍도를 찾다 (2023-4-1)

코스: 홍도1구 – 깃대봉 – 홍도1구

좋은사람들 산악회 버스로 홍도로 간다. 100대 명산 홍도 깃대봉에 가기 위한 여행이다. 서울에서 밤 24시에 버스를 타고 목포로 이동, 오전 자유시간 후 홍도로 이동. 숙소에 가방을 두고 홍도 깃대봉에 오른다. 등산로가 외길이다. 정상에 올랐다가 홍도2구로 넘어가지 않고 홍도1구로 되돌아왔다. 홍도2구는 등대 인증하는 분들이 갔고 홍도2구에서 홍도1구로 되돌아오는 뱃삯은 인당 10,000원이란다. 이제 100대 명산이 네 군데 남았다.

▲ 홍도 깃대봉 산행에 딸려 온 흑산도 칠락산 산행 (2023-4-2)

코스: 흑산도항 – 샘골입구 – 칠락산 – 반달봉삼거리 – 면사무소 – 흑산교회 – 흑산도항

홍도 1박 후 홍도 유람선 관광 후 흑산도 이동. 흑산도에 들러서 항구 부근의 칠락산에 오른다. 높이는 271.8m. 산행대장은 상라산이 더 높다고 하였으나 나중에 지도를 보니 상라산은 229.8m. 정보가 부정확한 산행대장이다. 흑산도 최고봉은 404.8m의 문암산인 듯하다. 가벼운 칠락산 산행을 마치고 흑산도항으로 복귀. 버스로 해안도로 관광 후 목포로 이동하고 다시 버스로 귀경.

당진 난지도 망치봉에서 WS와 함께. (2022-6-1)

신안 홍도 깃대봉 오르는 길에 뒤돌아본 홍도1구 전경. (2023-4-1)

▲ 7080의 옛 감성을 느끼는 암태도 승봉산 산행 (2023-7-25)
코스: 승봉중학교 - 만물상 - 승봉산 - 원점회귀

술자리에서 NI는 암태도에 같이 가자는 얘기를 종종 하곤 했다. 시간 내기가 여의치 않아 "다음에"를 연발해 오다가 시간 여유가 많아진 퇴직 후 드디어 NI와 함께 암태도로 향했다. 암태도 숙소는 NI 대학 동기 JB의 어머니 집. 요즘 세태로는 이해하기 어렵겠으나 남도의 인심은 각별하다. 암태도에 도착하자마자 JB 어머니 집에서 점심으로 콩국수를 먹고 승봉산 산행에 나선다. 펑퍼짐한 바윗길이 빈번하게 나오는 특이한 등산로를 지나 정상에 당도. 더운 날씨에 쉽지 않은 산행이었으나 멀리 월출산, 진도대교까지 보이는 훌륭한 조망이 일품이다. 암태도에 2박 3일 머물면서 JB의 안내로 신안 중부권의 섬들인 팔금도, 안좌도, 퍼플섬, 자은도 등을 둘러보고 요리사로 변신한 NI가 해 주는 음식을 먹는 특급 휴가를 즐기고 귀가.

승봉산 정상에 선 JB와 NI. 뒤쪽으로 천사대교가 보인다. (2023-7-25)

해외 산행

나의 해외 산행 경험은 일천하다. 그나마 등산을 했다고 할 수 있는 것은 일본의 후지산, 구주산, 다이세츠산 그리고 미국 요세미티의 하프 돔 산행 정도를 꼽을 수 있겠다. 그 밖에 산 자체에 오른 것은 미국 테네시주 녹스빌로 대학 동창 JH를 보러 갔다가 자가용으로 정상까지 올라간 스모키산, 회사 출장 중 휴일을 이용해서 산악열차로 올랐던 스위스 융프라우요흐 정도를 들 수 있으나 걸어 올라가지 않았으니 등산이라고 하기는 어렵다. 2006년 5월 학회 소풍으로 간 만리장성 황애관(Huangyaguan), 2011년 5월 역시 학회 소풍으로 간 만리장성 팔달령(Badaling), 그리고 2018년 6월 가족과의 미국 여행 중 들른 자이언캐니언, 브라이스캐니언, 아치스, 옐로우스톤 등에서의 짧은 하이킹 등이 차라리 산행에 가깝다고 하겠다.

스모키산에서 대학 동기 JH와 함께. (2003년 6월)

만리장성 황애관에서 학회참석자들과 단체샷. (2006-5-25)

융프라우요흐에서. 뒤에 보이는 봉우리가 묀히. 오른쪽은 스핑크스전망대. (2008-2-17)

만리장성 팔달령에서. (2011-5-23)

아소산 분화구 전망대에서 YS와 함께. 아소산니시역에서 분화구까지는 케이블카를 타지 않고 걸어서 올라간 것이다. (2012-2-4)

자이언캐니언 리버워크 트레킹 중 발을 담그고 걷고 있다.
(2018-7-3)

마눌님, 브라이스캐니언 퀸스가든트레일에서. (2018-7-4)

옐로우스톤 로어폭포. 각각 로어폭포 벼랑끝(Brink of Lower Falls), 룩아웃 포인트(Lookout Point), 그리고 아티스트 포인트(Artist Point)에서 바라본 모습. 아티스트 포인트 이외에는 간단한 트레킹을 해야 접근이 가능하다. (2018-7-9)

▲ 가장 대중적인 요시다 루트를 통한 일본 후지산 산행 (2017-8-26~27)
코스: 고고메 – 백운장 1박 – 정상 – 고고메

일본 출장 중 비행기에서 내려다보고 나중에 가 보리라 마음먹었던 후지산. 2년 전에 업무차 동경에 갔다가 주말을 이용해서 후지산을 다녀오려고 했었으나 태풍 때문에 포기한 적이 있다. 이번에는 비행기 마일리지를 이용하여 주말에 후지산에 가기로 하고 회사 동료 HS도 꼬셔둔 터이다. 마일리지 표는 빨리 동이 나므로 2월 초에 미리 예약해 두었다. 8/25 반차를 쓰고 김포에서 저녁 비행기로 하네다로 향했다. 신주쿠 게이오플라자 일박 후 신주쿠 바스타에서 7:45 후지산 고고메행 버스를 탔다. 고고메에서 요시다루트로 올라 3,200m 고도의 백운장에 투숙. 다음 날 새벽 2시부터 정상으로 향한다. 사람이 너무 많아 한 걸음 떼기가 힘들 정도다. 어쨌든 5시경에 정상 당도. 어설픈 일출 사진 찍고 잠시 머물다가 하산 개시. 8시경 고고메로 돌아와 9:30 버스로 후지산역으로 이동. 현금 지출은 신주쿠 숙박 10만 원, 산장 숙박 10만 원, 교통비 10만 원, 식사비 10만 원 해서 총 40만 원 정도 쓴 것 같다.

일본 후지산 등정을 앞두고 HS와 함께. 손에 들고 있는 종이에는 후지산 육합목 표고 2,390m라고 적혀 있다. (2017-8-26)

일본 후지산 정상 분화구에서. 새벽부터 줄 서서 올라온 것이다. 뒤에 보이는 봉우리가 분화구 주변에서 가장 높은 곳인 켄가미네(3775.6m)인데 가지는 않았다. (2017-8-27)

▲ 일본 구주산 철쭉 산행 (2018-6-2)

코스: 마키모토 – 나카다케 – 구주산 – 초자바루

큐슈 구주산에 철쭉 산행을 다녀왔다. 유후인에서 하루 두 번 있는 오단버스를 9시에 타고 마키모토고개에 10시 조금 넘어 당도. 곧바로 산행 시작. 철쭉 철이라 등산객이 많아 정체가 심하다. 할 수 없이 계속 스미마셍 하면서 추월 운행.
먼저 최고봉인 나카다케에 갔다가 이어 구주산에 오른다. 훗쇼오산에 올랐다가 원점회귀를 할까 하다가 정체로 버스 시간을 못 맞출까 봐, 그리고 다른 풍광을 보자는 마음에 날머리는 초자바루로 잡는다. 제시간보다 15분 정도 늦은 오단버스를 잡아타고 유후인으로. 오단버스에서 내리자마자 곧바로 후쿠오카행 버스로 갈아타고 후쿠오카공항으로 향했다.

일본 구주산은 철쭉으로 일본 내에서도 이름난 곳이다. (2018-6-2)

일본 구주산 정상 부근의 산정호수 오이케. (2018-6-2)

일본 구주산 정상 나카다케에서 바라본 오이케. (2018-6-2)

일본 구주산 정상 나카다케에서. (2018-6-2)

▲ 일본 다이세츠산 산행 (2019-9-27)

코스: 스가타미역 - 아사히다케 정상 - 스가타미역

북해도 출장을 마치고 귀국 전 북해도 다이세츠산 산행에 나선다. 삿포로역에서 7시 버스로 아사히카와로 이동. 아사히카와역에서 아사히다케 로프웨이 탑승장으로 9시 41분 버스로 이동. 11시 반에 로프웨이를 타고 스가타미역까지 간다. 로프웨이 이동은 약 10분 소요. 곧바로 스가타미연못과 유황냄새 풍기는 분기공을 지나 아사히다케 정상까지 산행. 정상까지 오르는 도중 날씨가 가을에서 겨울로 변하는 경험을 한다. 하산 후 전망대 일원 산책. 로프웨이 타고 내려가 15시 반 버스 탑승. 아사히카와에 오니 17시가 지났다. 이로써 일본 4대 섬 중 시코쿠의 이시즈치산 이외에 3개 섬 최고봉은 모두 밟아 본 셈이다(큐슈의 최고봉이 야쿠시마의 미야노우라다케라는 주장도 있다).

일본 다이세츠산 스가타미 연못 주변에 연기가 피어오르고 있다. (2019-9-27)

일본 다이세츠산 정상 아사히다케에서. (2019-9-27)

일본 다이세츠산의 만게츠 연못. (2019-9-27)

▲ 요세미티 하프돔 케이블 등산 (2018-6-28)

코스: 하프돔빌리지 - 미스티트레일 - 버넬폭포 - 네바다폭포 - 하프돔 - 네바다폭포 - 존뮤어트레일 - 하프돔빌리지

새벽에 하프돔 등산을 위해 롯지를 나선다. 미국 도착 첫날 잘못 먹은 조개 덕분에 컨디션은 내내 안 좋았지만 하프돔을 포기할 수는 없다. 하프돔을 오르기 위해서는 허가증이 필요하다. 허가증을 얻기 위해 온 가족을 총동원하여 제비뽑기에 4중 응모했는데 큰애가 유일하게 당첨되어 허가증을 확보해 둔 터이다. 당첨 후 참가 경비는 10불. 차를 끌고 들머리인 하프돔빌리지에 당도하니 5시가 조금 지났다. 머세드강을 건너 조금 오르니 위치별 거리를 일목요연하게 보여 주는 간판이 나타난다. 하프돔은 8.2마일, 즉 11.3km다. 조금 더 오르니 우측으로 큼직한 존뮤어트레일 이정표가 나타난다. 직진 길 쪽의 미스트트레일 이정표를 확인하고 직진한다. 조금 더 오르니 버넬폭포가 웅장한 모습을 드러낸다. 이제껏 가까이에서 본 폭포 중 최대다. 버넬폭포 위는 에메랄드풀이라는 잔잔한 강물이 흐르는데 수영은 금지다. 만에 하나 있을 수 있는 사고를 방지하기 위함이리라. 산길을 진행하니 버넬폭포보다 더 세찬 폭포가 등장한다. 네바다폭포다. 네바다폭포의 위용을 느끼면서 오르니 존뮤어트레일로 올라온 길과 다시 만난다. 중간에 잔잔한 리틀 요세미티밸리를 지나 드디어 하프돔에 다다른다. 그런데 기껏 힘들게 확보한 허가증을 보는 사람이 없다. 결과론적으로 참가 경비를 괜히 낸 셈이 되었다. 안심비라고 해야 할까? 이제 하프돔 완경사부를 계단으로 오른다. 완경사라고는 하지만 만만한 길은 아니다. 여기서 체력이 많이 소모된다. 하프돔 케이블 바로 앞에는 장갑을 잊고 온 후행자를 위해 선행자들이 버리고 간 장갑이 수북하다. 막상 케이블에 붙으니 상당한 경사다. 많은 사람들이 다녀 바위가 접지성이 떨어진 탓에 팔 힘에 많이 의존해야 한다. 중간에 팔 근육을 풀어 주며 갔다. 하산은 네바다폭포 분기점에서 존뮤어트레일로 한다. 존뮤어트레일로 오니 네바다폭포 상류 지점에 거인의 공깃돌과도 같은 거대한 둥근 바위가 산재해 있고 좋은 풍광을 온몸으로 즐기려는 듯 수영복을 입은 사람들도 보인다. 존뮤어트레일은 길이 완만하나 한쪽이 절벽이라서 주의를 요한다. 하산 후 요세미티 그랜드투어를 다녀온 가족들과 재회.

요세미티 하프돔 산행 중 만나는 첫 번째 폭포인 버넬폭포. (2018-6-28)

요세미티 하프돔 산행 중 만나는 두 번째 폭포인 네바다폭포. (2018-6-28)

요세미티 하프돔의 뒷면에 설치된 케이블을 잡고 오른다. 철로처럼 침목이 있지만 간격이 넓고 바닥이 미끄러워 오르기가 수월치 않다. (2018-6-28)

요세미티 하프돔 케이블을 내려간다. (2018-6-28)

요세미티 하프돔 정상에 올랐다. (2018-6-28)

네바다폭포 상부의 계곡에서 일광욕을 즐기는 산행객. (2018-6-28)

존뮤어트레일 하산로에서 바라본 네바다폭포와 리버티캡. 장쾌한 풍광이다. (2018-6-28)

등산 흑역사

나의 등산 인생에도 몇 차례의 흑역사가 있다. 솔로 산행 시 조난당했던 일과 과음한 다음 날 단체 산행 시 동료에 비해 페이스가 떨어져 진행에 지장을 초래한 일로 대별된다.

앞서 가리봉 산행기(2017년 6월)에 밝혔듯이 조난당하고 헬기까지 탔던 전력은 아마도 흑역사의 정점을 찍은 사건일 것이다. 가리봉 사건에 비해서는 소소한 수준이지만 산행 초보 시절에 서산 가야산에서 식구들을 걱정 끼쳤던 사건(2003년 1월)도 흑역사로 남는다.

과음으로 인한 사건은 세 차례 정도 있었던 것으로 기억한다. 당시의 산행기들이다.

▲ **뒤늦게 불암산 산행에 합류 (2016-7-16)**
코스: 불암산공원 – 당고개역

대학 동기와의 등산. 전날 과음으로 한참 늦게 나가 불암산 공원 부근에서 친구들과 합류. 당고개역에서 황태해장국 먹고 귀가.

▲ **친구들을 먼저 보내고 쉬엄쉬엄 올라간 도봉산 산행 (2017-10-8)**
코스: 망월사역 – 대원사 – 원도봉입구 – 봉국사 – 포대능선 우회 – 신선대 우회 – 우이암 – 원통사 – 우이동

긴 연휴를 맞아 대학 동기 산행 번외 편을 실시. 전날 밤의 과음으로 초반 버거운 산행이다. 포대능선 즈음부터 컨디션을 회복하고 산행을 이어 나갔다. 산행 기록을 조회해 보니 도봉산에 온 지 7년이 되었다. 산행 후 삼각산당구장에서 한 판 치고 고교친구 만나러 고터로 이동.

▲ 북한산 산행 초반에 산행을 포기 (2023-3-17)
코스: 불광역 – 족두리봉 중턱 – 불광역

한토회등산회 산행. 전날 과음으로 나는 족두리봉에 오르다가 산행을 포기하고 말았다. 등산 전날은 적당히 마셔야겠다. 이로써 등산 인생에 새로운 흑역사가 쓰이고 말았다. 다른 대원들은 보국문까지 주 능선을 종주했다.

한토등산회 북한산 산행 초입부터 퍼져 버린 나. 뒤에 앉아 있다. (2023-3-17)

기암괴석 이야기

산에 다니다 희한하게 생긴 바위를 보면 사진을 찍는다. 이렇게 찍은 사진은 주로 NC에게 안부 인사와 함께 보낸다. 희한하게 생긴 바위란 게 주로 남근석을 말하는 것인데 NC는 나에게 이런 바위를 정리하여 책을 내라고 우스갯소리를 하곤 한다. 물론 책을 낼 정도로 많은 사진을 찍은 것도 아니고 이미 기암괴석을 대상으로 한 이영길의《한국의 닮은꼴 기암과 기암 절경의 미》란 책이 출간되기도 했으니 책은 언감생심이다. 어쨌든 내가 산행 또는 여행 중 봤던 남근석을 정리해 보기로 한다.

내가 산행 중 남근석을 처음 만난 것은 아마도 2007년 10월 월출산 남근바위였던 것 같다. 당시 대놓고 남근바위라고 부르는 데 대해서 문화적 충격을 받기도 했었다. 월출산 남근바위의 경우 보는 각도에 따라서 그렇게 보이기도 하고 전혀 다르게 보이기도 한다. 이후 봤던 다른 남근석도 마찬가지로 보는 각도가 중요했다. 특히 월출산 남근바위는 마주 보이는 구정봉에 뚫린 베틀굴이 여성 성기를 닮아 괴이함이 배가되었다. 이후 조우한 운악산 남근바위(2008-6-7), 천관산 양근암(2022-3-6), 남산제일봉 무명바위(2022-3-9), 제천 동산의 무쏘바위(2022-4-17)와 남근석(2022-5-1), 매화산 미어캣(2022-8-15), 거창 의상봉 무명바위(2022-11-1), 수리산 무명바위(2023-2-28), 홍도 거시기바위(2023-4-2) 등이 남근석의 범주에 든다고 하겠다. 여성 성기 바위는 형태적 난해함 때문에 흔치는 않은 것 같은데 내가 본 것으로 불암산 음바위(2007-7-22), 앞서 언급한 월출산 베틀굴(2007-10-27), 도봉산 여성봉(2007-11-4) 등을 들 수 있다.

가평 운악산 남근바위. (2008-6-7)

월출산 남근바위의 앞, 뒷모습. (2010-4-17)

장흥 천관산 양근암. (2022-3-6)

합천 남산제일봉 무명바위. (2022-3-9)

제천 동산 무쏘바위. 유일하게 누워 있는 모습이다. (2022-4-17)

5. 산중 한담 225

짧고 굵은 수락산 하강바위. 암벽등반 하강훈련을 한다고 해서 이런 이름이 붙었다. 나도 저 위에 두 차례 올랐었다. (2009-1-3)

제천 동산 남근석. (2022-5-1)

거창 우두산 무명바위. (2022-11-1)

안양 수리산 수암봉의 무명바위. (2023-2-28)

신안 홍도의 거시기바위. (2023-4-2)

주왕산 시루봉. 시루라기보다는 남근과 유사한 모습이다. (2017-10-21)

5. 산중 한담 227

불암산 음바위. (2014-5-10)

월출산 베틀굴. (2010-4-17)

도봉산 여성봉. 당시에는 출입이 가능했다.
(2010-10-24)

🧭 산행 준비 및 기록 남기기

　개인적으로 산에 갈 때면 주요 코스에 대한 블로그 글을 많이 참조한다(블로그가 활성화되지 않았던 예전에는 한국의 산하 등 등산 사이트를 많이 참조했었다). 상황에 맞춰 준비를 하는데 가려는 산을 정하면 그 주변 산을 한꺼번에 탈 수 있는 종주코스를 많이 설계하는 편이다. 코로나 시국이 되어 자가용으로 산에 가는 빈도가 올라가면서부터는 원점회귀가 가능하면서도 가급적 오르는 길과 내려오는 길에 변화를 주는 코스를 구상하였다.

　산행 초기에는 지도 인쇄본을 가지고 갔었는데 스마트폰 사용이 보편화되면서 인쇄는 하지 않고 다운로드한 지도를 스마트폰에 넣어 가지고 다녔다. 산행 중 방향이 헷갈릴 때에는 네이버 지도를 사용하여 방향을 잡기도 한다. 요즘 많이 사용하는 등산 어플인 트랭글 등을 사용하면 선답자의 경로를 내려받아 본인의 경로가 선답 경로에서 벗어나면 경고음을 내기 때문에 그야말로 길을 따라가기에는 최적이다. 그러나 나는 등산 어플의 유용성은 잘 알지만 등산 고유의 그나마 남아 있는 모험적인 요소를 완전히 말살하는 것 같아서 사용하지 않는다.

　어릴 때부터 뭔가 모으고 정리하기를 좋아했다(초등학교 4학년 무렵으로 기억하는데 각종 매체에서 한국문화재와 각종 동물에 대한 자료를 오려 내서 공책에 붙이고 설명을 다는 작업을 했었더랬다). 산행에 대해서도 진심인 나는 블로그 (https://blog.naver.com/jinslee2)에 산행기를 쓰고 있다. 산행기는 사진 위주로 간략하게 쓰는데 상세한 산행기를 쓰지 않는 이유는 산행 중 산행 기록을 남기느라고 정작 산의 정취를 느끼지 못하게 되는 것을 우려하기 때문이다(게을러서 산행기를 간략히 쓰는 것을 너무 포장하는 것 같기는 하다). 블로그에 업로드할 때 찍은 사진을 선별하지는 않는다. 웬만하면 그냥 다 올린다. 사진 고르느라고 신경 쓰기 싫기 때문이다.

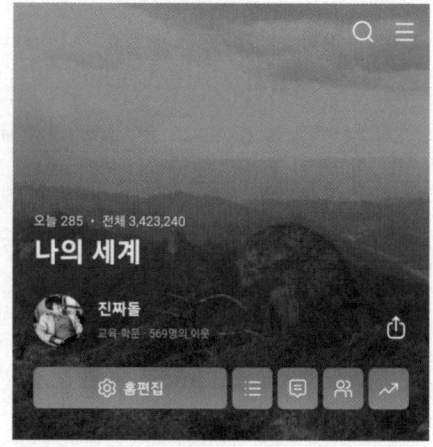

저자의 블로그 캡처 사진. 애초에는 단위환산, 화공 묻고 답하기 위주의 네띠앙 홈페이지에 기반을 두었으나 네이버 블로그로 옮긴 후에는 주로 산행기를 포스팅하는 용도로 활용하고 있다.

산행 용품

산에 처음 갈 때에는 추리닝에 운동화를 신고 갔었다. 배낭도 학회에 참석하고 받은 일반 배낭이었고 스틱은 물론 없었다. 지금은 등산복도 여러 벌 있고 K2 등산화를 신고 다니며 배낭도 크기별로 여러 개를 가지고 있다. 산행에 입문한 후 이제껏 사용한 등산용품을 정리해 보기로 한다.

✻ 배낭

　산행을 다니면서 초기에는 예전에 참석했던 학회에서 나눠 준 25L 정도의 배낭을 한동안 이용하다가 2005년 시카고 출장 시 운동용품 전문매장 딕스에서 켈티(Kelty) 배낭을 구입했다. 35L 티어드롭형 배낭인데 사용하기에 편리하여 꽤 오래 사용하였다. 그런데 오래 쓰다 보니 배낭 내부가 삭아 버려서 배낭을 새로 장만해야 했다. 마침 사내 지인인 HC가 본인이 SS에게 사다 준 50L 아크테릭스 배낭(Bora 50)이 제대로 활용되지 않음을 안타깝게 여겼고 SS에게 배낭을 내게 넘기도록 다리를 놓아 주어 20만 원 정도에 비교적 저렴하게 구입하였다. 한동안 이 배낭과 사내 복지포인트로 구입한 32L K2 배낭(TK 3200) 두 가지를 원거리 원정과 근거리 당일 산행에 각각 사용했다.
　이후 두 배낭의 중간 크기인 45L 서미트 배낭(Largo 40+5)을 구입하고부터는 배낭에 넣어 둔 물건 옮기기가 귀찮아 주로 서미트 배낭만 줄곧 사용하고 있다. 배낭을 오래 쓰다 보니 버클 등이 부러지거나 지퍼가 고장 나는 일 등이 발생하는데 군자역 부근 해피트레킹에서 수리를 하고 있다. 수리비가 다소 비싸긴 하지만 새로 사는 것에 비할 바는 아닌지라 계속 이용 중이다. 2022년 장인어른으로부터 받은 30L 노스페이스 배낭(Borealis)도 몸에 착 달라붙어 중거리 이하의 산행에는 이 배낭을 사용하려고 한다.

✻ 등산화

　신혼 초에 금강제화에서 중형 등산화를 구입했었다. 무슨 마음을 먹고 등산화를 샀는지 의아스럽지만 대학 시절 산행에 대한 향수가 남아 언젠가는 산에 갈 것으로 생각했었나 보다. 그러나 이 등산화는 한 번도 제대로 사용되지 않았다. 처음 산에 갈 때에도 이 등산화가 있다는 사실도 잊은 채 운동화를 신고 갔다. 가야산에 갈 때 드디어 이 등산화의 존재를 기억해 내고 신고 갔는데 바닥 재질이 노후화되어서 그런지 미끄러지고 말았다. 등산화가 무겁기도 하고 불편하여 두어 번 더 신다가 결국 영영 안 신게 되었다. 대신 구입한 등산화는 트렉스타 제품이었는데 오래 걸으면 발목부가 아팠지만 그런대로 신었다. 이후 K2 제품을 3개째 신고 있는데 밑창이 닳으면 밑창만 교체하여 사용 기간을 늘렸다. K2 역시 발목 조임 현상이 있었으나 깔창을 깔아 어느 정도 해결하여 신고 있다.

* 등산복

초기에는 일반 면티에 추리닝을 입다가 회사에서 나눠 준 저가의 등산티를 입었다. 이후 동복, 하복, 춘추복 등 계절에 맞는 등산복을 입고 있다. 등산 잠바도 K2 윈드스토퍼와 노스페이스 고어텍스 하드쉘을 갖추고 있다. 기타 얇은 우모복도 가지고 있는데 많이 사용하지는 않고 있다.

* 모자

모자도 햇빛을 가리기 위한 필수품이다. 나는 편이성을 중시하여 주로 캡형 모자를 썼다. K2 쿨맥스, 노스페이스 고어텍스 모자를 주로 쓴다. 그런데 2016년 회사 백두대간산악회 산행 시 한라산에 올랐다가 하산할 때 뒤에서 쬐는 햇빛에 목덜미에 화상을 입은 후 햇형으로 바꾸어 보려 했다. 그러나 모자가 나풀거리는 것이 싫어 차양막 달린 캡형 모자를 생각하다가 2019년 북해도 출장 시 몽벨에서 차양막을 구입했다. 일반 캡형 모자를 쓰고 가다가 필요시 간편하게 뒤집어쓰면 되는 구조다. 이후 찍찍이로 차양 막을 붙이는 K2 모자도 구입했다.

* 비옷

산에 갔다가 비를 만나는 경우가 드물지만 있다. 작은 산이라면 비를 그냥 맞고 하산하든지 배낭에 일반 비옷을 넣고 다니다가 입으면 된다. 나도 거의 항상 배낭에 일회용 비옷을 넣고 다니는데 강풍이라도 불면 온전하게 입기가 쉽지 않다(요즘 일회용 제품은 품질이 많이 나아진 것 같기는 한데 강풍 테스트는 못 해 보았다). 장인어른으로부터 다회용 비옷을 받기도 했는데 추읍산 산행 시 비를 만나 입었는데 코팅이 벗겨져 나가는 현상이 벌어졌다. 이후 견고한 제품 구입을 탐색하다가 미국 여행 시 등산 전문 매장 레이(Rei)에 들러 Outdoor Products 판초를 구입했다(그런데 아직 한 번도 사용하지 않았다).

* 버너, 코펠

대학 시절 산행 때 버너, 코펠은 필수품이었다. 그러나 지금은 국립공원 내 허가된 지역 이외에서의 취사를 금지하고 있고 그 밖의 산에서도 취사를 하는 것은 산불 발생 문제가 있기 때문에 버너, 코펠을 사용하는 사람은 별로 없다. 나 또한 본격적인 등산의 세계에 입문한 이후에 버너와 코펠의 필요성을 느끼지 않고 있다가 2007년 지리산 종주를 할 때 저렴한 코베아 버너와 코펠을 구입하여 잘 사용했다. 그러나 그 이후 이제까지 사용 횟수는 한 손에 꼽을 정도다.

* 물통

물은 보통 500ml 생수병을 여러 개 가지고 다닌다. 그러나 과거에는 캐멀백 물통을 사용한 적도 있다. Camelbak의 Stoaway 70oz.(2.1 liter)를 배낭에 넣은 상태에서 빨대만 돌출시켜 걸으면서도 편리하게 빨아 먹을 수 있도록 고안된 제품이다. 그러나 청소가 번거로워 사용을 포기했다. 매번 생수를 살 필요 없이 집에서 물을 넣어 갈 수 있도록 날진 물통을 미국 여행 시 레이에서 구입했는데 실제 사용하지는 않고 있다.

* 스틱

　대부분의 등산인들이 그렇겠지만 초기에는 스틱의 필요성을 느끼지 못했다. 그러다가 2007년 10월 지리산 종주를 하면서 스틱의 필요성을 통감했다. 이후 2008년 1월에 미국 출장이 많았던 사내 지인 HC로부터 레키 스틱(Ultralite Ti Ergometric)을 구입했다. 2008년 2월 이 스틱을 두 번째로 사용한 수락산 산행 시 하산길에 미끄러지면서 스틱이 휘어져 버렸는데 해외 직구 제품이라 수리도 못 하고 이후 대충 펴서 가지고 다녔다. 관리를 제대로 안 해서인지 2015년 8월 주금산에 다녀온 이후 부식이 심해져 스틱을 바꾸게 되었다.
　2015년 11월 코스트코에서 Cascade 카본스틱을 구입했는데 이 스틱은 2017년 6월 가리봉 산행 중 부러지고 만다. 이후 사내 복지포인트로 2017년 6월 아이더 스틱을 구입했고 애들과 산행할 때 함께 사용할 생각으로 2021년 다시 사내 복지포인트로 레키 스틱 (MVC AS)을 추가 구입했다(그러나 애들이 이 스틱을 사용한 적은 없다). 아이더 스틱은 편 상태로 자가용에 싣고 다니면서 자가용 산행 시에만 사용하고 그 밖의 산행에는 접고 펴기가 용이한 레키 스틱을 주로 사용하고 있다.

* 아이젠(크램폰)

　2008년 12월 당산역 부근의 오케이마운틴 오프라인매장에서 아이젠은 LIFE Sports의 6발 투버클 골드 아이젠을 21,000원에, 스패츠는 OK Outdoor 버티칼 롱 게이터를 16,000원에 구입하였다. 이후 게이터는 2009년 1월 한라산 동계 산행에 사용한 기억밖에 없다. 아이젠은 이후 밀레, 머렐 짚신 아이젠을 거쳐 2018년 12월 다시 눈 뭉침이 적은 자르파 짚신 아이젠으로 갈아탔다.

* 헤드 랜턴

  야간 산행을 위해서는 헤드 랜턴이 필수인데 레드페이스 제품을 사용하다가 망가져서 블랙다이아몬드 제품으로 바꾸었다. 헤드 랜턴은 배터리 관리가 필수인데 사용 빈도가 높지 않기 때문에 쉽지 않은 일이다. 배낭 내에서 잘못 눌려 전원이 들어와서 배터리 소모가 되지 않도록 하드 케이스에 넣어서 가지고 다니고 있다.

* 카메라

  2012년 7월 기록을 보니 삼성 NX1000 미러리스 카메라를 구입하면서 4번째 카메라라고 해 놓았다. 이전 산행 시 사용했던 3개의 카메라(Digimax 200, KENOX V10, VLUU

산행 시 사용했던 디카들. 왼쪽부터 KENOX V10, VLUU NV 24HD, WB350F, NX1000. 처음 사용했던 Digimax 200은 찾지 못했다.

NV 24HD)도 모두 삼성 디카였는데 모두 다니던 회사에서 선물로 받았던 것이다. 산행 초기 산행 사진을 보니 2002년 10월 서산 가야산에 올라서 디카로 찍은 사진이 최초의 산행 사진으로 추정되느니만큼 나의 산행 사진 찍기는 디카 시대 이후에 시작되었다고 봐야겠다(산행 입문 초기에는 사진도 찍지 않았다). 미러리스는 무거워서 정작 많이 사용하지 않았고 이후 21배줌 기능에 혹하여 삼성 WB350F를 잠시 사용하다가 핸드폰 카메라 성능이 좋아지면서 가지고 다니기 편한 핸드폰 카메라 위주로 사용 중이다.

* 선글라스

산행 시 선글라스는 별로 사용하지 않다가 2017년 오클리 제품(Catalyst)을 구입하면서 사용하기 시작했다. 그런데 이 제품은 코 위에 고정이 잘 되지 않아 2021년 루디 제품(Spinhawk golf)으로 교체하여 만족스럽게 착용 중이다.

교통수단

산행지까지의 교통수단에 따라 산행 패턴은 큰 차이를 보이게 된다. 서울에 거주하는 사람이라면 서울 근방의 산행은 주로 대중교통을 이용하게 되고 장거리 원정 산행은 자가용이나 안내산악회 버스를 이용하게 된다. 제주도 한라산 원정이라면 대중교통(비행기), 자가용(렌터카)를 이용하는 복합형이 될 수도 있겠다.

대중교통을 이용한 산행의 장점 중 가장 두드러진 것은 들머리와 날머리의 구애를 받지 않는다는 것이다. 친구들과 산에 갈 때는 한잔할 수도 있다는 점도 장점으로 꼽힌다. 소위 자기 주도형 산행을 하기에도 대중교통 산행이 제격이다. 블로그 산행기, 월간 산, 한국의 산하 등을 참조하여 대중교통편을 공부하고 이에 따른 산행 코스를 설계하는 것이 보편적이다. 물론 들머리를 못 찾아 헤매기도 하고 산행 중 알바도 많이 하고 계획치 않았던 날머리로 나오는 경우도 다반사지만.

그러나 대중교통은 아울러 많은 단점도 가지고 있다. 지방으로 갈 때 버스를 타는 경우가 많은데 배차 간격이 너무 드문드문하다는 점일 것이다. 이 때문에 들머리까지 접근하는 데 시간이 많이 소요되고 하산 시 버스 시간이 맞지 않아 택시를 부르는 경우가 많다. 대중교통을 이용하면 저렴하게 다녀올 수 있을 것으로 착각하는 경우가 많은데 이는 서울 근방에만 해당하는 것이고 조금 멀리 가는 경우는 돈과 시간이 많이 들 수밖에 없다.

대중교통 산행의 또 다른 문제점은 땀 흘려 산행을 한 후 귀갓길에 냄새를 풍겨 다른 사람들에게 불쾌감을 준다는 것이다. 이와 같은 현상은 여름철에 극심하여 여벌의 티셔츠를 싸 가기도 한다. 원거리 원정 시 대중교통의 과도한 시간 소요 문제를 해소하기 위해서는 자가용을 이용하면 되고 여기에 더해 높은 비용 문제까지 함께 극복하기 위한 수단으로 안내산악회 버스를 이용하는 방법이 있다.

자가용 산행은 내가 코로나 시국에 주로 했던 산행 방식이다. 일요일에 집을 나서서 산행을 하고 기숙사로 가는 것이 생활 패턴이었다. 아침 일찍 집을 나설 때는 강원도, 충청북도, 전라도, 경상도를 포함한 원거리 원정을 가고 좀 느지막이 집을 나서는 날에는 충청도, 경기도 지역의 산행을 갔다가 서산 기숙사로 가는 방식이었다(상세한 산행지 기록은 부록에 첨부되어 있다).

자가용 산행도 자기주도형 산행을 할 수 있다는 장점은 있지만 대체로 단점이 더 많은 산행 방식이다. 자가용 회수 때문에 원점회귀를 해야 하는 것이 가장 큰 단점이다(물론 날머리에서 대중교통으로 들머리로 이동할 수는 있겠으나 상당히 번거롭다). 또 하나의 문제는 귀가 시 일반적으로 교통체증이 심하여 시간이 많이 걸리고 피로가 가중된다는 점이다. 기름값과 톨비 등으로 인하여 비용이 많이 드는 점도 단점이다.

주중 화수목에 휴일이 걸리면 집으로 가지 않고 혼자 또는 직장 동료와 함께 등산을 가는 것이 패턴이었다. 직장 동료와 함께 가면 운전도 나누어 할 수 있고 평소 쉽게 꺼내기 힘들었던 얘기도 나눌 수 있어 좋았다. 순창 추월산, 순천 강천산, 장성 백암산, 진안 운장산, 영광 불갑산, 장성 축령산, 합천 남산제일봉에는 혼자 갔으나 고창 방장산, 완주 모악산, 서천 천방산, 서천 희리산에는 WS와, 괴산 칠보산, 문경 조령산, 완주 운암산, 완주 장군봉에는 CK와 함께 하였다. 서산으로 돌아오면 함께 간 동료와 으레 거나한 술자리를 벌이는 것이 관례였다. 돌이켜 보면 산과 술이 어우러지는 즐거운 한때였다.

안내산악회 버스를 이용하는 방식은 편하게 원하는 산에 다녀올 수 있고 비용도 최소화되는 좋은 방법이기는 한데 자기 주도형 산행과는 거리가 멀어지는 점이 단점이다. 물론 역으로 편하게 가고자 하는 사람이라면 이 점은 오히려 장점이 될 터이다(이는 마치 패키지 투어와 자유여행의 차이와 유사하다). 내가 주로 이용하는 안내산악회는 프로그램의 다양성에 강점을 가지는 좋은사람들 산악회이다. 초기에 반더룽 산악회를 많이 이용했는데 가려고 하는 산이 모객 부족으로 빈번하게 취소되는 행태가 반복되어 부득이하게 좋은사람들 산악회로 갈아타게 되었다.

어쨌든 향후 산행은 원거리는 안내산악회, 서울 근방은 대중교통을 이용하게 될 것 같다.

등산과 관련된 신기술 아이디어

산에 다니면서도 신기술의 접목에 대해서 많은 생각을 하곤 했다. 몇 가지 내가 생각한 사례들을 소개한다. 부담 없이 적은 글이니 가볍게 보시기 바란다.

✻ 보행 보조장치

나이가 들면 산을 타기가 힘들어지게 된다. 게다가 관절염이라도 있으면 산 타기는 그림의 떡이 되기 십상이다. 차로 갈 수 있는 산 아랫마을이나 휴양림까지 접근하여 산의 정취를 느낄 수는 있겠으나 아쉬움이 많이 남는 것도 사실이다. 케이블카로 오르는 방법도 있겠으나 산행지가 제한되고 직접 걸어 올라갈 때 느끼는 가슴 벅찬 쾌감에 비할 바는 아니다(현재 두륜산 고개봉, 덕유산 설천봉, 설악산 권금성, 완주 대둔산, 내장산, 평창 발왕산, 구미 금오산, 통영 미륵산, 거제 노고산 등에 케이블카가 설치되어 있다). 이와 같은 이유로 직접 몸에 착용하고 산에 오를 수 있도록 도와주는 보조장치의 개발이 필요하다고 본다. 목적은 다르지만 이미 엑소슈트라는 보행 보조장치가 개발된 것을 확인했다. 완성도 높은 상업 제품이 어서 출시되면 좋겠다. 이 기술의 산행 적용에 문제의 소지도 있긴 하다. 위험 구간에서 미끄러지는 사고를 방지해야 하고 다른 등산객에게 위협 요소가 되지 않도록 해야겠다.

* 3D 프린팅 산악 모형

유명한 산들의 지도상 등고선으로부터 3D 프린팅하여 산악 모형을 기념품으로 판매하면 어떨까? 실제 스케일을 생각하면 수평 방향은 십만분의 일 정도로 하고 수직 방향은 만분의 일 정도의 스케일이 적합할 듯하다. 여기에 주요 장소는 모형 상에 표기해 두면 다녀온 산이나 가려는 산에 대한 실감 나는 현장감을 느낄 수 있을 것이다. 추가적으로 VR로 만들어 조감도처럼 보는 것도 괜찮을 듯하다.

* 오르막을 반영한 운동 소모 칼로리 산출 어플

운동할 때 핸드폰을 만보계로 활용하는 사람이 많을 것이다. 또한 이동 거리나 소모한 칼로리를 함께 제시하여 본인의 운동 총량을 가늠해 볼 수 있도록 고안된 어플들이 많이 나와 있다. 칼로리 산출을 더 현실성 있게 하기 위해서 GPS를 이용, 오르막길을 올라갈 때 가중치를 주는 어플도 유용할 것으로 생각한다. 다만 만보계 카운터가 매 5초 이내에 작동할 때에만 칼로리를 합산하여 차를 타고 이동하는 경우에 잘못된 산출치가 나오지 않도록 설정한다.

* 원거리 피사체 촬영 어플

　핸드폰의 카메라 모드를 조망 사진으로 설정하고 멀리 있는 대상물을 이동하면서 촬영하면 가까이 있는 방해물은 제거되고 대상물만의 사진을 얻을 수 있도록 하는 카메라 어플이 있으면 유용할 듯하다(DSLR의 경우 필터를 끼우고 조리개를 조이고 장노출로 찍는 기법과 유사). 특히 산행 중 멀리 있는 봉우리를 촬영할 때 가까이 있는 나뭇가지 때문에 깨끗한 사진을 얻기가 어려운데 이 어플을 사용하면 좋을 듯하다. 기존의 파노라마 어플을 보완하면 될 듯하다.

* 수평 보정 카메라

　사진을 찍을 때 의외로 수평을 잘 못 잡는 경우가 빈번하다. 나중에 사진을 미세 회전시키고 트리밍하는 방법도 있으나 번거롭다. 내부에 수평계를 넣어서 아무렇게나 찍어도 수평에 맞는 사진을 얻을 수 있는 사진기 개발이 가능할 것으로 본다. 수평 감지는 기포의 위치를 레이저를 조사하여 굴절률 체크로 할 수 있을 것이다. 또는 소프트웨어적으로 처리하는 기법도 고려 대상이다.

* 등산바지 주머니 방수처리

　바지 주머니에 핸드폰을 넣고 다니는 사람은 더운 여름에 등산하면 땀 때문에 렌즈 부분이 더러워지거나 간혹 핸드폰이 오작동을 일으키는 경우도 있다. 비 오는 날 등산하면 말할 것도 없다. 이를 방지하기 위해 바지 주머니 한쪽을 비닐 재질로 만들면 어떨까? 물론 해당 부위에 땀이 차서 불쾌할 수도 있겠으나 비닐이 피부에 직접 안 닿게 하면 조금 낫지 않을까? 일반적인 허리 색 말고 아예 핸드폰 주머니를 벨트, 주머니, 바지 허리춤 등에 붙이고 다니는 방법도 가능할 것으로 보는데 이미 이런 제품은 나와 있을 것도 같다.

* 등산용 냄새 방지 일회용 속옷

　나이가 들면 땀 냄새가 고약해져서 등산 후 귀가 시 대중교통을 이용하면 다른 사람들에게 민폐를 끼치게 된다. 가장 좋은 방법은 여벌의 티를 준비하여 갈아입는 것이나 적절한 장소를 찾아서 갈아입어야 하는 번거로움이 있다. 여벌의 옷이 없으면 등산복을 빨아서 다시 입는 방법도 있는데 마땅히 빨래할 곳을 찾기도 힘들거니와 계곡에서 빠는 경우 다른 사람에게 볼썽사나운 시각적 테러를 가하는 불상사가 발생한다. 예전 탤런트 변희봉 씨가 등산 시 수건을 몸에 두르고 그 위에 등산복을 입고 산행하다가 수건을 쑥 뽑아내는 신공을 보여 준 적이 있는데 여기에서 착안하여 일회용 등산용 속옷을 등산복 아래 받쳐 입고 등산한 후 이 속옷만을 찢어서 제거하면 간편하게 민폐 없이 귀가할 수 있을 것으로 본다. 재질은 수분을 잘 흡수하고 속건성이어야 할 것이고 찢기 좋게 절단선을 넣어 두어야 할 것이다. 제품명은 odor bye, smell bye, odorless 정도면 어떨까?

동명이산 식별법

　같은 이름의 산이 많다는 것은 등산을 즐겨 하는 분이라면 누구나 잘 아는 사실이다. 백운산, 깃대봉, 옥녀봉 등은 전국적으로 그 숫자가 수십 군데에 달할 정도로 부지기수다. 가려는 산의 접근 경로를 찾을 때 동명이산이 있는 경우 헷갈릴 수 있다. 또 다른 사람들과 산행 정보를 공유할 때에도 혼돈이 될 수 있다. 통상적으로는 이런 경우 예산 가야산, 합천 가야산 하는 식으로 산 이름 앞에 지역 이름을 붙이기도 하지만 같은 지자체 내의 인근에도 같은 이름의 산이 또 있는 경우도 있고(예컨대 거제도 및 부속섬에만 옥녀봉이 3군데 있다) 대부분의 산들이 2개 이상의 지자체에 걸쳐 있어서(예컨대 삼도봉은 3개 도에 걸쳐 있다) 완전한 해결책이 되지는 못한다.

이를 해결하기 위한 방편으로 쉽게 생각할 수 있는 방법이 봉우리 이름 뒤에 일련번호를 붙이는 것이다. 마치 골프선수 동명이인 식별 방식과 같은 방식이다. 그러나 전국에 산재한 동명이산 봉우리들의 일련번호를 매겨 나가는 패턴을 어떻게 만들 것인가, 그리고 일련번호만으로는 봉우리의 위치를 가늠하기 어렵다는 것도 문제다. 그리고 무엇보다도 이 방법의 치명적인 약점은 동명이산이 너무 많아 번호가 너무 커진다는 것이다.

다른 해결 방안으로는 봉우리 이름 뒤에 위도, 경도를 붙이는 것이 하나의 방법이 될 것으로 보인다. 예를 들어 정선의 백운산은 백운산-북위 37.39-동경128.58, 포천의 백운산은 백운산-북위38.18-동경127.44하는 식이다. 이러한 명명법을 국내에 국한시키면 북위, 남위, 동경, 서경 구분까지는 필요 없다. 위도 경도를 붙이는 방식이 일상 대화에 사용하기에는 어려움이 많겠지만 산행 사이트의 명산 목록 등에는 사용 가능할 것으로 생각한다.

소수점이 등장하는 것이 거추장스러우니 소수점 두 자리까지 표기된 위도, 경도에 100을 곱하여 정수로 표기하는 것도 괜찮아 보인다. 또한 우리나라 국토가 차지하는 경도 범위를 감안하여 경도의 앞의 숫자 1을 떼어 버리고 간단하게 표기하는 것도 가능하다. 위도도 남한만 생각하면 앞 숫자 3을 떼어 버릴 수 있으나 통일 후를 생각하여 폐지 않는 것이 좋겠다.

정선 백운산-3739-2858
포천 백운산-3818-2744
울릉도 성인봉-3760-3087
홍도 깃대봉-3470-2520
제주도 송악산-3320-2629
백두산-4209-2807

우리나라 정도의 위도에서는 위도나 경도 1도가 약 100km에 해당한다. 따라서 상기 방식의 0.01도까지의 표기법은 대략 1km 간격이 되므로 사용에 문제가 없을 것으로 보인다. 위도, 경도를 도와 분으로 표기하는 방법도 가능하니 이에 대해서는 국토부와 산림청 등이 협의하여 결정하면 되겠다.

유사한 방법으로 전국지도를 눈금 1km짜리의 격자로 나누고 각 봉우리 이름 뒤에 세로, 가로의 눈금 번호를 붙이는 것도 하나의 방법이 될 것으로 보인다. 이 방법의 장점은 뒷부분의 두 숫자가 자연수의 조합으로 된다는 점이다. 격자를 물리적인 거리 대신 퍼센트로 처리하는 방법도 생각할 수 있다.

같은 산이 여러 개의 이름을 가지는 경우도 많은데 역시 위도 경도를 붙이는 방식은 이명동산에도 혼돈 방지에 좋은 방법이라고 생각한다(예를 들어 가야산의 우두봉, 상왕봉은 동일한 봉우리다).

추가적으로 일반적으로 봉은 특정 봉우리를 말하고 산은 여러 봉우리들을 포함하는 일정 구역을 말하는 경우가 많은데 이 규칙을 모든 산에 적용하는 것이 좋겠다고 생각한다. 기존에 불려 오던 봉우리 이름이 있으면 그냥 사용하고 없으면 산 이름을 봉 이름에 그대로 사용하는 것이다. 이 또한 호칭에 있어서의 혼돈을 방지하기 위함이다.

산악문화

나는 직접 하는 산행과 더불어 산악 서적, 산악 영화, TV 등산 프로그램, 산 노래, 산 그림, 산 사진 등의 산악문화에도 관심을 갖고 있다. 여기에는 산악문화에 대해서 나의 경험을 중심으로 얘기를 풀어놓고자 한다.

*산악 서적

산악 서적을 산서라고도 하는데 1986년에 한국산서회가 발족한 바 있을 정도로 국내에서 산악 서적이 관심을 받아 온 역사는 짧지 않다. 여기에서는 내가 읽은 산악 서적을 등산 가이드, 등산 코스 가이드, 전문산악인의 산행 기록, 아마추어 산행 기록, 산악 에세이, 산 시, 산악 소설, 산악 만화 등으로 분류하여 보았다. 일부 산악 서적은 직접 원문을 읽지 못하고 대표적인 산악 서적을 잘 소개하고 있는 심산의 《마운틴 오디세이: 산악문화 탐사기》의 소개글을 참조하였음을 알려 둔다.

등산 가이드

등산을 하기 위해서도 공부가 필요한데 산에서 걷기, 입기, 먹기, 자기, 짐 지기, 장비, 등산 계획 세우기, 암벽타기, 동계 등산, 사고 대처, 등산인의 마음 자세 등을 정리한 책이 등산 가이드책이다. 내가 가장 도움을 받았던 등산 가이드책은 한동철의 《등산의 세계》이다. 워낙 방대하여 죽 읽기보다는 필요할 때 해당 부분을 읽고 있다. 그 밖에 읽은 관련 도서에는 《등산 마운티니어링》, 유정열의 《초보자를 위한 등산가이드》, 《정통등산》, 김영도의 《등산시작》, 이용대의 《등산교실》, 김홍주의 《산행 문화와 웰빙 라이프》, 구지선의 《여자를 위한 친절한 등산책》, 라클런 맥레인의 《잇츠 아웃도어》, 사토우치 아이의 《모험도감》, 진우석의 《산이 부른다》, 김성기의 《똑똑한 등산》 등이 있다.

《등산 마운티니어링》과 함께 등산 기본 교재인 《등산의 세계》.

등산 코스 가이드

　등산을 위해서는 지도가 필요하다. 이정표가 잘되어 있는 산에 갈 때나 트랭글 등의 앱에 의존하여 산행하는 경우에는 지도가 없어도 큰 문제는 없겠지만 산행 전에 지도를 보면서 계획을 세우고 산행 중 참조할 지도를 지참하는 것은 만약의 경우에 대비한 최소한의 준비라고 할 수 있다. 과거에는 25,000 또는 50,000분의 1 정도 크기의 지도를 휴대하였다고 하지만 내가 산행을 시작한 2000년대 초반만 해도 인터넷을 통해 지도를 내려받고 인쇄하여 가지고 다니는 것이 보편적이었다(물론 당시에도 백두대간 종주 등 전문적인 산행을 하는 분들은 25,000 또는 50,000분의 1 지도를 활용했다). 나는 실제 책을 통해 산행 코스를 공부하고 싶어 산행 지도가 포함된 명산 가이드를 몇 권 구입하여 보고 있다. 조선일보사의 《실전 백두대간 종주산행》, 성지문화사의 《전국 600산 등산지도》, 영진문화사의 《영진7만5천지도》, 안경호의 《신한국 100명산》 등이 그것이다. 이 이외에도 읽어 본 책은 많지만 산행 지도책은 보유하고 계속 두고 보는 것이 중요하므로 언급하지는 않겠다.

백두대간 종주 산행의 종합안내서인 《실전 백두대간 종주산행》.

국내 600산의 산행 정보를 지도와 함께 제공하는 《전국 600산 등산지도》.

수락산 산행 중 만난 실전명산 시리즈의 저자 홍순섭님. 책을 한 권 사올 걸 그랬다. (2008-3-30)

전문산악인의 산행 기록

세계적인 등반가들의 산행 기록을 읽는 것은 가슴 뛰는 일이다. 2008년에 이용대의 《알피니즘, 도전의 역사》(나중에 《등산, 도전의 역사》로 개명)를 읽으면서 전문산악인의 알프스, 히말라야 도전기를 본격적으로 접했다. 산행 기록을 제대로 이해하기 위해 등장하는 생소한 용어(주로 바위산의 생김새에 따른 명칭, 등반 기술, 장비, 암벽 등급 체계 등)를 공부하기도 했다. 《등산, 도전의 역사》와 유사하게 여러 등산가들의 기록을 정리해 놓은 책으로 심산의 《마운틴 오디세이: 심산의 알피니스트 열전》, 모리스 이서먼, 스튜어트 위버의 《Fallen Giants》, 김신의 《극한의 탐험가》, 스티븐 베네블스의 《세계의 명산 위대한 등정》, 크리스 보닝턴의 《퀘스트》, 김영도의 《하늘과 땅 사이》, 허긍열의 《책 읽는 알프스》 등이 있다.

외국 전문산악인 본인이 직접 쓴 책으로 헤르만 불의 《8000 미터 위와 아래》, 라인홀트 메스너의 《에베레스트 솔로》, 《하늘에서 추락하다》, 《세로 토레 메스너, 수수께끼를 풀다》, 《죽음의 지대》, 《벌거벗은 산》, 《검은 고독 흰 고독》, 리오넬 테레이의 《무상의 정복자》, 알버트 머메리의《알프스에서 카프카스로》, 예지 쿠쿠츠카의《14번째 하늘에서》, 프랭크 스마이드의《산의 영혼》, 한스 카멀란더의《그러나 정상이 끝은 아니다》, 우에무라 나오미의《청춘을 산에 걸고》등이 있고 다른 분이 저술한 책으로는 피터 퍼스트브룩의《그래도, 후회는 없다》(조지 맬러리 이야기), 캐롤라인 알렉산더의《인듀어런스》(어니스트 섀클턴 이야기)를 읽었다.

국내 전문산악인의 책으로는 정광식의《아이거 북벽》, 주영의《얄개바위》, 박정헌의《끈》, 박영석의《끝없는 도전》, 김병준의《K2 하늘의 절대군주》, 박상열의《눈속에 피는 에델바이스》, 홍성택의《5극지》, 박준기의《우리는 그곳에 있었다》, 엄홍길의《8000미터의 희망과 고독》, 임덕용의《내 DNA는 불가능에의 도전》등을 읽었다.

몽블랑 초등부터 알프스, 히말라야에서 펼쳐진 해외 산악인들의 활약을 개괄하여 간추린《등산, 도전의 역사》.

아마추어 산행 기록

등산을 직업적으로 하지 않고 취미 활동으로 즐기시는 분들도 본인의 산행 기록을 책으로 엮는 분들이 많이 있다(물론 책까지 낸 분들은 취미 활동의 수준이 살짝 미친 수준에 근접한 경우가 많긴 하다). 대부분 백두대간, 정맥, 100대 명산을 완주한 후 이를 정리하는 형태가 대부분이다. 초기에는 상세한 정보를 담으려고 애를 쓴 책들이 많았지만 이미 산행 정보가 풍부해진 최근에는 본인의 감상 위주로 작성되는 경우가 많다. 백두대간 종주의 고전이라면 길춘일의《71일간의 백두대간》을 꼽을 수 있고 이후 수많은 책이 출간되었다. 정맥 종주도 역시 길춘일의《백두대간에서 정맥 속으로》가 대표작으로 꼽을 수 있다. 아직 읽어 보지는 않았지만 태백산맥 종주를 했다는 남난희의 《하얀 능선에 서면》도 선구적인 작품이다. 2023년 4월 홍도 깃대봉 산행 중 만나 함께 술잔을 기울였던 최정현의 《백두대간 그곳에 그들이 있었다》는 시각장애인과 함께 백두대간을 종주했던 기록으로서 의미 있는 책으로 생각한다. 또 새로운 대한산경표의 유효성을 주장하는 《현오와 걷는 백두대간》도 주목할 만한 작품이다. 미국 PCT 종주 기록인 양희종의 《4300km》, 애팔래치아 일부 구간 종주 기록인 빌 브라이슨의 《나를 부르는 숲》도 재미있게 읽었다. 내가 읽은 아마추어들의 관련 서적은 참고문헌에 소개하였는데 실제 출간된 아마추어가 낸 책은 이보다 훨씬 많다. 예스24로 백두대간만 검색해 봐도 아마추어가 낸 책이 100권 이상 나온다.

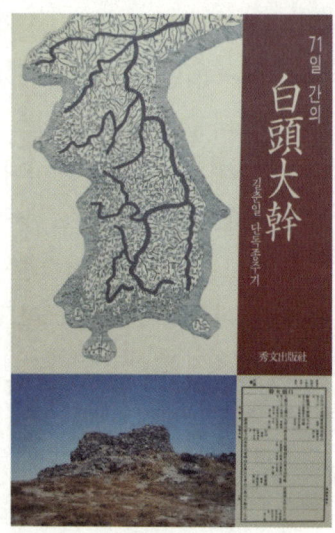

백두대간 산행 기록서의 효시인 《71일간의 백두대간》. 구수한 이야기가 정겹다.

홍도1구 여객터미널 부둣가 포장마차에서 JH, KS와 한잔. JH는 《백두대간 그곳에 그들이 있었다》의 저자이다. (2023-4-2

산악 에세이

산악인들이 산행하면서 또는 살아가면서 느낀 점을 저술하는 수필인 산악 에세이도 산악 서적의 주요한 분야 중 하나이다. 주로 원로 산악인들이 등산 인생을 되돌아보면서 후배들에게 남기고 싶은 말을 잔잔히 전하는 형태가 많다. 김영도의《서재의 등산가》, 김장호의《나는 아무래도 산으로 가야겠다》,《한국백명산기》, 이용대의《그곳에 산이 있었다》,《산정한담》, 김병준의《산의 품안에》, 손경석의《회상의 산들》, 엄홍길의《내 가슴에 묻은 별》,《꿈을 향해 거침없이 도전하라》등이 눈에 띄는 작품들이다. 산악인들을 소개하는 책으로는 박인식의《사람의 산》, 신영철의《신영철이 만난 휴먼 알피니스트》등이 있다.

나이가 들면 결국 실전의 등산가는《서재의 등산가》로 거듭나야 한다.

산 시

심산의《마운틴 오디세이: 산악문화 탐사기》에는 장호의《너에게 이르기 위하여》,《북한산 벼랑》, 이성선의《내 몸에 우주가 손을 얹었다》등의 시집이 소개되어 있다.

내 주변 인물 중 백두대간산악회의 CY는 산에 다니면서 시를 쓰곤 했다. CY가 설악산 산행 중 바위틈에 끼어서 자라는 소나무를 보고 지은 시는 자유가 많으면 수명이 짧고 자유가 적으면 수명이 긴 것이 세상 이치이니 나태하게 살지 말고 다양한 경험을 하면서 즐겁게 살자는 의미를 담고 있다고 한다.

젊은 소나무

분주한 세상살이의 온갖 형상
새털구름 뭉게구름에 그려 싣고
사랑의 속삭임, 시장의 외치는 소리
바람에 음을 실어 이 산 저 강

설악산 중턱 바위틈
갇힌 듯 틀어 앉은 젊은 소나무
세상사 삼라만상을 풍운으로 느끼며
반천 년은 살아갈 텐데

이웃집 동해바다 거북이 아저씨
이백 년 전 바다여행 나서
지난해 가을 단풍놀이 때
눈을 감았다 하던데

배낭을 메고 산을 오르는 사람들
천성이 바지런하여 일백 년이 천수이고
걸음 늦은 풍운으로 세상을 보자니
세월이 아까워

백두대간 산등성이에
다리품을 팔 수밖에.

2003. 10. 19
설악산 수렴동산장에서 이창열

이창열 시인, 함백산 정상에서.
(2010-10-9)

제천 작은동산 외솔봉의 바위틈 소나무.
(2022-4-17)

산악 소설

내가 읽은 산악 소설은 1924년 조지 맬러리의 실종을 소재로 한 유메마쿠라 바쿠의 《신들의 봉우리》, 롤랜드 스미스의 《정상에 오르기 3미터 전》, 박범신의 《촐라체》 정도이다. 애초 《신들의 봉우리》는 다니구치 지로의 만화로 보려 하였으나 구하기가 힘들어 소설로 읽은 것이다.

심산의 《마운틴 오디세이: 산악문화 탐사기》를 보면 김성규의 《레카피툴라티오》, 봅 랭글리의 《신들의 트래버스》, 알퐁스 도데의 《알프스의 타르타랭》, 이노우에 야스시의 《빙벽》, 니타 지로의 《자일파티》, 자크 란츠만의 《히말라야의 아들》 등 읽지 않은 산악 소설도 꽤 있는 것을 확인했다.

다이나믹한 에베레스트 등정 이야기가 압권인 《신들의 봉우리》.

산악 만화

엄청난 만화 시장의 규모에 비하여 산악 만화는 많이 나오지 않는다. 다니구치 지로의 《케이》, 이시즈카 신이치의 《산》, 이토 준지의 《산괴담》 정도가 내가 읽은 책이다. 특히 《산》은 민간 산악 구조원 산포의 이야기인데 에피소드가 계속 이어지는 형태로 구성된 18권짜리 장편 만화로

민간 산악 구조원 산포의 이야기가 에피소드로 이어지는 만화 《산》.

흡인력이 뛰어나다. 그 밖에 다니구치 지로의 《신들의 봉우리》, 나오 쿠레바야시의 《산이여, 질주하라》, 니타 지로의 《고고한 사람》, 홍성수, 임강혁의 《피크》, 카마타 유지의 《SOS 산악구조대》, 오제 아키라의 《온사이트》, 헤이우치 나츠코의 《이카로스의 산》 등이 알려져 있으나 구해서 읽기가 쉽지 않다. 등산 가이드책인 진우석, 이진아의 《산이 부른다》, 산악 에세이인 스즈키 미키의 《두근두근 혼자 가는 등산여행》도 만화 형태로 되어 있다. 특이한 예로 산행 먹방 만화도 있는데 스즈키 미키의 《맛있는 산행기》, 시나노가와 히데오의 《산과 식욕과 나》가 그런 책이다.

만화로 된 등산가이드 《산이 부른다》.

* 산악 영화

산악 영화는 실화 기반의 영화와 픽션 기반의 영화로 대별된다.

실화 기반의 영화

내가 본 영화 중 전문산악인의 실화를 기반으로 한 영화로는 브로드피크에 재도전하는 폴란드 산악인 마치에이 베르베카의 실화를 그린 〈브로드피크〉, 캐나다 산악인 마크-앙드레 르클렉의 모험적인 암벽등반 세계를 그린 〈알피니스트〉, 미국의 짐 위크와이어와 루이스 라이히르트의 K2 등정을 각색한 〈K2〉, 1936년 독일 오스트리아 산악인 4명이 아이거 북벽에 도전했다가 목숨을 잃는 비극적 실화를 다룬 〈노스페이스〉, 오스트리아 유명 산악인 하인리히 하러의 실화를 다룬 〈티벳에서의 7년〉,

니르말 님스 푸르자의 최단기 14좌 등정 과정을 그린 〈14좌 정복: 불가능은 없다〉, 가셔브롬 4봉에 코리아 다이렉트라는 최고 난도의 최초 루트를 뚫은 한국 원정대의 활동을 그린 〈우리는 그곳에 있었다〉 등이 있다.

실화 기반의 조난 영화로는 에베레스트 상업등반대의 대참사를 그린 〈에베레스트〉, 스키장에서 조난을 당한다는 황당한 사건을 영화화한 〈식스 빌로우〉, 2003년 미국 유타주 블루 존 캐니언에서 단독 등반 중 바위에 한쪽 팔이 깔린다는 〈127 시간〉, 박무택의 시신을 회수하기 위한 엄홍길의 휴먼 원정대 활동을 그린 〈히말라야〉 등이 있다.

국가별 알프스 등로주의 경쟁이 치열했던 시절, 아이거 북벽에서의 비극을 영화화한 〈노스페이스〉.

암벽등반 영화로는 다큐멘터리 영화인 〈던 월〉, 〈프리 솔로: 끝없는 도전〉이 있다.

아마추어의 산행을 소재로 한 영화로 인생의 막다른 고비에 있던 여자가 미국의 PCT를 종주한다는 내용의 영화인 〈와일드〉, 빌 브라이슨의 《나를 부르는 숲》을 영화화한 〈A walk in the woods〉, 산티아고 순례 영화 〈나의 산티아고〉 등이 있다.

인생의 바닥에서 PCT(Pacific Crest Trail)를 통해서 다시 살아갈 용기를 얻는다는 실화 영화인 〈와일드〉.

픽션 기반의 영화

픽션으로는 〈산〉, 〈버티칼 리미트〉, 〈아버지는 산을 움직인다〉, 〈클리프 행어〉, 〈빙우〉 정도가 있다. 산악 영화는 대부분 실사 영화이지만 〈신들의 봉우리〉는 일본 소설이 프랑스에서 만화 영화화되기도 했다.

산 드라마도 있었는데 마나슬루에 도전했던 김정섭 형제에게서 모티브를 따온 감우성, 김정란 주연의 〈산〉이라는 작품이 유일한 것 같다. 촬영 중 홍리나의 추락 사건이 벌어지기도 했다.

K2에서 조난당한 여동생을 구하는 오빠의 활약을 가족사와 버무린 영화 〈버티칼 리미트〉. 개연성은 많이 떨어진다.

✱ 등산 프로그램

TV나 유튜브에도 등산 프로그램이 많이 방영되고 있다. 산행 위주의 프로그램과 예능 프로그램으로 나뉜다.

산행 위주의 프로그램

내가 가장 즐겨 봤던 프로그램은 울산 MBC에서 제작, 방송했고 OBS, 마운틴TV, MBC넷에서 재방송했던 〈사람, 산〉이었다. 신영철과 허영만이 산행대장으로 아마추어 대원들을 데리고 국내 명산을 찾아다니는 프로그램이었다(가끔 다른 전문산악인이 땜빵대장이나 대원으로 참여하기도 하고 어쩌다가 일본, 중국 등으로 해외 원정을 가기도 했다). 산행 대상지가 대부분 국내 명산이고 특히 등산 코스를 비교적 소상히 알려줘서 시청자도 본인이 함께 가는 느낌으로 볼 수 있어서 몰입이 잘되었다.

신영철, 허영호 산행대장이 대원들을 이끌고 국내 명산의 종주 산행을 주로 하는 프로그램인 〈사람, 산〉.

KBS 〈영상앨범 산〉, 〈트레킹노트 세상을 걷다〉도 즐겨 보는 프로그램이다. 이 두 프로그램은 제작진이 같아 사실상 같은 프로그램으로 봐도 무방한데 방영 시간만 달리한다는 느낌이다. 이 프로그램은 출연자의 노래, 악기 연주, 창, 심지어는 이바구 등 비등산적인 요소를 많이 집어넣어 몰입감을 떨어뜨리기도 한다. 해외 산행의 방영 비중이 30~40% 정도로 비교적 높아 멋진 풍광을 즐길 수 있는 점이 강점이기도 하지만 그림의 떡 같은 느낌도 있어 허탈감을 주기도 한다(밀포드 사우스, 요세미티, 히말라야, 파타고니아, 하와이, 록키, 산티아고 등 웬만한 해외 유명 트레킹 코스는 망라된 느낌이다).

그 밖에 〈생생정보통〉 내 〈허영호와 함께 하는 명산 도전기〉, 국내 거주 외국인의 히말라야 미답봉 도전기 〈에브리맨 익스페디션〉, 산행과 먹방을 섞은 〈주말여행 산이 좋다〉, 최승원이 대원들과 중국 명산을 찾아다니는 〈내 삶의 특별한 중국산 여행기〉, 원종민이 양현지에게 산행 노하우를 전달해 주는 〈원종민 스마트 등산교실〉, EBS 〈한국기행〉 내 〈능선기행〉, 엄홍길이 단체 산행객들을 데리고 국내 명산에 오르는 〈도전 16좌〉, 한국의 산하의 아름다움을 보여 주는 〈마운틴 View〉, EBS에서 방영했던 외국제작 암벽등반 프로그램 〈명산을 오르다〉, 하재영이 진행한 등산 정보 프로그램 〈클라이밍 n 트레킹〉 등의 프로그램도 방영된 적이 있었다. 우연히 본 NHK 프로그램 중 〈NHK 일본백명산〉도 있었다.

최근에는 개인방송인 유튜브 방송도 많이 만들어지고 있다. 〈헬로트레킹〉, 〈산속에 백만송이〉, 〈두두부부〉, 〈싼타TV〉 등을 가끔 본다. 유튜브 검색을 해 보니 〈미션Hiking〉, 〈박소롱〉, 〈산타는 개그맨〉, 〈미미의 등산일기〉, 〈산타는 찌니TV〉, 〈오르다 트레킹〉, 〈이시영의 땀티〉, 〈아웃도어큐레이터〉, 〈자연에 빠지다〉, 〈맨발이〉, 〈길걷남의 똑똑한 산행〉, 〈슬로트레킹〉, 〈산타는 JSun〉, 〈김영수 TV〉, 〈달루니 TV〉, 〈도리산 TV〉, 〈오즈의 마운틴〉, 〈피식대학〉, 〈산친구와 함께〉, 〈놀부세상〉, 〈조성휘 등산〉, 〈음악이 있는 산행〉 등이 뜬다.

예능 프로그램

등산은 예능과는 잘 어울리지 않음에도 불구하고 시대의 대세에 따라 간간이 예능 프로그램이 나오고 있다. 물론 내가 알기로 성공한 프로그램은 없다. 윤은혜, 유이, 효정, 손호준의 킬리만자로 도전기 〈인생에 한번쯤 킬리만자로〉, 이선빈, 한선화, 정은지의 산 타는 이야기 〈산꾼 도시 여자들〉, 유세윤, 송진우의 산중 인터뷰 프로그램 〈주간산악회〉, god의 산티아고 트레킹을 보여 주는 〈같이 걸을까〉, 지진희, 차태현, 조세호, 배정남의 자연탐험 프로그램 〈거기가 어딘데??〉, 김민종, 김보성, 노홍철, 조우종, 신지민의 E채널 〈정상회담〉 등이 기억나는 프로그램들이다. 예능 프로그램과 본격 트레킹 프로그램의 중간 정도 되는 프로그램으로 셀럽 두 명이 코리아 둘레길을 걸으며 대화를 나누는 EBS의 〈한국의 둘레길〉, 경북권의 걷기길을 소개하는 Btv의 〈감성충전 힐링 트레킹〉이라는 프로그램도 있다.

4명의 대원 중 3명이 정상을 밟은 등산 예능
〈인생에 한 번쯤 킬리만자로〉.

* 산 노래

  산에서 노래를 듣고 부르면 모두 산 노래라고 할 수도 있겠지만 좁은 의미로는 산악인들이 산에 대한 추앙 또는 사랑의 마음을 담아서 부르는 노래를 산 노래라고 한다. 이정훈의 〈설악가〉, 〈즐거운 산행길〉이 대표적인 산 노래다. 이정훈의 이 두 곡 이외에 개인적으로 들을 만한 산 노래라고 생각하는 곡으로 신헌대의 〈아득가〉, 이정선의 〈신사람〉, 작곡자 미상의 〈산 아가씨〉, 김태호의 〈설악아 잘 있거라〉 정도를 꼽는다.
  그 밖에도 〈산악인의 노래〉, 〈산사나이의 마음〉, 〈산으로 또 산으로〉, 〈저 높은 산〉, 〈숨은벽 찬가〉, 〈외로운 산사람〉, 〈산의 방랑자〉, 〈산〉, 〈산아 산아〉, 〈산행가〉, 〈악우가〉, 〈자일의 정〉, 〈적막가〉, 〈클라이머의 기쁨〉, 〈선인봉〉, 〈인수봉〉 등 꽤 많은 산 노래가 발표된 바 있다.
  산 노래 보급에 애쓴 이로는 신현대, 조일민, 전두성 등이 있다. 코오

롱 등산학교에서는 산 노래를 정규과목에 포함시키고 있다고 한다. 유튜브에서 검색하면 여러 가지 산 노래를 들을 수 있다. (이용대의 《그곳에 산이 있었다》 참조)

국내 대표적인 산 노래인 〈설악가〉의 노래비.
속초의 국립산악박물관에 있다. 노래를 지은 고 이정훈 님이 중동 선배라니 감회가 남다르다. (출처: "https://blog.naver.com/bluefoot61/223095425769")

* 산 그림

산을 그리면 산 그림이라고 할 수 있겠으니 우리는 이미 수많은 산 그림에 묻혀 지내고 있다고 할 수 있겠다. 개인적으로는 호방한 그림체가 돋보이는 겸재 정선의 〈인왕제색도〉를 좋아한다. 외국 작품으로는 이용대의 《산정한담》에 소개되었듯이 직접 화구를 들고 알프스에 올라 아름다움을 표현한 가브리엘 로페의 작품이 인상적이라고 생각한다. 다만

산 그림은 너무 방대하여 여기에 산 그림에 대한 썰을 더 푸는 것은 적절치 않다고 생각한다.

겸재 정선의 〈인왕제색도〉. 호방한 붓질이 압권이다.

* 산 사진

요즘은 스마트폰이 대중화되어 누구나 산에 오면 사진을 많이 찍는다. 스마트폰 시대임에도 불구하고 무거운 DSLR을 가지고 와서 작품 사진급의 멋진 사진을 찍는 분도 있다. 김근원 작가와 같이 산 사진을 전문적으로 찍는 사진작가도 있는데 《김근원 산악포커스》에 실린 그의 사진을 보면 옛 산의 정취를 느낄 수 있다. 암벽등반 사진을 주로 실은 이훈태의 《등반이야기》라는 책도 있다.

6.
산행은 계속되어야 한다

직장을 퇴직한 지금도 등산은 나의 주요한 취미 활동이며 앞으로도 산행을 계속 이어 나가고 싶다. 산행과 관련한 계획과 희망에 대해서 얘기하고자 한다.

단기 계획

단기적인 계획으로 현재 진행 중인 산행 프로젝트인 백두대간, 한남정맥, 왕방지맥 종주를 2024년 상반기 내에 마치는 것이 목표이다.

중장기 계획

중장기 계획은 대부분 해외 명산에 오르는 것이라서 중장기 계획이라고 해야 할지 희망 사항이라고 해야 할지 모르겠다. 중장기 계획의 추진을 어렵게 하는 요소는 체력, 돈, 마눌님의 재가라고 해야겠다(재직 중에는 위의 세 가지 요소에 시간이 추가되어 있었다). 희망하는 몇 가지 도전 항목에 대해 얘기하겠다.

* 해외 대륙별 최고봉

　각 대륙별 최고봉 중 아시아는 에베레스트(a.k.a. 초모룽마, 사가르마타)(8,848m), 북미는 데날리(a.k.a. 매킨리)(6,194m), 남미는 아콩카구아(6,959m), 아프리카는 킬리만자로(5,895m), 남극은 빈슨 매시프(4,897m)라는 것에는 이견이 없다. 오세아니아 최고봉은 명확하지 않은데 통상 뉴기니섬의 푼착자야(Puncak Jaya; a.k.a. Carstensz Pyramid, Nemangkawi Ninggok)(4,884m)로 알려져 있으나 같은 섬의 윌헬름(Wilhelm; a.k.a. Enduwa Kombuglu', Kombugl'o Dimbin)(4,509m)이라는 주장도 있다. 논란의 이유는 뉴기니섬이 서쪽의 인도네시아령 뉴기니(파푸아)와 동쪽의 파푸아 뉴기니로 나누어져 있는데 푼착자야는 인도네시아 영토에 있고 윌헬름은 파푸아 뉴기니 영토에 있기 때문이다. 결국 오세아니아의 범위를 어떻게 보는가에 관한 문제로 귀결되는데 이 문제는 역사적으로도 의견이 분분하다. 대체로 지리적으로는 뉴기니섬 전체가 오세아니아에 포함되고 정치적으로는 파푸아 뉴기니만이 오세아니아에 포함된다고 보므로 최고봉 결정에 혼란을 초래한 것이다. 그 밖에 주변 섬이 아닌 오스트레일리아 대륙 자체에 있는 산을 대상으로 해야 하기 때문에 호주 본토 내에 위치하고 있는 코지어스코(Kosciuszko)(2,228m)를 최고봉으로 봐야 한다는 주장도 있다(이 상황은 일본 큐슈의 최고봉을 따지는 것과 흡사하다). 아무튼 산은 그대로인데 사람이 나눈 대륙의 성의 때문에 복삽한 상황이 벌어지고 말았다. 유사한 논란은 유럽 최고봉에도 그대로 이어진다. 예전에 유럽 최고봉은 몽블랑(4,807m)이었다. 그러나 나중에 유럽의 범위를 확장시키면서 유럽 최고봉도 카프카스산맥에 있는 엘브루즈(5,642m)로 보게 되었다.

뉴기니섬의 푼착자야(4,884m). 인도네시아 영토에 있다. (출처: Alfindra Primaldhi)[1]

뉴기니섬의 윌헬름(4,509m). 파푸아 뉴기니 영토에 있다. (출처: Nomadtales)[2]

---

1 위키미디어(https://commons.wikimedia.org/wiki/File:Puncakjaya.jpg)
2 위키미디어(https://commons.wikimedia.org/wiki/File:Mount_Wilhelm.jpg)

호주 내륙의 코지어스코(2,228m). (출처: John Wormell)[3]

나도 대륙별 최고봉 중 한 군데라도 가 보고 싶은 마음이 있다. 상업등 반대에 들어가 시키는 대로만 하면 에베레스트도 오를 수 있는 시대라지만 그래도 에베레스트에 오르는 것은 비용적으로나 위험성으로나 쉽지 않다고 생각한다. 오세아니아가 상대적으로 가장 만만해 보이기는 하지만 최고봉 정의가 혼란스러워 꺼려진다. 그래서 최고봉 정의가 뚜렷히면서도 난도나 소요 비용이 상대적으로 낮은 편인 킬리만자로에 가는 것이 희망 사항이다. 국내 여행사 상품도 있는데 10일 이상 걸린단다. 정상을 목표로 오르는 사람의 40% 정도만 성공한다니 기껏 돈 들여서 갔다가 헛수고할까 봐 염려되기도 한다.

---

3 위키미디어(https://commons.wikimedia.org/wiki/File:Kosciuszko_Townsend.jpg)

아프리카 최고봉 킬리만자로(5,895m). (출처: Chris 73)[1]

킬리만자로에 오른 전 직장동료 CH. 그런데 누가 CH일까? 정상에 오르는 날 5,000m 고소에서 15시간 동안 오르느라 쉽지 않았단다. CH는 코오롱등산학교를 나오고 서산에서 산악회 등반대장을 할 정도로 산에 진심이고 체력도 좋다. (2023-9-1)

---

1 위키미디어(https://commons.wikimedia.org/wiki/File:Mt._Kilimanjaro_12.2006.JPG)

* 히말라야 트레킹

 산깨나 타는 사람들은 히말라야 트레킹을 꿈꾼다. 나 역시 최인호의 《네팔 히말라야 트레킹》을 읽으면서 안나푸르나 히말라야나 쿰부 히말라야 트레킹을 꿈꾸게 되었다. 이 두 가지 대표 코스 내에도 다양한 세부 코스가 있고 그 밖에도 랑탕 히말라야, 무스탕, 돌포, 마나슬루 서킷, 다울라기리 서킷, 나르-푸 밸리, 칸첸중가 베이스캠프, 마칼루 베이스캠프, 주갈 히말라야 등 다양한 코스가 있음을 알게 되었다. 과연 나에게도 히말라야에 갈 날이 올 것인가?

* 밀포드 트랙

 세계에서 가장 아름다운 트레킹 코스로 알려져 있으며 영상앨범 산에서도 소개된 바 있다. 뉴질랜드 밀포드 트랙에 대해서는 이영철의 《세계 10대 트레일》을 통해 좀 더 상세히 알 수 있었다. 3박 4일 정도 걸린다니 비교적 접근이 쉬워 보이기는 한다.

* 산티아고

 스페인 산티아고는 대학 동기들과 은퇴 후 함께 가자고 비용을 적립 중이다. 그러나 친구들의 상태를 볼 때 완주는 어렵고 대표 구간을 1주일 정도라도 다녀오면 나행일 것으로 본다. 친구들의 은퇴가 늦어져 체력들이 더 떨어질까 봐 걱정되긴 한다.

* TMB

 젊은 시절 아들을 등에 업고 TMB 즉 투르드 몽블랑(Tour de Mont Blanc)을 돌았다는 전 연구소장의 무용담을 듣고 나도 가 봤으면 하고 생각하게 되었다. 10일 정도 걸린단다.

알프스에서 아들을 무등 태우고 걷고 있는 전 연구소장 CH의 젊은 시절 사진.

* 일본 시코쿠 이시즈치산

일본은 크게 보면 4개의 섬으로 구성되어 있다. 나는 우연찮은 기회에 혼슈, 큐슈, 홋카이도 3개 섬의 최고봉에 올랐다. 기왕 이렇게 되었으니 시코쿠의 최고봉인 이시즈치산(1,982m)에도 가 보고 싶다. 로프웨이도 설치되어 있다고 하니 어렵지 않을 것으로 본다.

* 대만 옥산, 말레이시아 코타키나발루

각각 동북아, 동남아 최고봉으로 알려진 산이다. 높이는 옥산 3,952m, 코타키나발루 4,095m이다. 국내에서 안내산악회도 운영하니 비교적 접근이 쉬워 보인다. 옥산은 3박 4일, 코타키나발루는 3박 5일로 운영되는 것으로 보인다.

* 국내 산행

위의 다양한 해외 원정에 비하여 접근성이 좋은 국내 산행도 중장기 계획에 포함시켰다. 먼저 코리아둘레길 완주를 생각해 볼 수 있겠는데 안내산악회 버스로 가는 구간별 진행보다는 일시 종주 방식이 좋을 것으로 생각한다. 물론 상황에 맞추어야겠지만. 좀 더 만만한 목표로 한국의 산하 300대 명산 목록이나 블랙야크 명산 100+를 목표로 삼는 것도 생각 중이다.

관계 지향

관계 지향의 산행에 계획이 있을 리 없다. 현재 함께하고 있는 대학 동기들과의 산행 모임, 8240산악회, 한토등산회, 산장 모임, 기타 친구들과의 산행을 계속 이어 나가고자 한다. 대원 모두 건강히 오래도록 산을 탈 수 있기를 바랄 뿐이다.

둘째 그림.

참고문헌

* 등산 가이드

- Gestalten 편집부 (제효영 역), 아웃사이더 : 창의적이고 혁신적인 아웃도어 라이프, 한스미디어, 2015.
- 고바야시 데쓰오 (오시연 역), 등산 무릎 강화법, 보누스, 2019.
- 구지선, 여자를 위한 친절한 등산책: 주말이 즐거운 서울 근교 산행 가이드, 시공사, 2012.
- 김성기, 똑똑한 등산 : 배낭 싸는 법부터 안전사고 대비까지, 하서, 2013.
- 김영도, 등산시작, 평화출판사, 1997.
- 김홍주, 산행 문화와 웰빙 라이프, 정상, 2005.
- 라클런 맥레인 (신동숙 역), 잇츠 아웃도어, 한스미디어, 2013.
- 마운티니어스 (정광식 역), 등산 마운티니어링, 해냄, 2018.
- 사토우치 아이 (김창원 역), 모험도감, 진선출판사, 2009.
- 쓰치야 도모요시 (최종호 역), 울트라 라이트 하이킹, 진선출판사, 2012
- 야마모토 마사요시 (선우섭 역), 똑똑한 등산이 내 몸을 살린다, 마운틴북스, 2008.
- 유정열, 초보자를 위한 등산가이드, 삼호미디어, 2000.
- 이송이, 여자 서른 산이 필요해: 여자의 등산은 정복이 아닌 행복이다, 브레인스토어, 2012.
- 이용대, 등산교실, 해냄, 2006.
- 정갑수, 암벽등반과 스포츠클라이밍, 열린세상, 2014.
- 정덕환, 안재용, 윤현구, 등산이 내 몸을 망친다: 산악인 의사가 말하는 내 몸을 살리는 건강 등산법, 비타북스, 2011.
- 진우석, 이진아, 산이 부른다 1: 준비해볼까, 클, 2014.
- 진우석, 이진아, 산이 부른다 2: 철 따라 산 따라, 클, 2014.
- 한동철, 등산의 세계, 조선일보사, 2002.
- 현대레저연구회, 정통등산, 태을출판사, 2010.

* 등산 코스 가이드, 지도 - 국내

- 국제신문 근교산 취재팀, 이창우, 양산의 산, 국제신문 문화사업국 출판부, 2022.
- 김장호, 한국백명산기, 평화출판사, 2009.
- 김형수, 한국 555 산행기: 등산길 안내, 깊은솔, 2008.
- 나종화, 힐링 산행, 도미노북스, 2013.
- 박성태, 신 산경표, 조선앤북, 2010.
- 박창규, 북한산 가는 길, 진선출판사, 2006.
- 배성동, 영남알프스 100선: 발품으로 그려낸 스토리 가이드북, 민속원, 2022.
- 산악문화 편집부, 서울에서 가까운 50명산, 산악문화, 2006.
- 성지문화사 편집부, 전국 600산 등산지도, 성지문화사, 2013.
- 손재식, 한국 바위 열전: 집념의 마력, 바위에 미친 행복한 도전자들, 마운틴북스, 2008.
- 손치석, 거기에 산이 있었네: 서울·수도권 등산 길잡이 I - 한강 이북편, 얼과알, 2000.
- 손치석, 거기에 산이 있었네 2: 서울·수도권 등산 길잡이 II - 한강 이남편, 얼과알, 2001.

- 신명호, *서울근교 250산*, 깊은솔, 2014.
- 신명호, *한반도 60섬 산행안내*, 깊은솔, 2016.
- 안경호, *新 한국 100명산*, 깊은솔, 2004.
- 영진문화사 편집부, *영진7만5천지도*, 영진문화사, 2017.
- 월간 MOUNTAIN, *주말이 기다려지는 행복한 산행: 전국편*, 터치아트, 2007.
- 월간 산 편집부, *전국 52명산 지도첩 : 한 주에 하나씩, 이번 주 어느 산에 갈까?*, 조선뉴스프레스, 2019.
- 월간 산 편집부, *구구즐산: 산행의 즐거움으로 뽑은 99명산*, 조선뉴스프레스, 2022.
- 유정열, *유정열의 한국 1000 명산 견문록: 문학, 역사, 인물탐방 구구절절 산 이야기*, 관동산악연구회, 2011.
- 이규태, *리지등반: 한국의 리지 올 가이드 리지 등반 이론과 기술*, 산악문화, 2006.
- 이상호, *수도권 둘레길 여행 바이블: 지친 일상을 쾌적하게 바꾸는 참살이 여행*, 랜덤하우스코리아, 2011.
- 이승태, *북한산 둘레길 걷기여행*, 상상출판, 2010.
- 조석필, *태백산맥은 없다*, 산악문화, 1997.
- 조선일보사 편집부, *실전 백두대간 종주산행*, 조선일보사, 2006.
- 진우석, 이상은, *대한민국 트레킹 바이블: 등산보다 가볍게 산책보다 신나게*, 중앙북스, 2014.
- 진우석, *서울 경기 인천 트레킹 가이드*, 중앙북스, 2021.
- 최선웅, *100명산 수첩: 100명산 등산의 완벽 가이드북*, 진선출판사, 2007.
- 홍순섭, *실전 명산 수첩*, 깊은솔, 2007.
- 홍순섭, *실전 명산 순례 700코스*, 깊은솔, 2008.
- 홍순섭, *한국 명산 130선*, 깊은솔, 2013.
- 홍순섭, *실전 우리나라 300산*, 깊은솔, 2014.

* 등산 코스 가이드, 지도 - 해외

- Kev Reynolds ed., *Trekking in the Alps*, Cicerone, 2011.
- 박용수, *동아시아의 명산*, 지식과감성#, 2021.
- 산과 계곡사 편, *일본백명산지도첩*, 산과 계곡사, 2022.
- 신영철, *걷는 자의 꿈, 존 뮤어 트레일*, 은행나무, 2009.
- 윤백현, *일본백명산*, 보성각, 2008.
- 이영철, *세계 10대 트레일*, 꿈의지도, 2019.
- 이재홍, *월드트레킹 완벽가이드 유럽*, 여행마인드(TBJ여행정론), 2018.
- 채경석, *트레킹: 세계의 산을 걷는다*, 휴먼앤북스, 2007.
- 최승원, *알프스 트레킹*, 두성사, 2022.
- 최인호, *네팔 히말라야 트레킹*, 꿈의지도, 2020.
- 허긍열, *알프스 트레킹 1: 몽블랑 산군*, 몽블랑, 2012.
- 허긍열, *알프스 트레킹 2 스위스 3대 트레킹 코스*, 몽블랑, 2013.
- 허긍열, *알프스에서 온 엽서*, 몽블랑, 2013.

✽ 전문산악인의 산행 기록 - 국내 저자

- 김병준, *K2 하늘의 절대군주*, 수문출판사, 2012.
- 김신, *극한의 탐험가*, 지영사, 2005.
- 김영도, *하늘과 땅 사이*, 사람과산, 2000.
- 김헌상, *1%의 고독*, 규장, 2021.
- 김홍빈대장기록집발간위원회 편, 김홍빈, *희망을 오르다*, (사) 김홍빈과희망만들기, 2023.
- 박상열, *눈속에 피는 에델바이스*, 수문출판사, 2001.
- 박영석, *산악인 박영석 대장의 끝없는 도전*, 김영사, 2003.
- 박정헌, *끈: 우리는 끝내 서로를 놓지 않았다*, 열림원, 2005.
- 박준기, *우리는 그곳에 있었다: 히말라야에 새긴 영혼, 코리안 다이렉트*, 꿈결, 2013.
- 심산, *마운틴 오디세이: 심산의 알피니스트열전*, 바다출판사, 2014.
- 엄홍길, *8000미터의 희망과 고독: 히말라야 탱크 엄홍길 14좌 완등 신화*, 이레, 2003.
- 유학재, *등반중입니다*, 알파인웍스, 2019.
- 이용대, *알피니즘, 도전의 역사*, 마운틴북스, 2007.
- 이용대, *등산, 도전의 역사*, 해냄 2017.
- 임덕용, *내 DNA는 불가능에의 도전: 산악인 패션 디자이너 임덕용 이야기*, 정상, 2007.
- 정광식, *아이거 북벽*, 경당, 2003.
- 주영, *알개바위*, 정상, 2002.
- 하루재클럽 편, *산책여행*, 하루재클럽, 2018.
- 허긍열, *책 읽는 알프스*, 몽블랑, 2014.
- 홍성택, *5극지: 아무도 밟지 않은 땅*, 드림앤, 2013.

✽ 전문산악인의 산행 기록 - 해외 저자

- 다리우시 코르트코. 마르친 피에트라셰프스키 (서진석 역), *지옥은 나를 원하지 않았다: 폴란드 얼음의 전사 비엘리츠키*, 하루재클럽, 2022.
- 라인홀트 메스너 (김성진 역), *벌거벗은 산: 낭가파르바트-잊을 수 없는 아우를 위하여*, 이레, 2004.
- 라인홀트 메스너 (김영도 역), *검은 고독 흰 고독*, 이레, 2007.
- 라인홀트 메스너 (김영도 역), *죽음의 지대: 라인홀트 메스너의 등반을 통한 의식탐구*, 한문화, 2007.
- 라인홀트 메스너 (김영도 역), *세로 토레: 메스너, 수수께끼를 풀다*, 하루재클럽, 2014.
- 라인홀트 메스너 (김영도 역), *하늘에서 추락하다*, 하루재클럽, 2018.
- 라인홀트 메스너 (김희상 역), *에베레스트 솔로*, 리리 퍼블리셔, 2020.
- 리오넬 테레이 (김영도 역), *무상의 정복자*, 하루재클럽, 2016.
- 릭 리지웨이 (선우중옥 역), *아버지의 산*, 화산문화기획, 2002.
- 맥신 스노우든 (이은경 역), *청소년이 반드시 알아야 할 극 탐험 이야기*, 이룸, 2006.
- 모리스 이서먼, 스튜어트 위버 (조금희, 김동수 공역), *Fallen Giants: 히말라야 도전의 역사*, 하루재클럽, 2015.
- 버나데트 맥도널드 (김동수 역), *Winter 8000: 극한의 예술, 히말라야 8000미터 동계등반*, 하루재클럽, 2021.

- 사이먼 톰슨 (오세인 역), *정당화할 수 없는 위험?: 근대등산의 태동부터 현재까지 영국 등산 200년사*, 하루재클럽, 2021.
- 스티브 로퍼 (송은희 역), *캠프4: 요세미티 스타일을 만든 초기등반가들 이야기*, 하루재클럽, 2023.
- 스티븐 베네블스 (호경필 역), *세계의 명산 위대한 등정*, 예담, 2007.
- 알버트 머메리 (오정환 역), *알프스에서 카프카스로*, 수문출판사, 1994.
- 앤디 팬쇼, 스티븐 베너블스 (곽정혜 역), *히말라야 알파인스타일*, 알파인웍스, 2018.
- 예지 쿠쿠츠카 (김영도, 김성진 역), *14번째 하늘에서*, 수문출판사, 1997.
- 우에무라 나오미 (김성연 역), *청춘을 산에 걸고*, 마운틴북스, 2008.
- 조 심슨 (김동수 역), *터칭 더 보이드*, 리리 퍼블리셔, 2023.
- 조너선 닐 (서영철 역), *셰르파, 히말라야의 전설*, 지호, 2006.
- 캐롤라인 알렉산더 (김세중 역), *인듀어런스: 어니스트 섀클턴의 위대한 실패*, 뜨인돌, 2003.
- 크리스 보닝턴 (이정임, 정미나 공역), *퀘스트: 자연에 도전한 인간의 모든 역사*, 생각의나무, 2004.
- 프랭크 스마이드 (안정효 역), *산의 영혼*, 수문출판사, 2010.
- 피터 퍼스트브룩 (정영목 역), *그래도, 후회는 없다: 에베레스트에서 사라진 맬러리를 찾아서*, 지호, 2004.
- 한스 카멀란더 (박규호 역), *그러나 정상이 끝은 아니다*, 랜덤하우스코리아, 2004.
- 헤르만 불 (김영도 역), *8000미터 위와 아래*, 수문출판사, 2009.

* 아마추어 산행 기록 – 외국 산

- 곽정혜, *선택: 스물 여섯 청춘의 에베레스트*, 종이와붓, 2016.
- 김평식, *미국 50개 주 최고봉에 서다*, 포북, 2009.
- 김홍성, 정명경, *히말라야, 40일 간의 낮과 밤: 에베레스트. 안나푸르나 트레킹 입문*, 세상의아침, 2006.
- 데이비드 르 베이 (서정아 역), *마흔아홉, 몽블랑 둘레길을 걷다: 느리게 걷는 이들을 위한 알프스 도보 여행*, 책세상, 2015.
- 마크 페처, 잭 갤빈 (김율희 역), *꿈의 높이 8,848 미터*, 다른, 2006.
- 박천욱, *전 역사교사 천불의 세계 명산기*, 좋은땅, 2023.
- 박춘영, *북알프스 백패킹*, 덴버, 2020.
- 빌 브라이슨 (홍은택 역), *나를 부르는 숲*, 까치, 2018.
- 아레 칼뵈 (손화수 역), *내 친구들은 왜 산으로 갔을까*, 북하우스, 2021.
- 양희종, *4300km: 175일간 미국 PCT를 걷다*, 푸른향기, 2016.
- 우민거사, *산따라 길따라 3. 해외편 1(트레편)*, 미디어북, 2015.
- 이상배, *히말라야는 나이를 묻지 않는다*, 산지니, 2017.
- 이성인, *남산에서 에베레스트까지*, 문화세계사, 2022.
- 이장화, *히말라야, 내 삶에 꽃을 피우다*, 좋은땅, 2021.
- 정성호, *워킹: 아킬레스건 완파 이후 4,300km의 PCT 횡단기*, 지식과감성[#], 2021.
- 채문식, 이재숙, *아이슬란드와 노르웨이 트레킹*, 퍼플, 2022.
- 최찬익, 서지나, *평범한 사람들의 히말라야 14좌 1*, 그러나, 2018.
- 최찬익, 서지나, *평범한 사람들의 히말라야 14좌 2*, 그러나, 2021.
- 황대연, *은퇴 산꾼 고산에 서다*, 북랩, 2020.

* 아마추어 산행 기록 – 산경표 산줄기

- 권태화, 현오와 걷는 백두대간, 리더북스, 2018.
- 길춘일, 71일간의 백두대간, 수문출판사, 1997.
- 길춘일, 백두대간에서 정맥 속으로, 수문출판사, 2001.
- 김용경, 내 삶을 만나러 오늘도 오릅니다, 더로드, 2023.
- 김진중, 최정현, 백두대간 그곳에 그들이 있었다, Cup&Cap, 2022.
- 김천규, 하늘과 땅 사이 백두대간을 걷다, 바른북스, 2021.
- 남난희, 하얀 능선에 서면, 수문출판사, 2001.
- 손봉수, 열정이라 묻고 도전이라 답하다: 평생 술만 만들던 남자의 백두대간 단독종주 이야기, 반도기획출판사, 2023.
- 우장식, 어쩌다 백두대간: 충청도 촌눔덜과 함께한 백두대간 동행 종주기, 북만손, 2021.
- 이근현, 산 여기 있었네, 교음사, 2020.
- 이수경, 아줌마 기자, 낙남정맥에 도전하다, 산지니, 2006.
- 이용주, 행복한 도전: 16인의 기록 지리산에서 설악산까지 1천 9백 리, 지식과감성#, 2022.
- 이원복, 산에 오르면 누구나 산이 된다: 백두대간 단독 종주기, 아카데미북, 2000.
- 임대규, 바람솔솔의 산이야기, 명성서림, 2022.
- 조방래, 백두대간 5계절: 조방래 백두산~지리산 감동의 대서사시, 산악문화, 2002.
- 조지종, 두 발로 쓴 9정맥 종주기 상, 북랩, 2021.
- 조지종, 두 발로 쓴 9정맥 종주기 하, 북랩, 2021.
- 조태경, 나는 산을 걷는다: 내 안의 빛을 밝힌 770킬로미터의 기록, 북센스, 2022.
- 진상귀, 제2차 백두대간 단독종주기, 세종출판사, 2022.
- 진상귀, 제2차 일대간 구정맥 단독종주기 금 호남정맥, 호남정맥 편, 세종출판사, 2023.
- 최근호, 초보의 백두대간 종주기, 한밭대학교출판부, 2009.
- 최석호, 백두대간 능선 따라, 상상나무, 2009.
- 한신섭, 백두대간 그 안 이야기: 시어로 간 백두대간 탐방 종주기, 맑은샘, 2021.

* 아마추어 산행 기록 – 100대 명산

- 김해경, 나는 이렇게 산행에 미쳤다, 필리리스토리, 2023.
- 김무홍, 대한민국이 엄선한 100대 명산: 수필로 읽어가는 산행기, 지식과감성#, 2019.
- 박충석, 부부라는 이름, 그 이상의 동행: 부부, 한국의 100대 명산을 완등하다, 바른북스, 2021.
- 슈히, 저 등산 안 좋아하는데요?, 부크크, 2022.
- 신준호, 황혼에 이룬 꿈 걸어서 국토 일주, 지식과감성#, 2023.
- 여의강, 마음이 오른 100대 명산 백산심론(상), 부크크, 2023.
- 여의강, 마음이 오른 100대 명산 백산심론(하), 부크크, 2023.
- 오혜령, 박옥남, 산에서 만든 튼튼한 허벅지가 연금보다 낫다 (상), 북랩, 2022.
- 오혜령, 박옥남, 산에서 만든 튼튼한 허벅지가 연금보다 낫다 (하), 북랩, 2022.
- 이연우, 가고픈 명산 탐방기, 효일문화사, 2021.
- 이장화, 산이 그리움을 부른다: 직장동료, 친구들, 아내와 함께... 우리나라 100대 명산을 시작하다, 좋은땅, 2021.

- 이춘호, *100가지 보물을 품은 100대 명산: 이춘호의 100대 명산 답사기*, 블루페가수스, 2023.
- 장종표, *백대명산 묵언수행*, 청송재, 2019.
- 천영선, *나의 100대 명산 이야기*, 부크크, 2023.
- 최병욱, 최병선, *형제가 함께 간 한국의 100명산 산행기 상: 국립공원 명산*, 이담북스, 2022.
- 최병욱, 최병선, *형제가 함께 간 한국의 100명산 산행기 중: 수도권·강원도·충청도 지역 명산*, 이담북스, 2022.
- 최병욱, 최병선, *형제가 함께 간 한국의 100명산 산행기 하: 경상도·전라도 지역 명산*, 이담북스, 2022.
- 하유태, *세상은 밖에도 있었네!: 대한민국 100대 명산 완등 산행기*, 천우, 2021.

* 아마추어 산행 기록 - 산행 일반

- 강석민, *뻐꾹 소리의 장단, 가락은 변함이 없다*, 명성서림, 2023.
- 강신길, *대한민국 둘레길: 동서남해안과 휴전선 2700km 트레킹*, 안나푸르나, 2021.
- 강신용, 이종락, 정운종, *청산은 날 보고 오라하네: 다시 보는 산행후기*, 태봉, 2021.
- 김서정, *백수산행기: 평일에 산에 가는 나, 나도 정상에 서고 싶다*, 부키, 2009.
- 김해경, *나는 이렇게 산행에 미쳤다*, 필리리스토리, 2023.
- 나종대, *땅통종주*, 한솜미디어, 2021.
- 문호일, *나의 아름다운 산행기*, 부크크, 2021.
- 문호일, *나의 아름다운 산행기 2*, 부크크, 2021.
- 박상선, *길따라*, 오다, 2022.
- 백상학, *50명산 등정*, 한비CO, 2022.
- 산뉘하이 Kit (이지희 역), *산이 좋아졌어: 평범한 직장인에서 산 덕후가 된 등산 러버의 산행 에세이*, 인디고, 2021.
- 손민규, *밥보다 등산: 내일이 불안해 오르고 또 오른 서른 해 등산 일기*, 책밥상, 2021.
- 신경이, *오늘도, 등산: 나만의 취미로 삶의 쉼표를 그리는 본격 등산 부추김 에세이*, 애플북스, 2021.
- 신희영, *우리들의 산: 아내와 함께 한 삶 50년, 산행 30년*, 좋은땅, 2020.
- 안윤식, *산아 산아 내 친구야*, 다예, 2006.
- 우민거사, *산따라 길따라 1. 국내편 1*, 미디어북, 2015.
- 우민거사, *산따라 길따라 2. 국내편 2*, 미디어북, 2015.
- 유근학, *산은 나만의 소확행*, 부크크, 2023.
- 이영록, *백두 묘향에서 한라 무등까지: 길 위의 사람, 그가 지나온 이 땅의 산길*, 다섯수레, 2021.
- 이학근, *투구꽃 피는 산길: 땀과 눈물로 쓴 능선길 30년*, 좋은땅, 2023.
- 장갑수, *그 산에 내가 있었네*, 다지리, 2006.
- 장순영, *산과 산을 잇고 또 나를 잇다*, 부크크, 2022.
- 조경훈, *한 출판인의 산행기: 출판인 범우 윤형두 탐색 7. 산악인의 길*, 종합출판범우, 2023.
- 주미경, *하늘길 타는 여자*, 일조원, 2005.
- 차재문, *배낭 메고 떠나는 지리산 둘레길*, 경남, 2023.

- 최용우, 예수님의 말씀을 듣는 산행: 등산 500회 기념: 예수께서 무리를 보시고 산에 올라가 앉으시니(마5:1)》, 퍼플, 2021.
- 풀과별, 산애미친, 문화발전, 2012.
- 한필수, 봄 여름 가을 그리고 겨울 산, 한솜미디어, 2021.
- 효빈, 힐링되는 트레킹과 산행, 지식과감성#, 2021.
- 효빈, 오늘의 명산, 절경 따라 걷는 길, 지식과감성#, 2023.

* 산악 에세이

- 귀도 라마 (임종한 역), 청춘의 샘, 수문출판사, 1989.
- 김동규, 한국백명산: 산 이름의 어원을 찾아서, 규장, 2022.
- 김병준, 산의 품안에, 선, 2020.
- 김선미, 산에 올라 세상을 읽다: 산이 만든 사람들, 영림카디널, 2006.
- 김영도, 서재의 등산가, 리리 퍼블리셔, 2020.
- 김장호, 나는 아무래도 산으로 가야겠다, 일진사, 2007.
- 김장호, 한국백명산기, 평화출판사, 2009.
- 김태일, 숲과 대화할 시간입니다 – 새벽 산행 3,650일의 기록, 학이사, 2023.
- 로버트 맥팔레인 (노만수 역), 산에 오르는 마음, 글항아리, 2023.
- 박경이, 영혼을 품다, 히말라야, 도트북, 2021.
- 박성용, 성공하는 CEO들은 왜 산에 오르는가?, 영림카디널, 2006.
- 박인식, 사람의 산, 바움, 2003.
- 박재곤, 이렇게 사는 인생: 산 사람 이야기 그리고 우촌산행노트, 삶과꿈(L&D), 2006.
- 손경석, 회상의 산들, 청아출판사, 2010.
- 신영철, 신영철이 만난 휴먼 알피니스트, 산악문화, 2007.
- 신용명, 내 속에 산을 얻었으니, 도솔, 2004.
- 심경호, 산문기행, 민음사, 2022.
- 심산, 심산의 마운틴 오딧세이: 산이 만든 책, 책 속에 펼쳐진 산, 풀빛, 2002.
- 심산, 마운틴 오디세이: 심산의 산악문학 탐사기, 바다출판사, 2018.
- 심산, 산과 역사가 만나는 인문산행, 바다출판사, 2019.
- 안치운, 침묵하는 산: 일제강점기 조선 산야인의 그림자, 한길사, 2023.
- 엄홍길, 꿈을 향해 거침없이 도전하라, 마음의숲, 2008.
- 엄홍길, 내 가슴에 묻은 별: 엄홍길의 인연 이야기, 중앙북스, 2012.
- 월간 산 편집부, Beyond the Ridgs: 한국의 알피니스트 아직 살아 있다, 조선뉴스프레스, 2022.
- 유상식, 산사랑 신바람: 청곡 산타령 산문집, 해드림출판사, 2021.
- 이상호, 산과 함께 한 나의 이야기, 더로드, 2022.
- 이선아, 산에서 빛나는 여성: 산을 향한 여성의 내러티브, 한국산악회, 2023.
- 이연희, 엄마의 산, 지영사, 2008.
- 이영길, 한국의 닮은꼴 기암과 기암절경의 미, 연세출판사, 2021.
- 이용대, 그곳에 산이 있었다, 해냄, 2015.
- 이용대, 산정한담, 리리 퍼블리셔, 2022.

- 이즈미 세이치 (최진희, 김영찬 역), *아득한 산들*, 한국산악회, 2021.
- 존 크라카우어 (하호성 역), *그들은 왜 오늘도 산과 싸우는가*, 자음과모음, 2006.
- 존 크라카우어 (김훈 역), *희박한 공기 속으로*, 황금가지, 2007.
- 최원석, *사람의 산 우리 산의 인문학: 그토록 오래 주고받은 관계의 문화사*, 한길사, 2014.
- 최원석, *산천독법*, 한길사, 2015.
- 프랭크 스마이드 (안정효 역), *산의 영혼*, 수문출판사, 2010.
- 황대연, *헤어날 수 없는 사랑*, 북랩, 2022.

✶ 산악 소설

- 롤랜드 스미스 (김민석 역), *정상에 오르기 3미터 전*, 시공사, 2009.
- 박범신, *촐라체*, 푸른숲, 2008.
- 유메마쿠라 바쿠 (이기웅 역), *신들의 봉우리*, 리리 퍼블리셔, 2020.
- 이재원, *조선 최초의 전문 산악인 창해 정란 조선의 산야를 누비다*, 책이라는신화, 2022.

✶ 산악 만화

- 가모 Gamo. Virtual Climber (최진희 역), *산악 만화 소설 영화 계보: 산은 어떻게 그려져 왔을까?*, 하루재클럽, 2023.
- 나타 지로, 사카모토 신이치 (조은정 역), *고고한 사람 (1~17)*, 대원, 2010-2013.
- 스즈키 미키 (이주희 역), *두근두근 혼자가는 등산여행*, 디자인이음, 2009.
- 스즈키 미키 (조민경 역), *맛있는 산행기*, AK, 2017.
- 시나노가와 히데오 (김동수 역), *산과 식욕과 나 (1~9)*, 영상출판미디어, 2017-2023.
- 아즈미 준페이, 이토 준지 등, *산괴담*, 미우, 2019.
- 오제 아키라 (최윤정 역), *온 사이트! (1~2)*, 학산문화사, 2006.
- 이시즈카 신이치 (설은미 역), *산 (1~18)*, 학산문화사, 2006-2014.
- 임강혁, 홍성수, *피크 (1~7)*, 영상출판미디어, 2012-2014.
- 카마타 유지 (설은미 역), *SOS 산악구조대 (1~3)*, 학산문화사, 2004.
- 코믹컴, *거대 암벽 등반하기*, 아이세움코믹스, 2008.
- 쿠레바야시 나오, *산이여, 질주하라! (1~5)*, 학산문화사, 2001.
- 타니구치 지로 (홍구희 역), *신들의 봉우리 (1~5)*, 애니북스, 2009-2010.
- 타니구치 지로 (오주원 역), *케이*, 세미콜론, 2010.
- 헤이우치 나츠코, *이카로스의 산 (1~10)*, 강담사, 2005-2007.
- 헤이우치 나츠코, *우리들의 정상*, Yamatokeikokusha, 2014.

✶ 산 사진

- 김근원, *김근원 산악 포커스: 한국 산악운동의 발자취*, 산악문화, 2003.
- 이훈태, *등반 이야기*, 눈빛, 2007.

부록 1 풍광 사진 모음

산행을 다니면서 사진은 무던히도 찍었다. 대부분 핸드폰 자동 사진이지만 잘 나왔다고 생각한 사진도 꽤 있다. 풍광이 멋지게 나온 사진들을 소개한다.

산의 모양이 바랑을 닮은 논산 바랑산. (2023-10-21)

베트남 판시판산 정상에서의 운해. 막판 케이블카역부터 정상까지는 걸어 올라갔다.
(2023-9-25)

부록 1 풍광 사진 모음 277

양구 10년 장생길의 한반도섬 가는 다리에서 바라본 파로호 풍광. (2023-9-18)

문경 구왕봉에서 내려서며 바라본 희양산의 근육미. (2023-9-8)

강원도 고성 응봉에서 바라본 금강산. (2023-6-7)

울진 응봉산 덕구계곡의 용소폭포. (2023-5-11)

목포 유달산 케이블카와 시가지의 장쾌한 조화. (2023-4-1)

거제도 노자산에서 바라본 일몰. (2022-11-24)

가평 옥녀봉 운해. (2022-9-9)

합천 매화산 미어캣 바위. (2022-8-15)

서산 까딱산 일몰. (2022-7-21)

김포 애기봉에서 바라본 개성 송악산. (2022-4-29)

대전 갑하산에서 바라본 계룡산. (2022-2-6)

서산 상왕산 일몰. (2021-10-24)

성남누비길 탄천. (2021-9-18)

함양 황석산 정상. (2021-5-30)

서산 망일산 일몰. (2021-7-20)

완주 장군봉 해골바위. (2021-5-5)

완주 운암산에서 바라본 대아저수지. (2021-5-5)

보령 양각산에서 바라본 보령호. (2021-1-24)

화성 청명산 빛 내림. (2021-1-17)

부록 1 풍광 사진 모음 287

예산 봉수산에서 바라본 예당저수지. (2020-10-4)

금오산저수지에 비친 구미 금오산. (2020-9-27)

문경 부봉 5봉에서 바라본 6봉. (2020-9-13)

괴산 가령산 앞 화양계곡. (2020-8-30)

변산 쇠뿔바위봉. (2020-8-23)

정선 백운산 칠족령전망대에서 바라본 동강. (2020-7-18)

담양 병풍산 능선. (2020-6-21)

서산 황금산 코끼리바위. (2020-6-11)

고창 선운산 사자바위. (2020-5-31)

괴산 청화산 조망. (2020-1-18)

포천 명성산 등룡폭포 아래의 부채꼴 파동. (2019-10-27)

단양 제비봉에서 바라본 충주호. (2019-10-6)

울릉도 행남등대길. (2019-8-29)

설악산 대승폭포. (2019-6-22)

군산 장자도 대장봉 서쪽 조망. (2019-5-16)

문경 대야산 용추폭포. (2019-3-16)

진안 구봉산 4봉과 5봉 사이 구름다리. (2019-5-12)

양양 조봉 고사리. (2018-11-3)

백양사에서 바라본 장성 백암산. (2018-8-15)

북한산 숨은벽 코스 가는 길. (2018-3-24)

후지산 백운장 산장의 노을. (2017-8-26)

후지산 백운장 산장의 노을. (2017-8-26)

설악산 봉정암에서 바라본 용아장성. (2016-10-9)

홍천 팔봉산의 운해 속의 1봉. (2016-8-27)

소백산 여명과 일출. (2014-10-25)

봉화 청옥산 가는 길에 들른 금왕휴게소의 노을. (2014-8-1)

설악산 만경대에서 바라본 대청봉과 용아장성. (2013-8-24)

정선 백운산의 눈맞은 진달래꽃. (2013-4-20)

문경 주흘산 주봉 정상에서의 시원한 조망. (2013-1-5)

해남 달마산 석림. (2011-4-16)

치악산의 산그리메. (2010-10-1)

부록 2 산행 기록

블로그를 기반으로 나의 산행 기록을 정리해 보았다. 2023년 10월 31일 기준 총 749회 산행한 것으로 나타났다. 산행 횟수를 설정하는 기준은 다음과 같이 잡았다.

- 하루에 두 번 이상 독립적으로 산에 오른 경우는 별개의 산행으로 간주한다(예컨대 2020-5-17의 공작산과 보령 아미산). 독립적이라는 용어의 의미는 두 산 사이에 도보 이외의 교통수단을 이용하는 경우를 말한다. 즉 아무리 여러 산에 올랐더라도 도보로 이어 탄 경우는 별개의 산행으로 잡지 않는다.
- 그러나 너무 작은 산을 이어서 오르는 경우에는 중간에 도보 이외의 교통수단을 이용하여 다음 산의 들머리로 이동하더라도 별개의 산행으로 보지 않는다. 너무 작다는 용어의 의미는 내가 주관적으로 정하도록 한다(예컨대 강서5산, 인천4산은 중간에 버스나 지하철을 타고 이동했지만 한 번의 산행으로 본다).
- 장거리의 트레킹을 하는 경우도 산행을 한 것으로 간주한다(예컨대 화절령). 장거리의 정의는 내가 주관적으로 정하도록 한다.
- 케이블카 등으로 산을 오른 경우는 내가 주관적으로 산행을 한 것으로 간주할지를 정하도록 한다(예컨대 제천 비봉산).

산행 기록은 날짜, 산 이름, 산행 코스, 교통수단, 동행, 비고의 순으로 정리했다. 날짜는 산행 첫날만을 표기하고, 산 이름은 여러 산을 이어 타는 경우 산군의 총칭이 있으면 사용하고 (예컨대 북한산) 없으면 첫 봉우리 이름이나 대표 봉우리 이름을 붙였다. 교통수단은 자가용, 대중교통, 산악회 버스 등으로 표기하되 대중교통을 버스, 기차, 지하철, 비행기 등 더 구체적으로 기술하지는 않았다. 산악회 버스를 탄 경우 산악회 이름이 확인 가능하면 병기하였다. 혼자 안내산악회 버스로 가는 경우 다른 버스 탑승자들과 같은 코스를 가기는 하지만 일행이라고 할 수는 없으므로 이를 준솔로 산행으로 분류하여 동행은 솔로, 준솔로, 친구 이름, 모임 이름 등을 기입했다. 비고에는 특기할 만한 사항을 기록했다.

이제까지의 산행 전체를 대상으로 간단한 그래프 작성을 하여 보았다. 본격적인 산행을 시작한 2002년 이후 통산 산행 횟수의 기울기가 가팔라지는 경향을 보이는 것으로 나타났다. 이를 직관적으로 확인하기 위해 2000년 이후 연간 산행 횟수도 그려 보았는데 등락은 있지만 점진적으로 연간 산행 횟수가 증가하는 경향을 보였다. 1년이 약 52주니까 2021년 이후로는 매주 1회 이상 산행에 나섰던 것으로 나타났다. 전체 산행 횟수에 대한 솔로 산행의 비율(%)도 도시하여 보았는데 2000년대 초반 급격하게 증가하다가 50~60% 범위에서 안정화된 것을 알 수 있다. 특이한 사항이라면 2020년에 무려 81.8%의 연간 솔로 비율을 보였는데 이는 코로나 시국에 혼자 산을 많이 찾았기 때문이다. 100대 명산 그랜드슬램 초등만을 떼 놓고 보면 무려 79.4%의 솔로 비율을 나타내어 통산 솔로 비율과 큰 차이를 보였다. 이는 전국에 산재한 100대 명산을 혼자 찾아다녔기 때문이다.

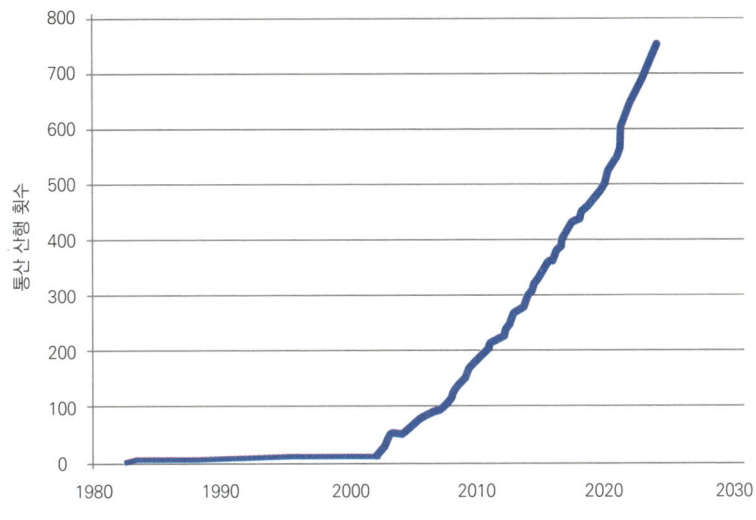

1980년 이후 통산 산행 횟수.

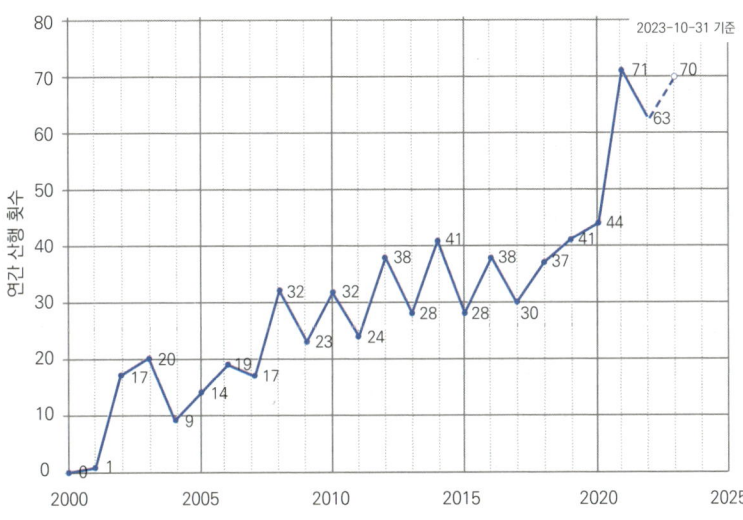

2000년 이후 연간 산행 횟수.

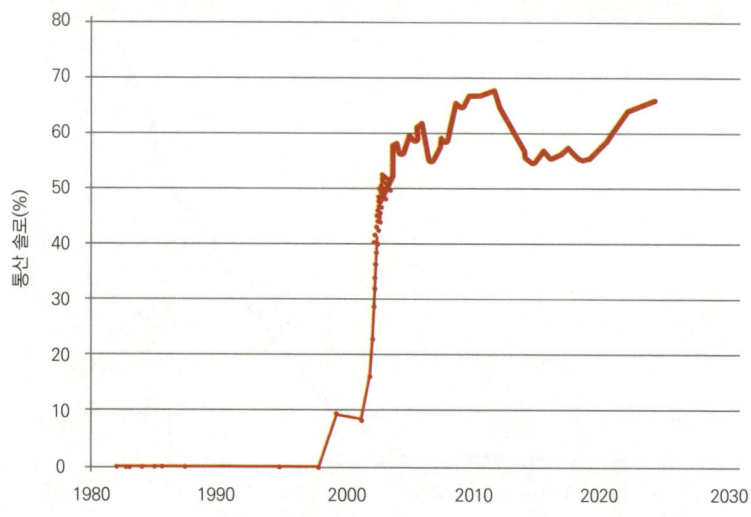

1980년 이후 통산 솔로 비율.

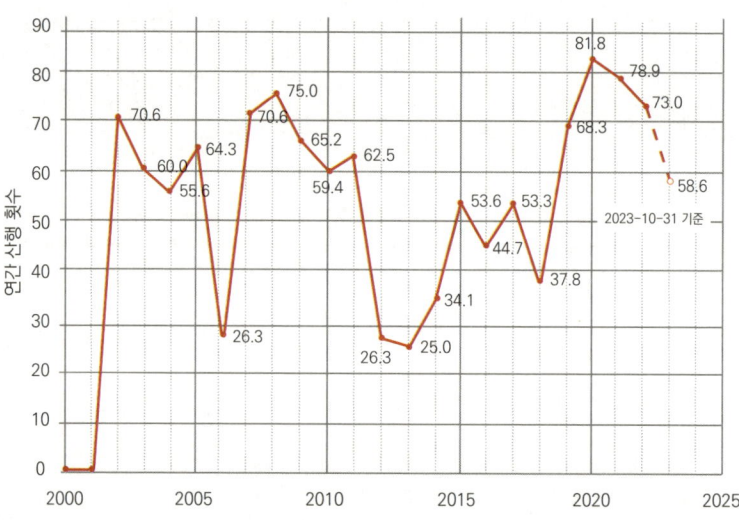

2000년 이후 연간 솔로 비율.

날짜	산 이름	산행 코스	교통수단	동행	비고
1982-08 추정	설악산	소공원, 비룡폭포, 흔들바위, 울산바위, 비선대, 금강굴	대중교통	형	1박 2일 (설악동 텐트)
1983-05 추정	화천 대성산	대성산	학교 버스	대학 동기	전방 입소
1983-08 추정	설악산	용대리 - 백담사 - 수렴동[박] - 봉정암[박] - 대청봉 - 희운각 - 양폭 - 천불동계곡 - 비선대 - 소공원	대중교통	NI, BS	2박 3일 (수렴동 텐트, 봉정암 산장), 100대 명산
1984-08 추정	지리산	화엄사[박] - 노고단 - 임걸령 - 삼도봉 - 뱀사골[박]	대중교통	형, BS	3박 4일 (화엄사계곡 텐트, 노고단 산장, 뱀사골 텐트)
1984-08 추정	치악산	구룡사 - 사다리병창 초입	대중교통	SB 등	
1985-08 추정	덕유산	무주구천동 - 정상 향적봉 - 무주구천동	대중교통	HJ 등	100대 명산
1986-02 추정	한라산	어리목 - 중턱 - 어리목	대중교통	JH, SY	
1986-02 추정	성산일출봉	매표소 - 정상 - 매표소	대중교통	JH, SY	
1987-12 추정	설악산	소공원 - 비선대 - 소공원	대중교통	대학원 실험실	
1995 추정	홍성 용봉산	용봉초등학교 - 정상 - 주차장	회사 버스	회사 단체	
1998 추정	서산 팔봉산	8봉 - 3봉	회사 버스	회사 단체 (LIFT-21)	등산 입문 계기
1999 추정	예산 덕숭산	수덕사 - 정상 - 수덕사	자가용	솔로	
2001-06-07	성산일출봉	매표소 - 정상 - 매표소	자가용	오시마 교수 등	학회 중
2002-04 추정	관악산	관악유원지 - 팔봉능선 - 관악유원지	대중교통	솔로	
2002-08 추정	서산 팔봉산	주차장 - 3봉 정상 - 주차장	자가용	솔로	
2002-07-12	관악산	관악유원지 - 연주대 - 과천	대중교통	솔로	100대 명산
2002-07-28	예산 가야산	상가리 - 관음전 - 옥양봉 - 석문봉 - 상가리	자가용	솔로	
2002-08-17	설악산	소공원 - 흔들바위 - 울산바위 - 흔들바위 - 소공원	자가용	가족 (큰애)	
2002-09-15	예산 가야산	용현계곡 - 일락사 - 석문봉 - 옥양봉 - 원평리 - 용현계곡[버스] - 마애삼존불 - 용현계곡	자가용	솔로	
2002-09-20	인왕산	사직공원 - 정상 - 통인동	대중교통	솔로	
2002-09-28	예산 가야산	상가리 - 석문봉과 옥양봉 사이 안부 - 석문봉 - 상가리	회사 버스	회사 단체 (Survival-1000)	
2002-09-29	홍성 용봉산	주차장 - 정상 - 주차장	자가용	솔로	100대 명산
2002-10-19	홍성 오서산	정암사 - 정상 - 정암사	자가용	가족 (온 가족)	100대 명산
2002-10-24	계룡산	동학사 - 은선폭포 - 관음봉 - 자연성능 - 삼불봉 - 남매탑 - 동학사	자가용	솔로	100대 명산
2002-11-16	서산 팔봉산	주차장 - 8봉 - 3봉 정상 - 8봉 - 주차장	자가용	솔로	
2002-11-24	서산 도비산	부석사 - 정상 - 부석사	자가용	가족 (온 가족)	
2002-12-07	청양 칠갑산	주차장 - 정상 - 주차장	자가용	가족 (온 가족)	100대 명산
2002-12-14	예산 덕숭산	수덕사 - 정상 - 주차장	자가용	솔로	100대 명산
2002-12-15	예산 가야산	상가리 - 남연군묘 - 가야봉과 석문봉 사이 안부 - 가야봉 - 석문봉 - 옥양봉 - 상가리	자가용	솔로	100대 명산
2002-12-22	도봉산	도봉산역 - 천축사 - 마당바위 - 신선대 - 포대능선 - 다락능선 - 망월사 - 원도봉 - 망월사역	대중교통	솔로	100대 명산
2003-01-01	관악산	관악역 - 안양유원지 - 삼성산 - 삼막사 - 관악역	대중교통	가족 (큰애)	
2003-01-12	예산 가야산	상가리 - 석문봉 - 일락산 - 보원사지터 부근 - 일락산 - 일락사 주차장	자가용	솔로	
2003-03-15	인왕산	현저동 - 정상 - 사직공원	대중교통	솔로	
2003-03-23	예산 덕숭산	수덕사 - 정상 - 수덕사	자가용	가족 (온 가족)	

날짜	산 이름	산행 코스	교통수단	동행	비고
2003-05-03	고창 선운산	매표소 - 도솔암 - 낙조대 - 매표소	자가용	가족 (온 가족)	
2003-05-04	유달산	노적봉 - 유선관 - 노적봉	자가용	가족 (온 가족)	
2003-05-19	예산 가야산	용현계곡 - 수정봉 중턱 - 용현계곡 - [자가용] - 보원사지터 - 일락산 - 보원사지터	자가용	솔로	
2003-05-28	울산 가지산	석남사 - 귀바위 - 쌀바위 - 정상 - 석남사	대중교통	솔로	100대 명산
2003-07-04	우면산	예술의 전당 - 대성사 - 예술바위 - 정상 소망탑 - 예술의 전당	자가용	가족 (큰애)	
2003-07-17	북한산	구기매표소 - 승가사 - 사모바위 - 청수동암문 - 대남문 - 대성문 - 보국문 - 대동문 - 동장대 - 용암문 - 위문 - 백운대 - 위문 - 백운산장 - 도선사	대중교통	솔로	100대 명산
2003-07-27	익산 미륵산	미륵사지 - 약수터 - 정상 - 미륵사지	자가용	가족 (온 가족)	
2003-08-17	청계산	서울대공원 - 과천매봉 - 석기봉 - 정상 망경대 - 매봉 - 원터골	대중교통	솔로	100대 명산
2003-08-24	한라산	영실 - 윗세오름 - 영실	자가용	가족 (온 가족)	
2003-08-26	제주도 절물오름	절물휴양림 - 절물오름 - 절물휴양림	자가용	가족 (온 가족)	
2003-09-06	수락산	수락역 - 미주아파트 - 수락산공원관리사무소 - 시립양노원 - 계곡 - 깔딱고개 - 암릉지대 - 철모바위 - 정상 - 수락역	대중교통	솔로	100대 명산
2003-09-20	예산 가야산	덕산 - 원효봉 - 헬기장 - 가야봉 - 헬기장 - 덕산	자가용	솔로	
2003-09-27	예산 가야산	보원사지터(고란사 부근) - 일락산 - 석문봉 - 옥양봉 - 상가리 - 옥양봉 - 용현계곡 - 보원사터	자가용	솔로	
2003-10-04	예산 가야산	서산마애삼존불 부근 - 수정봉 - 옥양봉 - 석문봉 - 일락산 - 보원사지터 - 서산마애삼존불 부근	자가용	솔로	
2003-10-07	천안 광덕산	광덕사 - 장군바위 - 정상 - 헬기장 - 광덕사	자가용	솔로	100대 명산
2003-10-25	예산 가야산	보원사지터(고란사 부근) - 일락산 - 석문봉 - 옥양봉 - 수정봉 - 보원사지터	자가용	솔로	
2004-04-16	불암산	상계역 - 불암산공원 - 정상 - 상계동버스종점	대중교통	솔로	100대 명산
2004-04-25	한라산	성판악휴게소 - 진달래밭대피소 - 정상(백록담) - 용진각대피소 - 관음사	대중교통	솔로	한라산 종주 1차, 100대 명산
2004-07-23	대전 계족산	용화사 - 봉황정 - 정상 - 용화사	자가용	CY	
2004-08-08	예산 가야산	상가리 - 석문봉 - 옥양봉 - 상가리	자가용	가족 (큰애)	
2004-08-16	문경새재	제1관문 - 제2관문 - 제3관문 - 원점회귀	자가용	가족 (온 가족)	
2004-08-21	관악산	사당역 - 연주대 - 관악유원지	대중교통	솔로	
2004-10-14	계룡산	갑사 - 연천봉 - 관음봉 - 자연성능 - 삼불봉 - 금잔디광장 - 용문폭포 - 갑사	자가용	솔로	
2004-10-23	완주 대둔산	기동주차장 - 금강구름다리 - 삼선계단 - 마천대 정상 - 낙조대 - 태고사 - 낙조대 - 용문굴 - 칠성봉전망대 - 기동주차장	자가용	솔로	100대 명산
2004-10-30	덕유산	무주리조트 - 설천봉 - 향적봉 - 무주리조트	자가용	가족 (온 가족)	
2005-02-10	사패산	회룡역 - 범골안부 - 사패능선 - 사패산 - 사패능선 - 포대능선 - 주봉 - 포대능선 - 신선대 - 산악구조대 - 마당바위 - 천축사 - 도봉산역	대중교통	솔로	
2005-02-04	안성 칠장산	칠장사 - 안부 - 칠장산 - 관해봉 - 칠장산 - 안부 - 부부탑 - 칠현산 - 부부탑 - 안부 - 칠장사	자가용	솔로	

날짜	산 이름	산행 코스	교통수단	동행	비고
2005-03-19	북한산	산성매표소 - 중성문 - 야호샘 - 대남문 - 대성문 - 보국문 - 대동문 - 동장대 - 용암문 - 위문 - 백운산장 - 위문 - 북문 - 원효봉 - 시구문 - 산성매표소	대중교통	솔로	
2005-04-16	예산 가야산	상가리 - 석문봉 - 석문봉과 옥양봉 사이 안부 - 상가리	자가용	솔로	
2005-04-24	두륜산	대흥사 - 케이블카 - 고개봉 정상 - 케이블카 - 대흥사	자가용	가족 (온 가족)	
2005-05-14	북한산	산성매표소 - 대서문 - 중성문 - 국녕사 - 용출봉 - 용혈봉 - 증취봉 - 부왕동암문 - 청수동암문 - 대남문 - 구기매표소	대중교통	솔로	
2005-05-28	속리산	주차장 - 법주사 - 세심정 - 문장대 - 신선대 - 천황봉 - 세심정 - 법주사 - 주차장	자가용	솔로	100대 명산
2005-06-06	지리산	성삼재 - 노고단 - 성삼재	자가용	가족 (온 가족)	
2005-07-16	북한산	아카데미하우스매표소 - 보국문 - 대성문 - 대남문 - 사모바위 - 비봉 - 향로봉 - 진관매표소	대중교통	BS	
2005-07-29	경주 토함산	불국사 - 석굴암 - 불국사	자가용	가족 (온 가족)	
2005-08-01	주왕산	대전사 - 제1폭포 - 제2폭포 - 제3폭포 - 내원마을 - 주왕암 - 주왕굴 - 대전사	자가용	가족 (온 가족)	
2005-08-02	북한산	정진매표소 - 족두리봉 - 향로봉 - 비봉 - 사모바위 - 진관매표소	대중교통	솔로	
2005-08-15	청양 칠갑산	장곡주차장 - 장곡사 - 정상 - 삼형제봉 - 장곡주차장	자가용	솔로	
2005-10-08	예산 가야산	상가리 - 옥양봉과 사이 안부 - 석문봉 - 석문봉과 가야봉 사이 안부 - 상가리	자가용	솔로	
2006-03-12	북한산	정진매표소 - 족두리봉 - 향로봉 - 비봉 - 사모바위 - 청수동암문 - 대남문 - 대성문 - 보국문 - 대동문 - 동장대 - 용암문 - 위문 - 백운대 - 위문 - 백운산장 - 도선사	대중교통	솔로	북한산 종주
2006-03-25	북한산	도선사 - 백운산장 - 위문 - 백운대 - 위문 - 용암문 - 동장대 - 대동문 - 보국문 - 대성문 - 평창매표소	대중교통	NI, BS	
2006-04-15	월악산	덕주사 - 마애불 - 960.6봉 - 삼거리 - 영봉 - 삼거리 - 동창교	대중교통	솔로	100대 명산
2006-04-28	영축산	통도사 - 극락암 - 백운암 - 안부 - 영축산 - 신불산 - 자수정동굴나라	대중교통	솔로	출장 중, 100대 명산
2006-05-31	예산 가야산	상가리 - 석문봉 - 옥현봉 - 용현자연휴양림 - 보원사지터(고란사 부근) - 일락산 - 석문봉 - 상가리	자가용	CY	
2006-06-03	예산 덕숭산	수덕사 - 정상 - 수덕사	자가용	가족 (온 가족)	
2006-06-17	예산 가야산	상가리 - 옥양봉 - 석문봉 - 석문봉과 옥양봉 사이 안부 - 상가리	자가용	NC	
2006-06-23	서산 팔봉산	주차장 - 3봉 4봉 정상 - 주차장	자가용	YS	
2006-06-29	서산 팔봉산	주차장 - 3봉 4봉 정상 - 주차장	자가용	YS, CY	
2006-08-06	홍성 오서산	주차장 - 정암사 - 오서정 - 정상 - 오서정 - 정암사 - 주차장	자가용	NC	
2006-09-03	보령 성주산	자연휴양림 - 능선 - 전망대 - 계곡길이드 - 자연휴양림	자가용	HC	
2006-09-24	변산	내소사주차장 - 관음봉 - 원암재 - 직소폭포 - 낙조대 - 월명암 - 남여치 - 내소사[택시]	자가용	솔로	100대 명산

날짜	산 이름	산행 코스	교통수단	동행	비고
2006-09-30	금산 서대산	서대산드림리조트 - 용바위 - 제비봉 - 신선바위 - 장군바위 - 정상 - 서대산드림리조트	자가용	NC	100대 명산
2006-10-07	북한산	산성매표소 - 대서문 - 국녕사 - 가사당암문 - 용출봉 - 용혈봉 - 증취봉 - 청수동암문 - 사모바위 - 비봉 - 향로봉 - 탕춘대매표소 - 상명대	대중교통	솔로	
2006-10-21	홍성 오서산	정암사 - 정상 - 정암사	자가용	NC	
2006-10-28	계룡산	갑사 - 연천봉 - 신원사	자가용	KH	
2006-11-12	천안 광덕산	광덕사 - 장군바위 - 정상 - 헬기장 - 광덕사	자가용	NC	
2006-11-25	관악산	관악유원지 - 연주대 - 관악유원지	회사 버스	회사 단체	
2006-12-31	예산 가야산	보원사지터(고란사 부근) - 일락산 - 석문봉 - 옥양봉 - 용현자연휴양림 - 보원사지터(고란사 부근)	자가용	NC	
2007-02-04	서산 옥녀봉	옥녀봉	도보	솔로	서산 거주 마지막 옥녀봉 산행
2007-04-30	북한산	산성매표소 - 대서문 - 국녕사 - 가사당암문 - 용출봉 - 용혈봉 - 증취봉 - 부왕동암문 - 청수동암문 - 대남문 - 대성문 - 보국문 - 대동문 - 동장대 - 용암문 - 위문 - 북문 - 시구문 - 산성매표소	대중교통	솔로	북한산 12성문 종주
2007-05-13	관악산	석수역 - 한우물 - 깃대봉 - 철쭉동산 - 관악유원지	대중교통	솔로	
2007-06-06	소백산	어의계곡 - 비로봉 - 제1연화봉 - 연화봉(천문대) - 희방사	자가용	방향족생산부	100대 명산
2007-06-17	동두천 소요산	주차장 - 매표소 - 일주문 - 자재암 - 하백운대 - 중백운대 - 상백운대 - 나한대 - 의상대 - 공주봉 - 구절터 - 일주문 - 주차장	대중교통	솔로	100대 명산
2007-06-30	강화도 마니산	청수사 - 암릉지대 - 참성단 - 계단길 - 마니산국민관광지	대중교통	솔로	100대 명산
2007-07-14	아차산	광나루역 - 생태공원 - 대성암 - 아차산 - 용마산 - 중곡역	대중교통	솔로	
2007-07-22	불암산	불암초등학교 - 학도암 - 불암산 - 덕능고개 - 수락산 - 기차바위 - 석림사 - 장암역	대중교통	솔로	
2007-08-17	치악산	제2주차장 - 매표소 - 구룡사 - 구룡폭포 - 세렴폭포 - 사다리병창길 - 비로봉 - 입석사갈림destination - 계곡길갈림점 - 계곡길 - 구룡사 - 제2주차장	자가용	솔로	100대 명산
2007-09-08	남한산	마천역 - 서문 - 하남방면하산로 - 북문 - 동문 - 남문 - 수어장대 - 서문 - 마천역	대중교통	솔로	
2007-09-29	북악산	성대후문 - 와룡공원 - 말머리쉼터 - 숙정문 - 청운대 - 백악마루 - 창의문	대중교통	가족 (마눌)	
2007-10-02	지리산	성삼재 - 임걸령 - 노루목 - 반야봉 - 삼도봉 - 화개재 - 연하천 - 벽소령 - 세석[박] - 장터목 - 천왕봉 - 중산리	대중교통	솔로	1박 2일 (세석 산장) 백두대간, 100대 명산
2007-10-27	월출산	도갑사 - 억새밭 - 구정봉 - 천황봉 - 구름다리 - 천황사지	자가용	방향족생산부	100대 명산
2007-11-04	도봉산	송추유원지 - [송추남능선] - 여성봉 - 오봉 - [오봉능선] - [도봉주능선] - 우이암 - 원통사 - 무수골	대중교통	솔로	
2007-11-10	북한산	우이동 - 용덕사 - 육모정고개 - 영봉 - 하루재 - 백운산장 - 백운대 인수봉 사이 안부 - 호랑이굴 - 백운대 - 위문 - 용암문 - 동장대 - 대동문 - 보국문 - 정릉	대중교통	BS	
2007-12-13	북한산	밤골 - 숨은벽능선 - 호랑이굴 - 백운대 - 백운산장 - 도선사	대중교통	솔로	

312 주말 산꾼의 등산 이야기

날짜	산 이름	산행 코스	교통수단	동행	비고
2007-12-24	아차산	아차산역 - 공원입구 - 팔각정 - 아차산성 - 팔각정 - 아차산 - 용마산 - 대순진리회 - 아차산역	대중교통	가족 (둘째)	
2008-01-26	무등산	원효사지구 - 꼬막재 - 규봉암 - 장불재 - 입석대 - 서석대 - 장불재 - 늦재 - 원효사지구	자가용	NC	100대 명산
2008-02-03	불암산	상계역 - 정암사 - 입석대 - 불암산 정상 - 청학리갈림길 - 덕능고개 - 치마바위 - 하강바위 - 철모바위 - 수락산 정상 - 수락산장 - 내원암 - 금류폭포 - 수락산유원지 - 남양주	대중교통	솔로	
2008-02-09	도봉산	회룡역 - 회룡사 - 회룡계곡 - 안부 - 사패능선 - 포대능선우회로 - 신선대 - 도봉주능선 - 우이암 - 원통사 - 우이동	대중교통	BS	
2008-03-01	북한산	우이동 - 용덕사 - 육모정고개 - 영봉 - 하루재 - 백운산장 - 위문 - 백운대 - 위문 - 용암문 - 동장대 - 대동문 - 보국문 - 대성문 - 대남문 - 구기동	대중교통	솔로	
2008-03-09	북한산	구기동 - 문수사 - 대남문 - 문수봉 - 사모바위 - 비봉(우회) - 향로봉(우회) - 족두리봉(우회) - 불광기점	대중교통	솔로	
2008-03-16	불암산	상계역 - 불암산 정상 부근 - 덕능고개 - 불암산 정상 부근 - 상계역	대중교통	솔로	
2008-03-30	수락산	당고개역 - 덕능고개 - 수락산 - 기차바위 - 동막골 - 회룡역	대중교통	솔로	
2008-04-12	수락산	수락산역 - 능선길 - 깔딱고개 - 암릉지대 - 철모바위 - 정상 - 기차바위 - 동막골 - 회룡골 - 범골안부 - 사패능선 - 사패산 - 사패능선 - 안부 - 회룡계곡 - 회룡사 - 회룡역	대중교통	솔로	
2008-04-19	수리산	명학역 - 성문중 - 관모봉 - 태을봉 - 슬기봉 - 수암봉 - 병목안 - 금정역	대중교통	솔로	100대 명산
2008-05-02	사패산	회룡역 - 회룡계곡 - 사패능선 안부 - 사패산 - 사패능선 안부 - 포대능선 - 자운봉 - 도봉주능선 - 우이암 - 원통사 - 우이동 - 용덕사 - 육모정고개 - 영봉 - 하루재 - 위문 - 백운대 - 위문 - 하루재 - 도선사	대중교통	솔로	
2008-05-11	천마산	평내 호평동 165번 버스종점 - 상명대생활관 - 큰골 - 천마의 집 - 거북바위 - 임꺽정바위 - 805봉 - 천마산 정상 - 돌핀샘바위 - 보구니바위 - 괄라리고개 - 수산리	대중교통	솔로	100대 명산
2008-05-25	광교산	경기대후문 - 경기내성찬 - 반딧불이화장실 - 형제봉 - 광교산(시루봉) - 노루목대피소 - 억새밭 - 백운산 - 바라산 - 판교	대중교통	솔로	100대 명산
2008-06-01	남양주 축령산	석고개 - 자연휴양림 - 수리바위 - 남이바위 - 축령산 - 절고개 - 서리산 - 철쭉동산 - 자연휴양림 - 전자동입구	대중교통	솔로	100대 명산
2008-06-07	포천 운악산	운악산광장 - 폭포전망대 - 약수터 연습바위 - 신선대암장 - 대궐터 - 애기봉 - 서봉 - 망경대 - 서봉 - 동봉(청학대) - 절고개 - 현등사 - 하판리	대중교통	BS	100대 명산
2008-06-14	오대산	동피골 연화교 - 동대산 - 차돌백이 - 신선목이 - 두로령 - 두로봉 - 상왕봉 - 비로봉 - 적멸보궁 - 중대사 - 상원사	대중교통	솔로	100대 명산
2008-07-05	북한산	선림매표소 - 전두환바위 - 향로봉 - 비봉 - 문수봉 - 대남문 - 구기분소	대중교통	솔로	

날짜	산 이름	산행 코스	교통수단	동행	비고
2008-07-13	북한산	정릉초등학교 - 칼바위매표소 - 칼바위능선 - 보국문 - 대성문 - 형제봉능선 - 형제봉매표소	대중교통	솔로	
2008-07-27	북한산	백화사 - 의상봉 - 가사당암문 - 용출봉 - 증취봉 - 부왕동암문 - 청수동암문 - 삼천사계곡 - 삼천사	대중교통	솔로	
2008-08-09	북한산	불광매표소 - 향림담 - 비봉 - 사모바위 - 문수봉 - 대동문 - 소귀천계곡	대중교통	솔로	
2008-08-16	검단산	에니메이션고 - 약수터 - 검단산 - 전망바위 - 유길준묘 - 에니메이션고	대중교통	솔로	100대 명산
2008-08-24	관악산	과천정부종합청사 - 육봉능선 - 육봉능선 국기봉 - 팔봉능선 - 무너미고개 - 서울대	대중교통	솔로	
2008-08-30	오대산	진고개 - 노인봉 - 노인봉대피소 - 낙영폭포 - 광폭포 - 삼폭포 - 백운대 - 만물상 - 구룡폭포 - 식당암 - 금강사 - 연화담 - 십자소 - 무릉계 - 내동 상가	산악회 버스 피닉스	형	백두대간, 100대 명산
2008-09-21	북한산	선린매표소 - 전두환바위 - 비봉 - 사모바위 - 승가사 - 구기분소	대중교통	솔로	
2008-09-27	설악산	오색 - 대청봉 - 중청 - 소청 - 희운각 - 공룡능선 - 마등령 - 비선대 - 소공원	산악회 버스 피닉스	준솔로	백두대간
2008-10-04	안산	서대문역 - 천연동 - 육모정 - 조망명소 - 봉수대 - 무악정 - 석천약수터 - 불상 - 자연학습장 - 홍제지구 - 장수정 - 봉수대 - 무악정 - 봉원사 - 조망명소 - 봉수대 - 충현동 - 서대문역	대중교통	솔로	
2008-10-11	지리산	성삼재 - 작은고리봉 - 만복대 - 정령치휴게소	자가용	연구소 단체	백두대간
2008-10-25	포천 명성산	산정호수 - 등룡폭포 - 억새밭 - 삼각봉 - 명성산 - 산안고개 - 산정호수	대중교통	BS	100대 명산
2008-11-01	북한산	효자비 - 원효봉 - 북문 - 상운사 - 위문 - 백운산장 - 백운대 숨은벽 사이 안부 - 숨은벽대슬랩 출발점 - 인수계곡 - 인수대피소 - 하루재 - 도선사	대중교통	솔로	
2008-11-08	정선 화절령	강원랜드 - 화절령 임도 - 새비재(엽기소나무)	자가용	백두대간산악회	
2008-11-23	파주 감악산	법륜사 - 임꺽정봉 - 감악산(설인귀봉) - 까치峰 - 휴게소	대중교통	솔로	100대 명산
2008-11-29	불암산	불암사 - 불암산정상 - 덕능고개 - 도솔봉 - 하강바위 - 철모바위 - 수락산 - 기차바위 - 도정봉 - 동막골 - 회룡역	대중교통	솔로	
2008-12-27	북한산	우이동 - 영봉 - 하루재 - 위문 - 대남문 - 문수사 - 구기동	대중교통	BS	
2009-01-03	불암산	불암사 - 불암산정상 - 덕능고개 - 하강바위 - 철모바위 - 수락산 - 기차바위 - 석림사 - 장암역	대중교통	BS	
2009-01-16	한라산	관음사 - 백록담 - 성판악	대중교통	솔로	한라산 종주 2차
2009-03-21	도봉산	도봉산역 - 법륜사 - 산악구조대 - 신선대 - 마당바위 - 도봉산역	대중교통	화공산우회	
2009-03-29	남양주 예봉산	팔당역 - 팔당교회 - 철문봉 - 예봉봉 - 철문봉 - 적갑산 - 안내판사거리 - 새재고개 - 갑산 - 새재고개 - 안내판사거리 - 세정사방면 - 진중리방면 - 새우젓고개 - 운길산 - 운길산역	대중교통	솔로	
2009-04-18	북한산	도선사 - 백운대 - 용암문 - 도선사	대중교통	가족 (큰애)	
2009-05-01	내장산	171 버스정류장 - 일주문 - 내장사 - 일주문 - 서래봉 - 불출봉 - 망해봉 - 연지봉 - 까치봉 - 신선봉 - 연자봉 - 장군봉 - 유군치 - 동구리 - 171 버스정류장 (내장산관리사무소)	대중교통	솔로	100대 명산
2009-05-10	양주 불곡산	대교아파트 - 임꺽정봉 - 상투봉 - 상봉 - 양주시청	대중교통	솔로	

날짜	산 이름	산행 코스	교통수단	동행	비고
2009-05-17	북한산	독박골 - 용화1공원지킴터 - 족두리봉 - 비봉 - 사모바위 - 비봉 - 비봉탐방지원센터 - 이북5도청	대중교통	솔로	
2009-05-18	서산 황금산	등하산 4회	자가용	솔로	
2009-05-30	주왕산	대전사 - 주왕산 - 후리메기 - 제3폭포 - 제1폭포 - 대전사	회사 버스	회사 단체	100대 명산
2009-06-28	연천 고대산	신탄리역 - 칼바위 - 대광봉 - 삼각봉 - 고대봉 - 표범폭포(매바위폭포) - 신탄리역	대중교통	솔로	100대 명산
2009-07-19	대모산	일원역 - 수서역 - 대모산 - 구룡산 - KOTRA - [양재역 - 녹번역] - 백련산 - 안산 - 서대문역	대중교통	솔로	
2009-08-02	관악산	서울대신공학관 - 연주대 - 연주암 - 육봉능선 국기봉 - 불성사 - 서울대수목원 - 안양예술공원 - 관악역	대중교통	솔로	
2009-08-16	북한산	불광사 - 족두리봉 - 향로봉 - 비봉 - 사모바위 - [응봉능선] - 진관사	대중교통	솔로	
2009-08-23	관악산	석수역 - 한우물 - 호암산 - 삼막사 - 삼거리약수터(무너미고개 부근) - 학바위능선 - 연주대 - 사당역	대중교통	솔로	
2009-08-29	설악산	백담사 - 오세암 - 마등령 - 오세암 - 백담사	자가용	백두대간산악회	
2009-09-06	관악산	서울대입구 - 호수공원 - 성주암 - 돌산 - 칼바위능선 - 민주동산 - 호암산 - 호압사 - 벽산아파트	대중교통	가족 (큰애)	
2009-09-13	북악산	창의문 - 정상 - 숙정문 - 말바위 - 삼청공원	대중교통	가족 (온 가족)	
2009-09-19	도봉산	우이동 - 우이령 - 우이동 - 우이암 - 오봉 - 자운봉 - 마당바위 - 도봉산역	대중교통	BS	
2009-10-04	북한산	북한산성입구 - 의상봉 - 가사당암문 - 부왕동암문 - 청수동암문 - 대남문 - 문수봉 - 사모바위 - 비봉 - 향로봉 - 불광공원지킴터	대중교통	솔로	
2009-10-25	인천 계양산	계산역 - 계산고등학교 - 연무정 - 육각정 - 하느재 - 계양산 정상 - 산림욕장 - 징매이고개 - 중심성지 - 헬기장 - 정상 - 무당골약수터 - 박촌역	대중교통	솔로	
2009-11-07	경남 가야산	해인사 - 상왕봉 - 칠불봉 - 서성재 - 백운동 - 서성재 - 칠불봉 - 상왕봉 - 해인사	대중교통	솔로	100대 명산
2009-12-13	관악산	사당역 - 연주봉정상 - 서울공대	대중교통	솔로	
2010-01-09	태백산	유일사 - 천제단 - 망경사 - 반재 - 당골	자가용	백두대간산악회	100대 명산
2010-01-17	청계산	서울대공원 - 과천매봉 - 석기봉 - 정상 망경대 - 매봉 - 원터골	대중교통	솔로	
2010-01-31	양평 용문산	용문사 - 마당바위 - 용문산 - 장군봉 - 상원사 - 연수리 버스종점	내승교통	솔로	100대 명산
2010-02-21	관악산	과천향교 - 연주대 - 관악유원지	대중교통	솔로	
2010-02-28	관악산	관악유원지 - 경로마당 - 돌산 - 칼바위능선 - 삼성산 - 제2광장 - 관악유원지	대중교통	솔로	
2010-03-06	예산 가야산	상가리 - 가야봉 - 석문봉 - 석문봉과 옥양봉 사이 안부 - 상가리	회사 버스	회사 단체 (회사 안전 기원제)	
2010-03-27	관악산	낙성대널 - 마당바위 - 관악사지(연주암) - 과천향교	대중교통	솔로	
2010-04-03	북한산	우이동 - 진달래능선 - 대동문 - 아카데미하우스	대중교통	MS	
2010-04-04	관악산	벽산아파트 - 호압사 - 호암산 - 벽산아파트	자가용	솔로	처남 집에서 바람 쐬러 감
2010-04-17	월출산	도갑사 - 억새밭 - 구정봉 - 천황봉 - 바람폭포 - 천황사	자가용	백두대간산악회	

날짜	산 이름	산행 코스	교통수단	동행	비고
2010-04-25	우면산	사당역 - 성산약수터 - 범바위약수터 - 유점사약수터 - 깔딱고개 - 소망탑 - 성촌마을 - 문화예술공원(교총) - 관문사들머리 - 예술바위 - 대성사 - 예술의 전당 - 대성사 - 깔딱고개 - 소망탑 - 유점사약수터 - 범바위약수터 - 성산약수터 - 선바위역	대중교통	솔로	
2010-05-01	남양주 갑산	도곡리 - 꼭지봉(갓무봉) - 된고개 - 비봉(조조봉) - 두봉(가마바위) - 갑산 - 덕치고개 - 고래산 - 재재기고개 - 528봉 - 문안산 - 금남리	대중교통	솔로	
2010-05-09	관악산	관악유원지 - 호수공원 - 제4야영장 - 삼거리약수(상) - 학바위능선(중턱) - 삼거리약수(상) - 팔봉능선 - 육봉능선 국기봉 - 육봉능선 - 정부종합청사역	대중교통	솔로	
2010-05-22	관악산	관악유원지 - 호수공원 - 무너미고개 - 서울대수목 우회등산로 - 안양예술공원	대중교통	가족 (마늘)	
2010-05-30	관악산	관악산유원지 - 돌산 국기봉 - 칼바위능선 국기봉 - 호암산 국기봉 - K48 국기봉 - 삼성산 국기봉 - 안양예술공원	대중교통	솔로	
2010-06-05	정선 화절령	강원랜드 - 화절령임도 - 새비재 - 엽기소나무 - 아리랑학교	자가용	연구소 단체	
2010-06-20	관악산	사당역 - 관음사위 국기봉 - 사당능선 - 연주봉 - 자운암능선 국기봉 - 서울대	대중교통	솔로	
2010-06-26	인제 개인동계곡	미산너와집(개인약수산장) - 대개인동계곡 - 미산너와집	자가용	솔로	
2010-06-26	인제 방태산	미산너와집(개인약수산장) - 개인약수 - 능선 - 주억봉 - 방태산자연휴양림	자가용	백두대간산악회	100대 명산
2010-07-04	관악산	과천정부청사 - 문원폭포 - 주능선 - 팔봉능선 국기봉 - 육봉능선 국기봉 - 불성사 - 안양예술공원 우회등산로 - 전망대 - 삼성산 국기봉 - 삼막사 - 경인교대	대중교통	솔로	
2010-07-17	통영 미륵산	케이블카정거장 - 정상 - 원점회귀	자가용	가족 (큰애)	100대 명산
2010-07-25	관악산	관악도서관 - 경로구역 - 호수공원 - 학바위능선 - 주능선안부 - 학바위능선 - 공학관	대중교통	솔로	
2010-08-21	동해 두타산	댓재 - 두타산 - 댓재	자가용	백두대간산악회	100대 명산
2010-09-18	수락산	수락산역 - 신선교 - 깔딱고개 - 정상 - 석림사 - 장암역	대중교통	화공산우회	
2010-09-23	관악산	관악산유원지 - 돌산 국기봉 - 칼바위능선 국기봉 - 호암산 국기봉 - K48 국기봉 - 삼성산 국기봉 - 무너미고개 - 불성사 - 육봉능선 국기봉 - 팔봉능선 국기봉 - 학바위능선 국기봉 - 연주봉 - 자운암능선 국기봉 - 연주봉 - 사당능선 - 관음사위 국기봉 - 사당역	대중교통	솔로	관악산 11 국기봉 종주
2010-09-26	양평 청계산	국수역 - 신촌 - 형제봉 - 청계산 - 형제봉 - 부용산 - 양수역	대중교통	솔로	
2010-10-01	치악산	구룡탐방지원센터 - 구룡사 - 세렴폭포 - 사다리병창 - 비로봉 - 입석사 - 황골통제소	대중교통	솔로	
2010-10-09	태백 함백산	두문동재 - 은대봉 - 함백산 - 만항재 - 정암사	회사 버스	연구소 단체	백두대간, 100대 명산
2010-10-24	도봉산	도봉산역 - 도봉탐방센터 - 천축사 - 마당바위 - 신선대 - 오봉 - 여성봉 - 송추분소	대중교통	솔로	
2010-11-06	설악산	한계령 - 귀때기청봉 - 대승령 - 십이선녀탕계곡 - 남교리	산악회 버스 요들	준솔로	

날짜	산 이름	산행 코스	교통수단	동행	비고
2010-12-11	계룡산	갑사 - 삼불봉 - 자연성릉 - 관음봉 - 은선폭포 - 동학사	자가용	백두대간산악회	
2010-12-19	우면산	사당역 - 성산약수터 - 범바위약수터 - 유점사약수터 - 깔딱고개 - 소망탑 - 대성사 - 예술의 전당	대중교통	HJ, SB, JH	
2011-01-09	가평 호명산	청평역 - 호명산 - 기차봉 - 호명호수 - 큰골능선 - 상천역	대중교통	솔로	
2011-02-04	가평 화악산	건들내 왕소나무 - 천도교수련원 - 중봉 - 큰골계곡 - 관청리	대중교통	솔로	100대 명산
2011-02-12	관악산	사당동 - 연주대 - 자운암 - 서울공대	대중교통	솔로	
2011-02-26	남양주 축령산	휴양림 - 수리바위 - 남이바위 - 축령산 - 절고개 - 서리산 - 휴양림	자가용	백두대간산악회	
2011-03-06	대모산	수서역 - 대모산 - 구룡산 - 대모산 - 수서역	대중교통	솔로	
2011-03-13	청계산	화물터미널 - 옥녀봉 - 매봉 - 옥녀봉 - 화물터미널	자가용	솔로	막간 산행
2011-03-19	고흥 팔영산	팔영산장(농가사) - 1봉 ... 8봉 - 탑재 - 팔영산장	자가용	백두대간산악회	
2011-03-27	청계산	화물터미널 - 옥녀봉 - 매봉 - 혈읍재 - 옛골	대중교통	솔로	
2011-04-03	구룡산	KOTRA 부근 - 구룡산 - 대모산 - 구룡산 - 염곡약수터	자가용	솔로	
2011-04-10	춘천 삼악산	강촌교 - 등선봉 - 삼악산성 - 용화봉(삼악산) - 등선폭포	대중교통	솔로	100대 명산
2011-04-16	해남 두륜산	오소재 - 오심재 - 오소재	자가용	HS	
2011-04-16	해남 달마산	미황사 - 불선봉 - 떡봉 - 도솔봉 - 마봉리약수터	자가용	백두대간산악회	100대 명산
2011-04-29	창원 비음산	창원중앙역 - 비음산 날개봉 - 비음산 - 포곡정 - 용추계곡 - 창원중앙역	대중교통	솔로	
2011-05-09	양평 추읍산	원덕역 - 내리 - 추읍산 - 중성 - 원덕역	대중교통	솔로	
2011-05-21	북한산	불광사 - 족도리봉 - 향로봉 - 비봉 - 승가사 - 구기분소	대중교통	화공산우회	
2011-06-12	관악산	관악산유원지 - 돌산 - 칼바위능선 - 관악산유원지	대중교통	솔로	
2011-06-19	관악산	신림동고시촌 관악산 유원지 - 현대아파트	대중교통	가족 (마눌)	관악산둘레길 2구간
2011-07-05	대모산	중산고 - 체력단련장 - 대모산 - 체력단련장 - 일원개나리공원	도보	솔로	막간 산행
2011-07-08	대모산	중산고 - 구룡산 - 양재중턱 - 구룡산 - 대모산 - 대모산입구	도보	솔로	막간 산행
2011-08-27	춘천 검봉산	강촌역 - 강선사 - 강선봉 - 검봉산 - 감마봉 - 봉화산 - 매표소 - 구곡폭포 - 매표소	대중교통	솔로	
2011-10-01	관악산	서울대입구 - 호수공원 - 호암산 - 호압사	대중교통	가족 (마눌)	
2011-10-03	치악산	구룡사 - [사다리병창] - 비로봉 - 곧은치 - 향로봉 - 남대봉(만경봉) - 성남	대중교통	솔로	
2011-10-30	관악산	사당동 - 사당능선 국기봉 - 사당동	대중교통	가족 (마눌)	
2011-12-10	문경 주흘산	제1관문 - [포장로] - 혜국사 - 주흘산 주봉 - 혜국사 - [등산로] - 여궁폭포 - 제1관문	자가용	백두대간산악회	
2012-01-21	춘천 새덕산	굴봉산역 - 삼천초교 - 송전탑 - 명태산(추정) - 문의고개(또는 두눗고개) - 새덕산 - 한치고개 - 가정3리마을회관	대중교통	솔로	
2012-02-05	청계산	화물터미널 - 옥녀봉 - 화물터미널	자가용	솔로	막간 산행
2012-02-25	평창 선자령	대관령휴게소 - 선자령 - 대관령휴게소	자가용	백두대간산악회	백두대간, 100대 명산
2012-02-26	청계산	화물터미널 - 옥녀봉 - 원터골	자가용	가족 (마눌)	

날짜	산 이름	산행 코스	교통수단	동행	비고
2012-03-01	관악산	서울대정문 - 호수공원 - 무너미고개 - 안양예술공원	대중교통	가족 (마눌)	
2012-03-17	관악산	관음사 - 연주봉 - 과천향교	대중교통	솔로	
2012-03-24	사량도 지리망산	돈지 - 지리망산 - 가마봉 - 옥녀봉 - 진촌	자가용	백두대간산악회	100대 명산
2012-04-28	월출산	도갑사 - 억새밭 - 구정봉 - 마애여래좌상 - 구정봉 - 바람재 - 천황봉 - 통천문 - 경포대	자가용	백두대간산악회	
2012-04-29	관악산	서울대정문 - 낙성대공원 - 무당골 - 관음사 - 사당역	대중교통	가족 (마눌)	관악산둘레길 1구간
2012-05-01	우면산	동덕여고 건너편 - 요새고개 - 소망탑 - 예술의 전당	대중교통	가족 (마눌)	
2012-05-05	북한산	연신내역 - 선림공원지킴터 - 정진공원지킴터 - 옛성길 구간 - 구기동 - 탕추대성암문 - 탕춘대능선 - 향로봉 부근 - 구기동	대중교통	가족 (마눌)	북한산둘레길 8, 7구간
2012-05-12	가평 명지산	익근리 - 명지산 - 명지2봉 - 명지3봉 - 아재비고개 - 백둔리	대중교통	솔로	100대 명산
2012-05-19	관악산	서울대정문 - 팔봉능선 - 육봉정상 - 서울대수목원 - 안양예술공원	대중교통	가족 (마눌, 큰애)	
2012-05-20	청계산	원터골 - 매봉 - 원터골	자가용	가족 (온 가족)	
2012-05-26	광교산	반딧불이 - 형제봉 - 종루봉 - 광교산(시루봉) - 억새밭 - 백운산 - 바라산 - 발화산(우담산) - 영심봉 - 하오고개 - 국사봉 - 이수봉 - 망경대 - 매봉 - 옥녀봉 - 화물터미널	대중교통	솔로	광청 종주
2012-06-02	덕유산	무주리조트 - [곤돌라] - 설천봉 - 향적봉 - 중봉 - 백암봉 - 동엽령 - 안성지구	회사 버스	연구소 단체	
2012-06-09	가평 연인산	용추종점 - 물안골 - 용추구곡 - 우정고개 - 연인골 - 연인능선 - 연인산 - 장수능선 - 청풍능선 - 용추종점	대중교통	BS	100대 명산
2012-06-16	관악산	서울대정문 - 제1야영장 - 찬우물 - 한우물 - 시흥 은행나무	대중교통	가족 (마눌)	
2012-06-17	관악산	사당동 - 낙성대 부근 생태통로 - 남성역	대중교통	가족 (마눌)	관악산둘레길 1구간
2012-06-23	관악산	호림박물관 - 관악산둘레길 3구간	대중교통	가족 (마눌)	관악산둘레길 3구간
2012-07-30	설악산	소공원 - 비룡폭포 - 소공원	자가용	가족 (온 가족)	휴가 여행
2012-07-31	속초 청대산	신라샘 - 정상 - 원점회귀	자가용	솔로 *	가족 휴가 여행 중
2012-08-04	관악산	서울대정문 - 학바위능선 - 팔봉능선 국기봉 - 관양능선 - 관상약수터 - 간촌약수터 - 관양초	대중교통	솔로	
2012-08-11	관악산	관악도서관 - 돌산 국기봉 - 삼성산성지 - 국제산장	대중교통	솔로	관악산둘레길 2구간
2012-09-01	북한산	우이동 - 백운대2탐방지원센터 - 하루재 - 백운산장 - 위문 - 백운대 - 위문 - 용암문 - 동장대 - 대동문 - 보국문 - 대성문 - 대남문 - 구기분소	대중교통	BS	
2012-09-15	북한산	구기동 - 북악터널 앞 북악정	대중교통	가족 (마눌)	북한산둘레길 6구간
2012-09-16	노들역 - 동작역	노들역 4번 출구 - 동작역	대중교통	가족 (마눌)	동작충효길 1, 2구간
2012-09-22	북한산	평창동 - 화계사	대중교통	가족 (마눌)	북한산둘레길 5, 4, 3구간
2012-09-29	현충원 - 노량진역	현충원 - 노량진역	대중교통	가족 (마눌)	동작충효길 3구간
2012-10-01	아차산	아차산역 - 아차산정상 - 용마산정상 - 사가정	대중교통	NI	

날짜	산 이름	산행 코스	교통수단	동행	비고
2012-10-03	북한산	화계사 - 우이동	대중교통	가족 (마눌)	북한산둘레길 3, 2, 1구간
2012-10-05	덕유산	육십령 - 할미봉 - 서봉 - 남덕유산 - 월성재 - 삿갓봉 - 삿갓재대피소 - 무룡산 - 동엽령 - 백암봉 - 중봉 - 향적봉 - 백련사 - 구천동	대중교통	솔로	덕유산 육구 종주, 백두대간, 100대 명산
2012-10-13	정선 운탄길	마운틴콘도 - [곤돌라] - 하이원CC - [운탄길] - 만항재	회사 버스	연구소 단체	
2012-10-26	부산 금정산	범어사 - 장군봉 안부 - 금샘 - 고당봉 - 금성동	대중교통	솔로	100대 명산
2012-11-10	북한산	독바위역 - 효자리	대중교통	가족 (마눌)	북한산둘레길 8, 9, 10구간
2012-11-24	숭실대 - 사당역	숭실대 - 사당역	대중교통	가족 (마눌)	동작충효길 6, 7구간
2012-12-15	북한산	효자비 - 교현리	대중교통	가족 (마눌)	북한산둘레길 11, 12구간
2012-12-16	서울대정문 - 낙성대	서울대정문 - 낙성대	대중교통	가족 (마눌)	동작충효길 7구간, 관악산둘레길 1구간
2013-01-05	문경 주흘산	제1관문 - [포장로] - 혜국사 - 주흘산 주봉 - 혜국사 - [포장로] - 제1관문	자가용	백두대간산악회	
2013-02-02	태백산	유일사입구 - 천제단 - 문수봉 - 당골	자가용	백두대간산악회	
2013-03-02	춘천 굴봉산	굴봉산역 - 굴봉산 - 육개봉 - 문배마을 - 구곡폭포 - 강촌역	대중교통	솔로	
2013-03-10	봉현초 - 신대방동	봉현초 - 신대방동	대중교통	솔로	동작충효길 6구간
2013-03-16	남해도 응봉산	선구마을 - 칼바위 - 남해도 응봉산 - 가천마을	자가용	백두대간산악회	
2013-03-30	청계산	원터골 - 진달래능선 - 옥녀봉 - 원터골	자가용	가족 (마눌)	
2013-04-14	청계산	원터골 - 원터골쉼터 - 진달래능선 - 원터골	자가용	가족 (마눌)	
2013-04-20	정선 백운산	거북이마을 - 하늘벽구름다리 - 연포마을	자가용	백두대간산악회	
2013-04-28	관악산	서울대 입구 - 호수공원 - 마당바위 아래 - 서울대 입구	대중교통	가족 (마눌)	
2013-05-01	북한산	우이동 - 방학역	대중교통	가족 (마눌)	북한산둘레길 20, 19구간
2013-05-04	강진 덕룡산	소석문 - 덕룡산 동봉 - 덕룡산 서봉 - 억새능선 - 주작산 - 작천소령 - 주작산(남주작산) - 작천소령 - 주작산 암릉지대 - 오소재	산악회 버스 28인승	준솔로	100대 명산
2013-05-11	청계산	원터골 - 길마재 - 매봉 - 원터골쉼터 - 원터골	자가용	가족 (마눌, 둘째)	
2013-05-18	북한산	무수골 - 망월사역	대중교통	가족 (마눌)	북한산둘레길 18, 17구간
2013-05-25	파주 심학산	파주출판단지 - 정상 - 파주출판단지	자가용	솔로	
2013-06-02	노량진수산시장 - 보라매역	노량진수산시장 - 보라매역	대중교통	가족 (마눌)	동작충효길 4, 5구간, 동작충효길 완주
2013-06-09	광명4산	철산역 - 도덕산 - 구름산 - 가학산 - 서독산 - 이원익기념관	대중교통	솔로	
2013-06-15	정선 화절령	마운틴탑 - 새비재	회사 버스	연구소 단체	
2013-06-23	서울 청룡산	관악구청 - 청룡산 - 서울대정문 - 호수공원 - 무장애숲속길	대중교통	가족 (마눌)	
2013-07-06	가평 어비산	유명산종점 - 유명산휴양림 - 박쥐소 - 용소 - 마당소 - 어비산 - 어비계곡 - 가일종점 - 유명산종점	대중교통	솔로	
2013-07-20	청계산	원터골 - 매봉 - 원터골	자가용	가족 (마눌)	

날짜	산 이름	산행 코스	교통수단	동행	비고
2013-07-27	아차산	주차장 - 낙타고개 - 고구려정 - 아차산 - 아차산성 - 주차장	대중교통	가족 (마눌)	
2013-08-16	유명산	가일종점 - 어비산 - 마당소 - 유명산 - 소구니산 - 선어치고개 - 유명산휴양림	대중교통	솔로	100대 명산
2013-08-24	설악산	백담사 - 영시암 - 오세암 - 만경대 - 영시암 - 백담사	자가용	백두대간산악회	
2013-09-07	관악산	서울대정문 - 마당바위 - 삼막사 - 경인교대	대중교통	가족 (마눌)	
2013-09-21	남양주 백봉산	금곡역 - 홍유능 - 금곡체육관 - 쉼터 - 백봉산 - 마치고개	대중교통	BS	
2013-10-03	설악산	백담사 - 수렴동대피소 - [구곡담계곡] - 봉정암 - 소청봉 - 중청봉 - 대청봉 - 오색	대중교통	BS	
2013-10-19	태백 함백산	만항재 - 함백산 - 중함백 - 은대봉 - 두문동재 - 금대봉 - 비단봉 - 매봉산 - 피재	회사 버스	연구소 단체	백두대간, 100대 명산
2013-10-26	관악산	서울대정문 - 호수공원 - 연주대 - 관악사지 - 연주암 - 과천향교	대중교통	가족 (마눌)	
2014-01-04	서울 백사실계곡	부암주민센터 - 백사실계곡 - 인왕산	대중교통	NI	
2014-01-11	북한산	망월사역 - 의정부	대중교통	가족 (마눌)	북한산둘레길 16구간
2014-01-19	청계산	원터골 - 매봉 - 원터골	자가용	가족 (마눌, 큰애)	
2014-01-25	소백산	죽령휴게소 - 제2연화봉 - 죽령휴게소	자가용	백두대간산악회	
2014-03-02	청계산	원터골 - 진달래능선 - 원터골쉼터 - 원터골	자가용	가족 (마눌, 큰애)	
2014-03-15	북한산	회룡역 - 송추역	대중교통	솔로	북한산둘레길 15, 14구간 + 13구간 일부
2014-03-30	청계산	원터골 - 청계곡 방향 - 안부 - 원터골쉼터 - 진달래능선 - 원터골	자가용	가족 (마눌, 큰애)	
2014-04-05	북한산	송추역 - 우이동	대중교통	가족 (마눌)	북한산둘레길 13, 21구간, 북한산둘레길 완주
2014-04-13	인왕산자락길	구 중앙기상대 - 인왕산자락길 - 백사실계곡 - 상명대	대중교통	가족 (마눌)	
2014-04-19	월출산	안용당 - 왕인박사석상 - 죽순봉 - 안용당	자가용, 도보	솔로	
2014-04-19	월출산	도갑사 - 억새밭 - 구정봉 - 천황봉 - 경포대	자가용	백두대간산악회	
2014-04-20	동대문 - 혜화동	동대문 - 혜화동	대중교통	가족 (마눌)	서울성곽길 낙산 코스
2014-04-26	충무로 - 남대문	충무로 - 서울성곽길 - 남대문	대중교통	가족 (마눌)	서울성곽길 남산 코스
2014-05-02	안산	봉원사 - 봉수대 - 안산자락길 - 봉원사	대중교통	가족 (마눌)	
2014-05-05	광덕고개 - 도성고개	광덕고개 - 백운산 - 도마치봉 - 도마봉 - 신로봉 - 국망봉 - 견치봉 - 민둥산 - 도성고개 - 제비울상회	대중교통	솔로	한북정맥, 100대 명산
2014-05-10	불암산	불암산관리소 - 넓적바위 - 104마을갈림길 - 공릉산백세문	대중교통	가족 (마눌)	불암산둘레길 2, 3, 8구간
2014-05-24	청계산	원터골 - 정자 - 옛골	자가용	가족 (마눌, 큰애)	
2014-05-31	설악산	한계령 - 서북능선 안부 - 끝청 - 중청산장 - 대청봉 - 오색	자가용	HS, JH	설악산 종주 완료, 백두대간
2014-06-06	불암산	불암산관리소 - 넓은 마당 - 덕능고개 - 불암산정상 - 불암사	대중교통	가족 (마눌)	불암산둘레길 2, 1, 7, 6구간
2014-06-14	불암산	공릉산백세문 - 서울여대 - 육사정문 - 태릉강릉 - 태릉선수촌 - 삼육대정문 - 삼육대갈림길 - 천보사	대중교통	가족 (마눌)	불암산둘레길 9, 10, 5구간
2014-06-21	덕유산	설천봉 - 향적봉 - 백련사 - 삼공리	자가용	연구소 단체	

날짜	산 이름	산행 코스	교통수단	동행	비고
2014-07-12	광명사거리역 - 까치울역	광명사거리역 - 개웅산 팔각정 - 천왕산 - 푸른수목원 - 온수역 - 와룡산 - 부천생태공원 - 까치울역	대중교통	가족 (마눌)	구로올레길 산림형 4, 3, 2코스
2014-07-20	인천 소래산	부천역 - 심곡공원 - 하우고개 - 성주산 - 소래산 - 7851부대 정문	대중교통	솔로	
2014-07-27	서울 일자산	보훈병원 - 일자산 - 명일근린공원	대중교통	가족 (마눌)	
2014-08-02	봉화 청옥산	늦재 - 청옥산 - 진대봉 방향 - 태란사 인근	자가용	백두대간산악회	
2014-08-09	구룡산	KOTRA - 구룡산 - 대모산 - 일원터널	대중교통	가족 (마눌, 큰애)	
2014-08-23	인천 문학산	선학역 - 법주사 - 길마봉 - 문학산성 - 연경산 - 삼호현 - 청량산 - 봉제산 - 동막역	대중교통	솔로	
2014-08-30	월드컵경기장역 - 수국사	월드컵경기장역 - 불광천 - 봉산 - 수국사	대중교통	가족 (마눌)	서울둘레길 7코스
2014-09-06	가평 깃대봉	청평역 - 갈오현 - 깃대봉 - 가평수련원	대중교통	솔로	
2014-09-10	가평 은두산	청평역 - 깃대봉 - 은두산 - 오독산 - 축령산	대중교통	솔로	
2014-09-14	의왕 모락산	모락산약수터 - 제1봉 - 제2봉 - 모락산 - 계양예술대후문	대중교통	솔로	
2014-09-20	서울 도심등산로	동대입구역 - 장충단공원 - 반야트리클럽 - 버티고개생태통로 - 매봉산팔각정 - 옥수동	대중교통	가족 (마눌, 큰애)	6, 5구간
2014-09-27	서울 도심등산로	옥수동 삼성리버젠 - 매봉산 팔각정 - 응봉근린공원(금호산) - 응봉공원 - 응봉산 - 금호역	대중교통	가족 (마눌, 큰애)	4, 3, 2구간
2014-09-28	광명사거리역 - 남구로역	광명사거리역 - [목감천] - 구일역 - [안양천] - 도림천역 - [도림천] - 대림역 - 구로1교 - [도심형 1코스] - 남구로역	대중교통	솔로	구로올레길 하천형 3, 2, 1코스
2014-10-04	도성고개 - 노채고개	강씨봉휴양림 - 도성고개 - 강씨봉 - 오뚜기령 - 청계산 - 길마봉 - 노채고개	대중교통	솔로	한북정맥
2014-10-09	남구로역 - 서서울과학고	남구로역 - 안양천 - 계남공원 - 매봉산 - 지양산 국기봉 - 구로궁동생태공원 - 서서울과학고	대중교통	솔로	구로올레길 도심형 1, 2코스, 산림형 1, 2코스, 구로올레길 완주
2014-10-12	관악산	관악도서관 - 돌산 - 신림동고시촌	대중교통	솔로	
2014-10-18	정선 화절령	마운틴탑 - 화절령3거리 - 새비재 - 방제2리노인회관	회사 버스	연구소 단체	
2014-10-25	소백산	고치령 - 국망봉 - 비로봉 - 제1연화봉 - 연화봉 - 제2연화봉 - 죽령	산악회 버스 서산	CH, UK	백두대간
2014-11-08	노채고개 - 47번국도	노채고개 - 원통산 - 운악산 - 47번국도	대중교통	솔로	한북정맥
2014-12-26	47번국도 - 큰넋고개	47번 국노 - 냉녁삼거리 - 수원선 - 국시봉 - 큰넋고개	대중교통	솔로	한북성백
2015-01-17	태백산	유일사주차장 - 천제단 (장군단) - 천제단 - 망경사 - 당골	자가용	백두대간산악회	
2015-01-31	수원화성	장안문 - 화홍문 - 동장대 - 동북공심돈 - 창룡문 - 팔달문 - 서장문 - 화서문 - 장안문	대중교통	가족 (마눌)	
2015-02-15	큰넋고개 - 비득재	큰넋고개 - 죽엽산 - 비득재	대중교통	솔로	한북정맥
2015-02-20	비득재 - 축석령	비득재 - 노고산 - 다름고개 - 귀락터널 - 축석령	대중교통	솔로	한북정맥
2015-02-28	고흥 팔영산	팔영산장(능가사) - 1봉 ... 8봉 - 깃대봉 - 탑재 - 팔영산장	자가용	백두대간산악회	100대 명산
2015-03-07	축석령 - 샘내고개	축석령 - 천보산3보루 - 덕현초 - 주내 순복음교회 - 테미산 - 한성아파트 - 샘내고개	대중교통	솔로	한북정맥
2015-04-10	샘내고개 - 말머리고개	샘내고개 - 불곡산(임꺽정봉) - 대교아파트 - 양주산성 - 작고개 - 호명산 - 한강봉 - 말머리고개	대중교통	솔로	한북정맥

날짜	산 이름	산행 코스	교통수단	동행	비고
2015-04-11	말머리고개 - 사패산	말머리고개 - 챌봉 - 울대고개 - 사패산 - 송추계곡	대중교통	솔로	한북정맥
2015-04-18	소매물도 망태산	선착장 - 소매물도 망태산 - 등대섬전망대 - 선착장	자가용	백두대간산악회	
2015-04-25	솔고개 - 견달산 앞	솔고개 - 노고산 - 숯돌고개 - 천일(솔개)약수터 - 농협대 - 서삼릉입구 - 51탄약대대입구 - 견달산 앞	대중교통	솔로	한북정맥
2015-05-02	견달산 - 장명산	견달산 - 고봉산 - 장명산	대중교통	솔로	한북정맥
2015-05-05	수피령 - 광덕고개	수피령 - 촛대봉 - 복계산 - 촛대봉 - 복주산 - 하오현 - 회목현 - 상해봉 - 광덕산 - 광덕고개	대중교통	솔로	한북정맥 완주, 100대 명산
2015-05-25	가평 뾰루봉	뾰루봉 식당 - 뾰루봉 - 화야산 - 고동산 - 고동산 쉼터	대중교통	솔로	
2015-06-06	삼척 대덕산	두문동재 - 분주령 - 대덕산 - 검룡소	회사 버스	연구소 단체	
2015-06-27	양양 미천골	미천골 입구 - 불바라기약수 - 미천골 입구	자가용	백두대간산악회	
2015-07-19	남양주 천마산	마치고개 - 천마산 - 철마산 남봉 - 철마산 북봉(내마산) - 팔야리	대중교통	솔로	천마지맥, 천마산 - 철마산 종주
2015-07-26	남양주 주금산	비월교 - 금단이고개 - 주금산 - 불기종점	대중교통	솔로	천마지맥
2015-08-08	남양주 주금산	서파삼거리 - 명덕삼거리 - 서파삼거리 - 주금산 - 비금계곡	대중교통	솔로	천마지맥
2015-08-15	남양주 백봉산	평내호평역 - 백봉산 - 수리넘어고개 - 머치고개	대중교통	솔로	천마지맥
2015-08-22	불암산	공릉역 - 백세문 - 학도암갈림길 - 불암산 정상 - 정암사갈림길 - 중계동 은행사거리	대중교통	대학 동기	
2015-09-13	북한산	불광동 - 족두리봉 - 향로봉 - 탕춘대암문 - 불광동	대중교통	대학 동기	북한산둘레길 하늘정원 구간, 옛 성길 구간
2015-09-19	계룡산	박정자 - 장군봉 - 남매탑 - 동학사	자가용	UK, JW	
2015-10-09	남양주 예봉산	팔당역 - 예봉산 - 예빈산(직녀봉) - 견우봉 - 승원봉 - 천주교묘지	대중교통	솔로	천마지맥
2015-10-17	영월 장산	장산콘도 - 장산 - 서봉 - 망경사	회사 버스	연구소 단체	
2015-10-24	청계산	원터골 - 매봉 - 절고개 - 청계사	대중교통	대학 동기	
2015-11-07	인제 자작나무숲	아이올라펜션 - 속삭이는 자작나무숲 - 안내소	자가용	백두대간산악회	
2015-11-28	팔공산	한티재 - 파계재 - 물불산(파계봉) - 서봉(삼성봉) - 비로봉 - 동봉 - 도미재 - 느패재능선재) - 관봉(갓바위) - 용덕사 - 관암사 - 갓바위지구	대중교통	솔로	100대 명산
2015-12-19	관악산	사당역 - 연주봉 - 자운암능선 - 서울대신공학관	대중교통	대학 동기	
2016-01-09	문경새재	문경새재 1, 2, 3관문 - 조령 - 소조령 - 사시마을	자가용	백두대간산악회	
2016-02-20	아차산	광나루역 - 아차산 - 용마산 - 용마산역	대중교통	대학 동기	
2016-02-27	남해도 금산	재두산장 - 보리암 - 금산 - 복곡탐방지원센터	자가용	백두대간산악회	100대 명산
2016-03-12	양주 고령산	말머리고개 - 봉수대 - 고령산(앵무봉) - 보광사 - 뒷박고개 - 철탑 - 뒷박고개 인근	대중교통	솔로	오두지맥
2016-03-19	청량산	입석 - 웅진전 - 어풍대 - 청량산 - 뒤실고개 - 하늘다리 - 장인봉 - 두들마을 - 청량폭포	자가용	백두대간산악회	100대 명산
2016-03-26	도림천역 - 월드컵공원역	도림천역 - 가양대교 - 월드컵공원역	대중교통	솔로	서울둘레길 6, 7코스
2016-04-02	수국사 - 선림사	수국사 - 앵봉산 - 구파발역 - 선림사(구름정원길)	대중교통	가족 (마눌)	서울둘레길 7코스 북쪽
2016-04-13	광나루역 - 암사유적지	광나루역 - 암사유적지	대중교통	가족 (마눌)	서울둘레길 3코스
2016-04-16	월출산	도갑사 - 억새밭 - 구정봉 - 바람재 - 경포대	자가용	백두대간산악회	
2016-04-17	호압사 - 금천구청역	호압사 - 석수역 - 금천구청역	대중교통	솔로	서울둘레길 5, 6코스

날짜	산 이름	산행 코스	교통수단	동행	비고
2016-04-30	금천구청역 - 구일역	금천구청역 - 구일역	대중교통	솔로	서울둘레길 6코스
2016-04-30	도봉산역 - 당고개역	도봉산역 - 당고개역 - 철쭉동산 - 당고개역	대중교통	솔로	서울둘레길 1코스
2016-05-05	제주도 용눈이오름	용눈이오름	자가용	백두대간산악회	
2016-05-05	제주도 사려니숲	사려니숲 안내소 - 붉은오름 입구	자가용	백두대간산악회	
2016-05-06	한라산	성판악 - 백록담 - 성판악	자가용	백두대간산악회	
2016-05-14	장충단공원 - 장충체육관	장충단공원 - 남산둘레길 - 국립극장 - 반야클럽 - 장충체육관	대중교통	대학 동기	남산둘레길
2016-05-15	화랑대역 - 중곡역	화랑대역 - 용마산 - 중곡역	대중교통	솔로	서울둘레길 2코스
2016-05-21	삼척 대덕산	싸리재 - 금대봉 - 분주령 - 대덕산 - 검룡소	회사 버스	연구소 단체	
2016-05-22	수서역 - 사당역	수서역 - 양재시민의 숲 - 사당역	대중교통	솔로	서울둘레길 4코스
2016-06-05	암사유적지 - 체육공원 입구	암사유적지 - 고덕산 - 샘터근린공원 - 명일근린공원 - 일자산 - 거여근린공원 - 체육동산입구	대중교통	솔로	서울둘레길 3코스
2016-06-11	소백산	희방사 - 연화봉 - 비로봉 - 천동	대중교통	대학 동기	
2016-06-18	거여역 - 수서역	거여역 - 체육동산 - 수서역	대중교통	솔로	서울둘레길 4코스
2016-07-02	인제 자작나무숲	주차장 - 인제 자작나무숲 - 주차장	자가용	백두대간산악회	
2016-07-09	파주 용미리	뒷박고개 - 용미리제2묘지 - 용미초교 - 송림교구 - 데니스골프클럽 - 용미2리마을회관	대중교통	솔로	오두지맥
2016-07-16	불암산	불암산공원 - 당고개역	대중교통	대학 동기	
2016-08-15	당고개역 - 삼육대	당고개역 - 덕릉고개 - 104마을 - 삼육대	대중교통	솔로	서울둘레길 완주, 불암산둘레길 완주
2016-08-20	동해 두타산	댓재 - 두타산 - 박달령 - 무릉계곡	자가용	백두대간산악회	
2016-08-27	홍천 팔봉산	1봉 들머리 - 8봉 날머리 - 홍천강가 - 1봉 들머리	자가용	솔로	100대 명산
2016-09-11	파주 돌봉산	용미2리정류장 - 용암사 - 돌봉산 - 오산리기도원	대중교통	솔로	오두지맥
2016-09-14	양평 중원산	중원계곡입구 - 중원폭포 - 중원산 - 용계계곡 - 용문사주차장	대중교통	솔로	
2016-09-16	청계산	원터골 - 청계골갈림길 정자 - 원터골	자가용	가족 (온 가족)	
2016-09-18	안산	서대문형무소 - 안산자락길 - 독립문	대중교통	솔로	
2016-09-29	돈의문터 - 성대후문	돈의문터 - 숭례문 - 남산 - 반얀트리 - 신라호텔 - 평양면옥 - 광희문 - 낙산 - 혜화문 - 와룡공원 - 성대후문	대중교통	솔로	서울성곽길 완주
2016-10-03	오산리기도원 - 월롱역	오산리기도원 - 월롱역	대중교통	솔로	오두지맥
2016-10-09	설악산	백담사 - 수렴동 - 봉정암 - 오세암 - 백담사	자가용	대학 동기	
2016-10-15	정선 화절령	화절령	회사 버스	연구소 단체	
2016-11-12	인제 자작나무숲	인제 자작나무숲 숙소 - 자작나무숲 - 입구	자가용	백두대간산악회	
2016-11-27	가평 호명산	청평역 - 호명산 정상 - 기차봉 - 호명호수 - 상천역	대중교통	대학 동기	
2017-01-14	홍천 계방산	운두령 - 계방산 - 계방산주차장	자가용	백두대간산악회	100대 명산
2017-01-21	북한산	구기동 - 대남문 - 대동문 - 우이동	대중교통	대학 동기	
2017-01-27	춘천 금병산	김유정역 - 금병산 - 김유정문학촌 - 김유정역	대중교통	솔로	
2017-02-11	무의도 국사봉	잠진도선착장 - [선박] - 무의도 큰무리선착장 - 국사봉 - 하나개해수욕장 - [버스] - 무의도 큰무리선착장 - [선박] - 잠진도선착장	대중교통	대학 동기	
2017-02-26	광명 서독산	이케아 - 서독산 - 가학산 - 서독산 - 이케아	자가용	솔로	
2017-03-04	파주 월롱산	월롱역 - 다락고개 - 월롱산 - 기간산 - 바구니고개 - 산불감시탑 - 동화경모공원 - 헤이리 - 오두산 통일동산입구	대중교통	솔로	오두지맥

날짜	산 이름	산행 코스	교통수단	동행	비고
2017-03-12	양평 중원산	중원리 – 중원산 – 싸리재 – 싸리봉 – 도일봉 – 중원폭포 – 중원리	대중교통	솔로	
2017-03-25	춘천 오봉산	배후령 – 1~5봉 (오봉산) – 청량사 – 선착장 대학 동기	대중교통	솔로	100대 명산
2017-04-02	관악산	석수역 – 금강사 – 망해암 – 관악산림욕장	대중교통	솔로	관악산둘레길, 안양구간
2017-04-09	관악산	관악산산림욕장 – 간촌약수터 – 향교	대중교통	솔로	관악산둘레길, 안양 과천 구간
2017-04-15	해남 달마산	미황사 – 달마봉 – 대밭삼거리 – 미황사부도전 – 미황사	자가용	백두대간산악회	
2017-04-23	동두천 마차산	소요산역 – 댕댕이고개 – 마차산 – 기도원삼거리 – 동두천기도원 – 동두천역	대중교통	솔로	
2017-04-23	동두천 칠봉산	지행역 – 동두천외국어고 – 제생병원 – 칠봉산 – 장림고개 – 탑동장림회관	대중교통	솔로	
2017-05-01	관악산	관문부대 – 남태령망루 – 사당	대중교통	솔로	관악산둘레길 완주
2017-05-01	우면산	사당 – 소망탑 – 바우외 – 양재역	대중교통	솔로	
2017-05-03	춘천 가덕산	홍적총점 – 홍적고개 – 임도 – 몽덕산 – 가덕산 – 북배산 – 계관산 – 싸리재총점	대중교통	솔로	몽가북계 종주, 100대 명산
2017-05-05	검단산	에니메이션고 – 유길준묘 – 검단산 – 용마산 – 엄미리	대중교통	솔로	검단지맥
2017-05-13	주왕산	대전사 – 용추폭포 – 용연폭포 – 절구폭포 – 용추폭포 – 대전사	회사 버스	연구소 단체	
2017-05-21	남양주 천마산	천마산역 – 천마산 – 수진사	대중교통	대학 동기	
2017-06-04	인제 가리봉	한계령 – 필례약수갈림점 – 가리봉 – 주걱봉	대중교통, 자가용	솔로	100대 명산
2017-07-30	북한산	진관사계곡 – 사모바위 – 삼천사계곡	대중교통	대학 동기	
2017-08-13	양평 용문산	양평역 – 용문산휴양림 – 백운봉 – 사나사 – 용천2리 버스정류장	대중교통	솔로	
2017-08-26	일본 후지산	고고메 – 백운장[박] – 정상 – 고고메	대중교통	HS	1박 2일
2017-09-17	양평 용문산	용문사 – 마당바위 – 가섭봉 – 장군봉 – 상원사	대중교통	대학 동기	
2017-09-23	설악산	한계령 – 귀때기청봉 – 한계령	자가용	백두대간산악회	
2017-10-02	청우산	덕현리 – 청오사 – 청우봉 – 수리봉 – 불기봉 – 초옥동	대중교통	솔로	
2017-10-08	도봉산	망월사역 – 대원사 – 원도봉입구 – 봉국사 – 포대능선 우회 – 신선대 우회 – 우이암 – 원통사 – 우이동	대중교통	대학동기	
2017-10-21	주왕산	대전사 – 주봉 – 후리메기삼거리 – 제1폭포 – 대전사	회사 버스	연구소 단체	
2017-10-28	북한산	우이동 – 소귀천계곡 – 용암문 – 위문 – 백운대 – 위문 – 우이동	대중교통	대학 동기	
2017-11-12	북악산	종로8번종점 – 말머리안내소 – 숙정문 – 백악산 – 창의문 – 인왕산 – 서대문	대중교통	대학 동기	
2018-01-14	북악산	창의문 – 말바위 – 혜화문	대중교통	고교대학 동기	
2018-01-21	남한산	마천역 – 서문 – 수어장대 – 유일천 – 마천역	대중교통	대학 동기	
2018-02-08	여수 금오산	주차장 – 향일암 – 금오산 전망대 – 주차장	자가용	MS	
2018-02-10	소백산	어의곡리 – 비로봉 – 천동지구	대중교통	대학 동기	
2018-02-24	덕유산	무주리조트 – 설천봉 – 향적봉 – 중봉 – 백암봉 – 원점회귀	자가용	백두대간산악회	
2018-03-03	양주 불곡산 구간	다솔농장 정류장 – 정자공원 – 대지산 – 불곡산 – 태재고개 – 응달평산 – 영장산 – 고불산 – 이배재	대중교통	솔로	검단지맥
2018-03-24	북한산	효자비 – 밤골지킴터 – 숨은벽 – 백운산장 – 도선사	대중교통	대학 동기	
2018-04-21	사량도 지리만산	돈지 – 지리망산 – 가마봉 – 옥녀봉 – 여객터미널	자가용	백두대간산악회	
2018-04-29	안양 수리산	명학역 – 명학공원 – 관모봉 – 태을봉 – 상연봉 – 상연사 – 수리산림욕장	대중교통	대학 동기	
2018-05-05	속초 청대산	영광정막국수 – 정상 – 원점회귀	자가용	솔로	가족 휴가 여행 중

날짜	산 이름	산행 코스	교통수단	동행	비고
2018-05-19	청계산	원터골 - 매봉 - 원터골	자가용	가족 (마눌, 큰애)	
2018-05-20	인제 곰배령	귀둔리 - 곰배령 - 귀둔리	산악회 버스 반더룽	준솔로	100대 명산
2018-05-26	인제 대암산	탐방안내소 - 큰용늪 - 대암산 - 탐방안내소	산악회 버스 반더룽	대학 동기	100대 명산
2018-06-02	일본 구주산	마키모토 - 나카다케 - 구주산 - 초자바루	대중교통	솔로	출장 중
2018-06-06	고창 방장산	양고살재 - 벽오봉 - 고창고개 - 방장산 - 고창고개 - 방장산자연휴양림 - 양고살재	자가용	WS	100대 명산
2018-06-13	순창 추월산	추월산주차장 - 보리암정상(2코스) - 상봉 - 추월산정상 - 월계리	자가용	솔로	100대 명산
2018-06-13	순창 강천산	군립공원 주차장 - 병풍폭포 - 깃대봉 왕자봉(강천산) - 금성산성 북문 - 산성봉 - 제2강천호 - 주차장	자가용	솔로	100대 명산
2018-06-19	서산 팔봉산	주차장 - 1봉 - 주차장	회사 버스	연구소 단체	
2018-06-23	북한산	효자비 - 시구문 - 원효암 - 원효봉 - 북문 - 위문 - 도선사	대중교통	대학 동기	
2018-06-28	미국하프돔	하프돔빌리지 - 미스트트레일 - 버넬폭포 - 네바다폭포 - 리틀 요세미티밸리 - 하프돔 - 리틀 요세미티밸리 - 네바다폭포 - 존뮤어트레일 - 하프돔빌리지	자가용	솔로	
2018-07-28	강릉 소금강	진고개 - 노인봉 - 무릉계 - 국립공원입구	대중교통	대학 동기	
2018-08-11	남한산	이배재 - 망덕산 - 검단산 - 남문 - 수어장대 - 서문 - 북문 - 벌봉 - 남한산 - 은고개	대중교통	솔로	검단지맥, 100대 명산
2018-08-15	장성 백암산	주차장 - 백양사 - 약사암 - 백학봉 - 상왕봉 - 사자봉 - 가인마을 - 주차장	자가용	솔로	100대 명산
2018-08-18	안산	서대문네거리 - 딜쿠샤 - 무악재 하늘다리 - 안산 봉수대 - 자락길 메타세쿼이아 구간 - 서대문구청 - 홍제역	대중교통	대학 동기	
2018-09-09	보은 구병산	적암리 마을회관 - 신선대 - 853봉 - 구병산 - 적암리	자가용	솔로	100대 명산
2018-09-15	이의동 - 한진교통	광교역 - 이의동입구 - 버들치고개 - 소실봉 - 한진교통 - 구성역	대중교통	솔로	한남정맥
2018-09-22	광교산	광교역 - 형제봉 - 시루봉 - 억새봉 - 상광교	대중교통	대학 동기	
2018-09-24	청계산	원터골 - 매봉 - 원터골	자가용	가족 (온 가족)	
2018-09-29	정선 민둥산	증산초교 - 민둥산 - 지억산 - 화암약수	산악회 버스 반너룽	준솔로	100대 명산
2018-10-03	김제 모악산	금산사 - 청룡사 - 배재 - 장근재 - 남봉 - 모악산 정상 - 모악정 - 금산사	자가용	WS	100대 명산
2018-10-07	억새밭 - 지지대	상광교종점 - 억새밭 - 지지대	대중교통	솔로	한남정맥
2018-10-09	문경 희양산	은티마을 - 호리골재 - 구왕봉 - 지름티재 - 삼거리 - 희양산 - 삼거리 - 성터 - 희양폭포 - 은티마을	자가용	솔로	100대 명산
2018-10-20	단양 도락산	상선암주차장 - 제봉 - 삼거리 - 신선봉 - 도락산 - 신선봉 - 삼거리 - 채운봉 - 상선암주차장	산악회 버스 산수	대학 동기	100대 명산
2018-11-03	양양 조봉	제20야영지 - 조봉 - 미천골정	자가용	백두대간산악회 (JH)	
2018-11-24	망우산	양원역 - 망우산 - 용마산 - 아차산 - 광나루역	대중교통	대학 동기	
2018-12-15	대전 수통골	수통골입구 - 빈계산 - 금수봉 - 금사봉삼거리 - 수통골탐방지원센터	자가용	CY, WS	
2018-12-29	대모산	수서역 - 대모산 - 구룡산 - 코이카	대중교통	대학 동기	

날짜	산 이름	산행 코스	교통수단	동행	비고
2019-01-06	제천 금수산	상천주차장 - 망덕봉 - 금수산 - 상천주차장	자가용	솔로	100대 명산
2019-01-26	춘천 드름산	김유정역 - 드름산 - 의암봉 - 인어상	대중교통	대학 동기	
2019-02-09	춘천 가리산	가리산휴양림주차장 - 가삽고개 - 가리산 1, 2, 3봉 - 무쇠말재 - 주차장	자가용	솔로	100대 명산
2019-02-16	강릉 고루포기산	오목골 - 고루포기산 - 능경봉 - 삼거리 - 제왕산 - 삼거리 - 대관령휴게소	산악회 버스 반더룽	준솔로	백두대간
2019-02-23	광명 도덕산	철산역 - 도덕산 - 구름산 - 광명역	대중교통	대학 동기	
2019-03-01	순천 조계산	선암사 - 장군봉 - 장박골삼거리 - 연산봉사거리 - 연산봉 - 송광굴목재 - 송광사	산악회 버스 반더룽	준솔로	100대 명산
2019-03-16	문경 선유동계곡	운강이강년기념관 - 용추폭포 - 운강이강년기념관	자가용		백두대간산악회
2019-03-31	수락산	수락산역 - 새광장 - 깔딱고개 - 슬랩 - 정상 - 철모바위 - 코끼리바위 - 하강바위 - 새광장 - 수락산역	대중교통	대학 동기	
2019-04-27	관악산	공대 - 자운암능선 - 연주암 - 깔딱고개 - 공대	대중교통	대학 동기	
2019-05-01	진안 운장산	내처사동 주차장 - 상장봉 - 운장대 - 칠성대 - 할목재 - 독자동 - 내처사동 주차장	자가용	솔로	100대 명산
2019-05-03	서산 황금산	독곶리 덕수여동생네 - 1봉 - 정상 2봉 - 3봉 - 5봉 - 6봉 - 7봉 - 끝점 - 굴금 - 몽돌해변 - 코끼리바위 - 바람언덕 - 호랑이굴 - 덕수여동생네	자가용	솔로	
2019-05-06	춘천 용화산	사여교 - 큰고개 - 만장대 - 용화산 정상 - 고탄령 - 사여령 - 휴양림 - 사여교	자가용	솔로	100대 명산
2019-05-12	진안 구봉산	구봉산주차장 - 1, 2, 3, 4, 5, 6, 7, 8, 9봉 - 바랑재 - 구봉산주차장	자가용	솔로	100대 명산
2019-05-16	군산 대장봉	장자도 주차장 - 등산로입구 - 대장봉 - 해안길 - 등산로입구 - 장자도 주차장	자가용	솔로	
2019-05-25	아차산	광나루역 - 아차산성 - 범굴사 - 아차산 정상 - 용마산 정상 - 팔각정 - 용마폭포공원 - 용마산역	대중교통	대학 동기	
2019-06-02	태안 백화산	청소년수련관 - 백화산 정상 - 흥주사 - 태을암 - 대림아파트 - 청소년수련관	자가용	솔로	
2019-06-06	정선 가리왕산	장구목이 - 정상 - 마항치삼거리 - 휴양림	산악회 버스 반더룽	준솔로	100대 명산
2019-06-09	문경 대야산	대야산주차장 (용추계곡주차장) - 용추폭포 - 월영대삼거리 - 정상 - 밀재 - 월영대 - 용추폭포 - 주차장	자가용	솔로	100대 명산, 백두대간
2019-06-16	금산 진악산	진악산광장 - 정상 - 관음굴 - 진악산광장	자가용	솔로	100대 명산
2019-06-22	설악산	장수대 - 대승폭포 - 대승령 - 십이선녀탕 - 남교리	산악회 버스 반더룽	대학 동기	
2019-07-06	영동 민주지산	도마령 - 각호산 - 민주지산 - 석기봉 - 삼도봉 - 물한계곡	산악회 버스 반더룽	준솔로	100대 명산
2019-07-14	강남대 - 아차치고개	구성역 - 강남대 - 어정마을 - 아차치고개	대중교통	솔로	한남정맥
2019-08-11	금산 천태산	주차장 - 삼단폭포 - 영국사일주문 - 75미터 암벽 - 정상 - 남고개 - 영국사 - 망탑 - 진주폭포 - 주차장	자가용	솔로	100대 명산
2019-08-16	제주도 한라산둘레길	주차장 - 사려니숲 입구	자가용	가족 (온 가족)	
2019-08-17	제주도 새별오름	주차장 - 정상 - 주차장	자가용	가족 (온 가족)	
2019-08-25	거제도 계룡산	공설운동장 - 정상 - 공설운동장	자가용	솔로	100대 명산
2019-08-27	강화도 고려산	백련사 - 정상 - 백련사	자가용	솔로	100대 명산

날짜	산 이름	산행 코스	교통수단	동행	비고
2019-08-29	울릉도 성인봉	KBS중계소 - 정상 - 나리분지	하슬라투어, 택시	솔로	100대 명산
2019-08-29	울릉도 행남등대길	도동 - 저동	대중교통	솔로	
2019-09-11	동두천 해룡산	축석령 - 왕방지맥 분기점 - 어하고개 - 율정봉 - 회암고개 - 천보산 - 장림고개 분기점 - 해룡산 - 오지재고개	대중교통	솔로	왕방지맥
2019-09-15	도봉산	간송옛집 - 원통사 - 우이암 - 성불사 - 구봉사 - 도봉탐방센터	대중교통	대학 동기	
2019-09-27	일본 다이세츠산	스가타미역 - 아사히다케 정상 - 스가타미역	대중교통	솔로	출장 중
2019-10-06	단양 구담봉	계란재주차장 - 삼거리 - 구담봉 - 삼거리 - 옥순봉 - 삼거리 - 계란재주차장	자가용	솔로	
2019-10-06	단양 제비봉	장회나루 - 제비봉 - 장회나루	자가용	솔로	
2019-10-09	문경 칠보산	쌍곡휴게소 - 떡바위쉼터 - 칠보산 - 쌍곡폭포 - 쌍곡휴게소	자가용	CK	100대 명산
2019-10-12	아산 도고산	도고산 - 도고산 정상 - 도고산	자가용	솔로	
2019-10-13	서울 초안산	초안산 근린공원 - 초안산 정상 - 초안산 근린공원	자가용	솔로	
2019-10-27	포천 명성산	비선폭포 - 등룡폭포 - 팔각정 - 등룡폭포 - 비선폭포	자가용	대학 동기	
2019-11-16	대전 식장산	세천공원 - 깔딱고개 - 독수리봉 - 식장산 정상 - 세천공원	자가용	솔로	
2019-11-23	북한산	화계사 - 칼바위능선 - 대동문 - 소귀천계곡 - 우이동	대중교통	대학 동기	
2019-12-21	장수 장안산	무룡고개 - 영취산 - 무룡고개 - 장안산 정상 - 중봉 - 덕산	산악회 버스 반더룽	준솔로	100대 명산
2020-01-18	괴산 청화산	늘재 - 청화산 정상 - 늘재	자가용	솔로	100대 명산
2020-01-26	남양주 예봉산	팔당역 - 예봉산 - 적갑산 - 새재고개 - 버스종점	대중교통	대학 동기	
2020-02-09	문경 황장산	안생달 - 와인동굴 - 작은차갓재 - 맷등바위 - 정상 - 황장산하단 - 안생달	자가용	솔로	100대 명산, 백두대간
2020-02-23	경기 광주 양자산	하품2리마을회관 - 양자봉 - 앵자봉 - 하품2리마을회관	자가용	솔로	
2020-04-05	남원 만행산	용동 - 용평제 - 작은천황봉 - 천황봉 - 상서바위 - 용호계곡 - 보현사 - 용평제 - 용동	자가용	솔로	100대 명산
2020-04-15	영광 불갑산	불갑사 - 덫고개 - 관음봉(추정) - 덫고개 - 노적봉 - 법성봉 - 투구봉 - 장군봉 - 노루목 - 연실봉 - 구수재 - 용봉 - 용천봉 - 도솔봉 - 용천봉 - 태고봉 - 나팔봉 - 불갑사 주차장	자가용	솔로	100대 명산
2020-04-15	장성 축령산	모암 통나무집 삼거리 - 모암삼거리 - 임종국수목장 - 축령산 정상 - 산림치유센터 - 모암삼거리 - 모암 통나무집 삼거리	자가용	솔로	100대 명산
2020-04-26	안성 서운산	석남사 - 마애석불 - 서운산 정상 - 석남사	자가용	솔로	
2020-05-01	평창 백덕산	문재쉼터 - 사자봉 - 당재 - 작은당재 - 먹골삼거리 - 백덕산 정상 - 먹골삼거리 - 헬기장 - 운교리 - 문재쉼터	자가용	솔로	100대 명산
2020-05-05	원주 감악산	황둔리 창촌마을 주차장 - 월출봉 북릉 - 감악3봉 - 일출봉 - 감바위골 - 주차장	자가용	솔로	100대 명산
2020-05-10	보령 성주산	물탕골쉼터 - 성주산 장군봉 - 안부 - 임도 - 물탕골쉼터	자가용	솔로	
2020-05-17	홍천 공작산	공작현 - 공작산 정상 - 공작현	자가용	솔로	100대 명산
2020-05-17	보령 아미산	산암사 - 아봉 - 상봉 - 산암사	자가용	솔로	
2020-05-23	관악산	사당역 - 관음사 - 정상 - 서울공대	대중교통	대학 동기	

날짜	산 이름	산행 코스	교통수단	동행	비고
2020-05-31	고창 선운산	선운산주차장 - 경수봉 - 마이재 - 수리봉 - 견치봉 (국사봉) - 소리재 - 용문굴 - 낙조대 - 천마봉 - 배맨바위 - 청룡산 - 쥐바위 - 국기봉 - 사자바위 - 도솔암 주차장 - 선운산주차장	자가용	솔로	100대 명산
2020-06-06	홍천 문암산	내면성당 - 석화산 - 문암산 - 만나산장 - 내면성당	자가용	솔로	100대 명산
2020-06-11	서산 황금산	입구 - [우측진행] 사거리 - 삼거리 - 코끼리바위 - 삼거리 - 굴금 - 삼거리 - 사거리 - 정상 - 1봉 - 입구	자가용	솔로	
2020-06-15	거제 대금산	율천주차장 - 진달래군락지 - 대금산 정상 - 시루봉 - 정상 - 진달래군락지 - 율천주차장	자가용	솔로	
2020-06-20	북악하늘길	팔각정 - 하늘교 - 하늘전망대 - 호경암 (왕복)	자가용	가족 (온 가족)	
2020-06-21	담양 병풍산	대방제 - 천자봉(옥녀봉) - 병풍산 - 만남재 - 대방제	자가용	솔로	100대 명산
2020-06-27	포천 왕방산	오지재 - 왕방산 - 국사봉	대중교통	솔로	왕방지맥
2020-06-27	동두천 소요산	입구 - 자재암 - 하백운대 - 중백운대 - 상백운대 - 입구	대중교통	대학 동기	
2020-07-05	안산	서대문자연사박물관 - 안산자락길 반시계방향	자가용	가족 (온 가족)	
2020-07-05	예산 금오산	예산문예회관 - 금오산 - 관모산 - 토성산 - 향천사 - 예산문예회관	자가용	솔로	
2020-07-12	김천 황악산	직지사 - 운수암 - 황악산 비로봉 - 형제봉 - 신선봉 - 망봉 - 직지사	자가용	솔로	100대 명산
2020-07-18	정선 백운산	문희마을 백룡동굴 주차장 - 백운산 정상 - 칠족령 - 성터 - 문희마을	자가용	솔로	100대 명산
2020-07-26	북한산	육모정 - 영봉 - 하루재 - 백운대2지킴터	대중교통	대학 동기	
2020-08-23	변산 쇠뿔바위봉	청림마을 - 새재 - 서쇠뿔바위 - 고래등 - 동쇠뿔바위 - 원점회귀	자가용	솔로	
2020-08-30	괴산 도명산	화양구곡 주차장 - 화양3교 - 등산로입구 - 도명산 정상 - 학소대 - 주차장	자가용	솔로	
2020-09-06	가평 석룡산	적목리 삼팔교 - 석룡산 - 방림고개 - 조무락계곡 - 복호동폭포 - 삼팔교	자가용	솔로	
2020-09-13	문경 주흘산	주차장 - 제1관문 - 여궁폭포 - 혜국사 - 대궐샘 - 주흘산 주봉 - 주흘산 영봉 - 부봉 1봉~6봉 - 제2관문 - 제1관문 - 주차장	자가용	솔로	100대 명산
2020-09-27	구미 금오산	금오산저수지 - 채미정 - 대혜폭포 - 마애불 - 약수암 - 정상 - 성안 - 칼다봉 - 금오산저수지	자가용	솔로	100대 명산
2020-10-03	강서5산	대일고 - (1) 봉재산 - (2) 우장산 - 검덕산(새마을지도자탑) - (3) 궁산 - (4) 증미산(염창산) - 방화사거리[버스] - (5) 개화산 - 개화역9호선	대중교통	솔로	
2020-10-04	예산 봉수산	봉수산휴양림 주차장 - 임존성 - 봉수산정상 - 무장애숲길 - 주차장	자가용	솔로	
2020-10-18	석모도 해명산	전득이고개 - 해명산 - 낙가산 - 상봉산 - 한가라시	자가용	솔로	
2020-10-24	봉화 청량산	선학정 - 입석 - 산성입구 - 밀성대 - 축융봉 - 공원관문 안내소	자가용	대학 동기	
2020-10-25	예산 서원산	가야산주차장 - 보덕교 - 보덕사 - 서원산 정상 - 대문동쉼터 - 가야교 - 상가리미륵불 - 주차장	자가용	솔로	
2020-11-08	문경 조령산	이화령 - 조령산 - 신선암봉 - 제3관문	자가용	CK	백두대간, 100대 명산

날짜	산 이름	산행 코스	교통수단	동행	비고
2020-11-15	단양 황정산	대흥사 - 원통암 - 영인봉 - 황정산 - 석화봉 - 자연휴양림	자가용	솔로	100대 명산
2020-11-29	아산 봉수산	봉곡사주차장 - 봉곡사 - 베틀바위 - 봉수산 - 천방산 - 왕복코스 - 봉곡사주차장	자가용	솔로	
2020-12-20	화성 초록산	경기도사격테마파크 - 아래팔각정 - 위팔각정 - 정상 - 왕복코스	자가용	솔로	
2020-12-20	화성 덕지산	어소1리마을회관 - 삼거리 - 정상 - 삼거리 - 광승분기점 - 삼거리 - 어소1리마을회관	자가용	솔로	
2020-12-27	장수 신무산	수분령휴게소 - 수분마을 - 뜬봉샘 - 신무산 정상 - 뜬봉샘생태공원 - 수분령휴게소	자가용	솔로	100대 명산
2020-12-27	장수 팔공산	자고개 - 합미산성 - 팔공산 정상 - 왕복	자가용	솔로	
2021-01-02	양평 중미산	선어치 - 중미산 - 선어치	자가용	솔로	
2021-01-02	가평 통방산	가마소유원지 - 통방산 - 삼태봉 - 통방산 - 천안리 - 가마소유원지	자가용	솔로	
2021-01-17	수원 칠보산	용화사 - 통신대 - 제2전망대 - 헬기장 - 칠보산 정상 - 칠보맷돈화장실 - 용화사	자가용	솔로	
2021-01-17	화성 청명산	홍법사 - 정자 - 청명산 - 왕복코스	자가용	솔로	
2021-01-24	보령 양각산	통나무집휴게소 - 정상 - 삼사당 - 통나무집휴게소	자가용	솔로	
2021-01-31	함양 백운산	대방마을 백운교 - 묵계암 - 상연대 - 하봉 - 중봉 - 백운산 - 안부 - 백운암 - 대방마을	자가용	솔로	100대 명산
2021-02-15	적상산	서창마을 - 삼거리 - 향로봉 - 삼거리 - 안렴대 - 안국사 - 삼거리 - 서창마을	자가용	솔로	100대 명산
2021-02-21	당진 아미산	내포문화숲길아미산방문자센터 - 아미행복교육원 - 아미산쉼터 - 아미산제1봉 - 아미산제2봉 - 아미산 정상 - 자작나무쉼터 삼거리 - 아미행복교육원 - 주차장	자가용	솔로	
2021-02-28	강화도 정족산	정족산성 남문 - 서문 - 정상 - 북문 - 동문 - 남문	자가용	솔로	
2021-02-28	강화도 혈구산	고비고개 - 혈구산 - 고비고개	자가용	솔로	
2021-02-28	교동도 화개산	교동면사무소 - 고라니산책로 - 화개산 - 한증막 - 교동면사무소	자가용	솔로	
2021-03-04	마산 무학산	서원곡 - 원각사 - 백운사 - 암반약수터 - 데크쉼터 - 중간전망대 - 365사랑계단 - 서마지기 - 무학산 정상 - 학봉분기점 - 체육관 - 백운사 - 서원곡	자가용	솔로	100대 명산
2021-03-07	홍성 백월산	용화사 - 산혜암 - 팔각정 - 백월산 정상 - 청난사 - 용화사	자가용	솔로	
2021-03-13	북한산	비봉주차장 - 구기탐방지원센터 - 사모바위 - 승가봉 - 문수봉 - 대남문 - 구기탐방지원센터 - 주차장	자가용	가족 (둘째)	
2021-03-21	경기 광주 태화산	은곡사 - 미역산 - 태화산 - 연지봉 - 마구산 - 마락산 - 휴양봉 - 정광산 - 노고봉 - 발리봉 - 백마산 - 동광아파트	자가용, 택시	솔로	미역 - 백마 종주
2021-03-28	동작역 - 노들역	동작역 - 달마사 - 중앙대후문 - 노들역	대중교통	고교대학 동기	동작충효길 2, 1코스
2021-04-04	천안 성거산	부수문이고개 - 위례산 - 성거산 - 태조산 - 흑성산 - 용연저수지 - 독립기념관	자가용	솔로	위례 - 흑성 종주
2021-04-11	괴산 군자산	소금강주차장 - 큰군자산 - 도마재 - 도마골 - 소금강주차장(차도)	자가용	솔로	
2021-04-16	남원 바래봉	용산리 주차장 - 바래봉삼거리 - 바래봉 - 바래봉삼거리 - 팔랑재 - 바래봉삼거리 - 용산리주차장	자가용	솔로	100대 명산

날짜	산 이름	산행 코스	교통수단	동행	비고
2021-04-18	진안 마이산	북부주차장 - 사양제 - 성황제 - 봉두봉 - 성황당 - 비룡대(나옹암) - 고금당 - 남부주차장 - 탑영제 - 탑사 - 은수사 - 암마이봉 - 북부주차장	자가용	솔로	100대 명산
2021-04-17	장수 천상데미	데미샘자연휴양림 주차장 - 데미샘 - 천상데미 - 오계치 - 주차장	자가용	솔로	100대 명산
2021-04-24	검단산	검단산역 - 유길준묘 - 검단산 정상 - 곱돌약수터 - 현충탑 - 검단산역	대중교통	대학 동기	
2021-05-02	공주 태화산	마곡사 - 활인봉 - 나발봉 - 마곡사	자가용	솔로	
2021-05-02	공주 무성산	한천리 임도삼거리 - 상봉 - 무성산 - 홍길동굴 - 임도삼거리	자가용	솔로	
2021-05-05	완주 운암산	대아정 - 운암산 - 운암상회 - 대아정	자가용	CK	
2021-05-05	완주 장군봉	구수리 주차장 - 장군봉 - 해골바위 - 주차장	자가용	CK	
2021-05-09	진천 두타산	동잠교주차장 - 팔각정 - 전망대 - 두타산 정상 - 영수사 - 동잠교주차장	자가용	솔로	
2021-05-19	서천 천방산	천방루 - 천방산 - 음적사 - 천방루	자가용	WS	
2021-05-19	서천 희리산	휴양림 - 희리산 정상 - 능선 안부 (한티재 절터분기점) - 휴양림	자가용	WS	
2021-05-22	북한산	우이동 - [소귀천계곡] - 주능선안부 - 대동문 - [진달래능선] - 우이동	대중교통	대학 동기	
2021-05-23	예산 덕봉산	간양2리경로당 - 덕봉산 - 경로당	자가용	솔로	
2021-05-30	함양 황석산	우전마을 사방댐 - 피바위 - 황석산성 - 능선 - 황석산 정상 - 원점회귀	자가용	솔로	100대 명산
2021-06-13	곡성 동악산	도림사 - 계곡 - 신선바위 - 동악산 정상 - 배넘어재 - 대장봉(서봉) - 형제봉(동봉) - 부채바위 - 길상암터 - 도림사	자가용	솔로	100대 명산
2021-06-26	수락산	수락산역 - 벽암계곡 - 새광장 - 깔딱고개 - 정상 - 노원골	대중교통	대학 동기	
2021-06-27	홍성 남산	충렬사 - 남산 정상 - 팔각정(남산정) - 원점회귀	자가용	솔로	
2021-07-04	서천 월명산	비인중 - 고니바위 - 월명산 정상 - 비인향교 - 비인중	자가용	솔로	
2021-07-11	보령 옥마산	옥산주차장 - 대영사 - 옥마산 - 패러글라이딩 활공장 - 주차장	자가용	솔로	
2021-07-11	보령 봉황산	신흥사 - 봉황정 - 봉황봉 - 원점회귀	자가용	솔로	
2021-07-18	예산 장학산	구 차동휴게소 - 당진영덕 고속도로 위 - 정상 - 원점회귀	자가용	솔로	
2021-07-25	청양 미궐산	모덕사 - 임도 - 미궐산 정상 - 무수동 - 36번국도 - 모덕사	자가용	솔로	
2021-08-08	청양 비봉산	비봉주유소 - 모란사 - 비봉산 정상 - 원점회귀	자가용	솔로	
2021-08-13	설악산	오색 - 주전골 - 원점회귀	자가용	가족 (마눌)	
2021-08-15	횡성 태기산	양구두미재 - 태기산정상 - 원점회귀	자가용	솔로	
2021-08-22	안성 백운산	안성휴게소 - 경부고속도로 아래 통과 - 등산로 입구 - 백운산 정상 - 원점회귀	자가용	솔로	
2021-08-29	영종도 석화산	영종성당 - 석화산 정상 - 원점회귀	자가용	솔로	
2021-08-29	영종도 백운산	중구보건소 - 육각정자 - 만남의 광장 - 백운산 정상 - 중구보건소	자가용	솔로	
2021-08-29	무의도 호룡곡산	하나개 - 연결다리 - 조망대쉼터 - 호룡곡산 정상 - 서해 알프스 - 하나개	자가용	솔로	
2021-08-29	오산 여계산	오산쉼터공원 - 석산 정상 - 여계산 정상 - 원점회귀	자가용	솔로	
2021-09-03	삼척 쉰음산	천은사 - 쉰음산 정상 - 원점회귀	자가용	솔로	
2021-09-04	삼척 근산	산불감시초소 - 구방사 - 근산 정상 - 원점회귀	자가용	솔로	

날짜	산 이름	산행 코스	교통수단	동행	비고
2021-09-05	평택 덕암산	국제대 - 은혜중고 - 부락산 - 흔치휴게소 - 산불감시초소 - 덕암산 - 흔치휴게소 - 국제대	자가용	솔로	
2021-09-18	옛골 - 복정동	옛골 - 인릉산 - 복정동	대중교통	솔로	성남누비길 7구간
2021-09-18	복정주민센터 - 남한산성 남문	복정주민센터 - 영장산 - 산성역 - 남한산성 남문	대중교통	솔로	성남누비길 1구간
2021-09-22	아차치고개 - 88CC	아차치고개 - 중일초 - 동백꽃담근린공원 - 동백IC GS 주유소 - 아람공원 88CC(따)	대중교통	솔로	한남정맥
2021-09-22	검단지맥	아람공원 88CC(따3) - 법화산 - 천주교공원묘지 - 죽전야외음악당 - 하늘의 문 성당 - 정자공원 - 대지산	대중교통	솔로	법화산 구간
2021-09-22	대지산 - 오리역	대지산 - 구미동 - 오리교 - 낙생교 - 오리역	대중교통	솔로	성남누비길 4구간 잔여 구간
2021-09-25	관악산	사당역 - 관음사위 국기봉 - 하마바위 - 관악사 - 연주암 - 서울공대	대중교통	대학 동기	
2021-09-26	경기 광주 문형산	용화선원 - 정상 - 일출단 - 헬기장 - 용화선원	자가용	솔로	
2021-10-03	오리역 - 윤중농원	오리역 - 낙생교 - 태봉산 - 응달산 - 하오고개 - 윤중농원	대중교통	솔로	성남누비길 5구간, 성남누비길 완주
2021-10-04	예산 가야산	개심사 - 전망대 - 개심사	자가용	솔로	
2021-10-11	천안 배방산	동천교회 - 배방산 - 태화산 - 태학산 - 태화산 - 망경산 - 설화산 - 초원아파트 - 동천교회	자가용	솔로	배태망설 종주
2021-10-17	연기 운주산	운주산성 공영주차장 - 고산사 - 운주산성 - 운주산공원 - 운주산 정상 - [성곽길] - 운주산성 - 원점회귀	자가용	솔로	
2021-10-17	천안 은석산	고령박씨종중재실 주차장 - [능선길] - 은석사 - 박문수묘 - 은석산 - 임도사거리 - 작성산 - 임도사거리 - [임도] - 은석사 - [계곡길] - 원점회귀	자가용	솔로	
2021-10-23	강화도 혈구산	찬우물 - 혈구산 정상 - 찬우물	자가용	대학 동기	
2021-10-24	서산 상왕산	엘림국제금식기도원 - 상왕산 정상 - 원점회귀	자가용	솔로	
2021-10-30	안성 덕성산	칠장사 - 안부1 - 칠현산 - 덕성산 - 칠현산 - 안부1 - 삼거리 - 칠장산 - 삼거리 - 칠장사	자가용	솔로	
2021-11-06	가평 대금산	두밀리 버스종점 - 대금산 - 약수봉 - 깃대봉 - 매봉 - 회목고개 - 칼봉산 - 용추계곡 - 용추계곡 종점	대중교통	솔로	
2021-11-28	남양주 백봉산	금곡역 - 금곡교회 - 금곡체육관 - 쉼터 - 백봉산 - 마치고개	대중교통	대학 동기	
2021-12-11	아산 영인산	휴양림 주차장 - 상투봉능선 - 닫자봉 - 영광의 탑 - 깃대봉 - 영인산 깃대봉 - 엄광이 탑 - 주차장	자가용	솔로	
2021-12-25	인왕산	사직공원 - 창의문	대중교통	대학 동기	인왕산둘레길
2021-12-28	제주도 금오름	주차장 - 정상 - 주차장	자가용	가족 (온 가족)	
2022-01-02	천안 취암산	동우아파트 - 취암산 정상 - 동우아파트	자가용	솔로	
2022-01-02	천안 월봉산	쌍용도서관 - 월봉산 - 나사렛대학교 - 쌍용역 - 용곡중학교 - 일봉산 - 약사사 - 보령사 - 충무병원 - 유관순동상 - 쌍용도서관	자가용	솔로	
2022-01-22	양평 청계산	국수역 - 형제봉 - 청계산 - 형제봉 - 부용산 안부 - 신원역	대중교통	대학 동기	
2022-01-30	인천4산	부천종합운동장역 - (1) 원미산 - 역곡역 - 부평삼거리역[지하철] - (2) 앞산 - 부개산 - 만수산 - (3) 거마리산 - 관모산 - (4) 상아산 - 인천어린이동물원 - 인천대공원역	대중교통	솔로	
2022-02-02	천안 봉서산	천안시청 - 생태다리 - 봉서산 - 명문교회 - 서부육교 - 팔각정 - 좋은교회 - 봉서산터널 - 천안시청	자가용	솔로	

날짜	산 이름	산행 코스	교통수단	동행	비고
2022-02-06	대전 도덕봉	수통골주차장 - 만남의 광장 - 도덕봉 - 가리울삼거리 - 수통폭포삼거리 - 주차장	자가용	솔로	
2022-02-06	대전 갑하산	갑동마을 - 삽재고개 - 갑하산 - 갑동마을	자가용	솔로	
2022-02-20	공주 천태산	동혈사 - 천태산 - 동혈사	자가용	솔로	
2022-02-20	공주 호태산	공주정수장 - 호태산 - 공주정수장	자가용	솔로	
2022-02-20	공주 채죽산	연미산자연미술공원 - GS LPG 신공주충전소 - 173봉 - 채죽산 - 연미산자연미술공원	자가용	솔로	
2022-02-27	가평 곡달산	솔고개쉼터 - 곡달산 정상 - 솔고개쉼터	자가용	솔로	
2022-03-01	공주 약산	단지리 노인회관 - 당진영덕고속도로 - 약산 - 단지리 노인회관	자가용	솔로	
2022-03-05	장흥 제암산	제암산휴양림 곰재주차장 - 무장애데크 - 곰재사거리 - 가족바위 - 돌탑봉 - 제암산 정상 임금바위 - 원점회귀	자가용	솔로	100대 명산
2022-03-06	해남 두륜산	오소재 - 오심재 - 노승봉 - 가련봉 - 두륜봉 - 진불암 - 천년수 - 북미륵암 - 오심재 - 오소재	자가용	솔로	100대 명산
2022-03-06	장흥 천관산	도립공원 주차장 - 장천재 - 금강굴 - 환희대 - 연대봉 - 양근암 - 주차장	자가용	솔로	100대 명산
2022-03-09	합천 남산제일봉	청량사주차장 - 청량사 - 남산제일봉 - 돼지골	자가용	솔로	100대 명산
2022-03-20	제천 가은산	상천주차장 - 가은산 - 상천주차장	자가용	솔로	
2022-03-27	아차산	광나루역 - 아차산 - 용마산 - 용마산역	대중교통	가족 (둘째)	
2022-04-17	제천 작은동산	교리주차장 - 외솔봉 - 작은동산 - 모래고개 - 무쏘바위 - 모래고개 - 교리주차장	자가용	솔로	
2022-04-23	북한산	우이역 - 소귀천 - 대동문 - 솔밭공원	대중교통	대학 동기	
2022-04-29	김포 애기봉	전시관 - 전망대 - 전시관	자가용	가족 (마눌)	
2022-05-01	제천 동산	무암사 - 남근석 - 성봉 - 중봉 - 동산 - 새목재 - 작성산 - 무암사	자가용	솔로	
2022-05-05	합천 황매산	장박리 - 960봉 - 975봉 - 황매산 정상 - 베틀봉 - 모산재 - 돛대바위 - 모산재 - 순결바위 - 영암사 - 모산재식당	산악회 버스 반더룽	준솔로	100대 명산
2022-05-14	계룡산	동학사주차장 - 남매탑 - 삼불봉 - 관음봉 - 은선폭포 - 동학사	대중교통, 자가용	8240산악회	
2022-05-21	북악산	창의문 - 백두마루 - 숙정문 - 말바위안내소	대중교통	가족 (둘째)	
2022-05-29	관악산	정부청사 - 문원폭포 - 육봉능선 - 육봉 - 삼성산터널	대중교통	대학 동기	
2022-06-01	난지도 망치봉	소난지도선착장 - 난지대교 - 난지섬해수욕장 - 망치봉 - 난지도선착장 - 선녀바위 - 난지도선착장	자가용	WS	
2022-06-05	삼척 덕항산	외나무골교 - 구부시령 - 덕항산 - 환선봉 - 자암재 - 큰재 - 황장산 - 댓재	산악회 버스 좋은사람들	준솔로	백두대간, 100대 명산
2022-07-10	금산 선야봉	남이자연휴양림 - 오십폭포 - 신선봉 - 선야봉 - 야영장	자가용	솔로	
2022-07-17	횡성 청태산	자연휴양림 주차장 - 숲체험데크로드 - 3등산로 - 청태산 정상 - 1등산로 - 야영장 - 주차장	자가용	솔로	
2022-07-21	대산 까딱산	대산 까딱산	도보	솔로	
2022-07-23	남양주 철마산	진접역 - 목표봉 - 철마산 - 진벌리	대중교통	대학 동기	
2022-07-30	대구 비슬산	유가사 - 천왕봉 - 조화봉 - 대견사 - 휴양림 주차장	산악회 버스 좋은사람들	준솔로	100대 명산
2022-08-05	대구 비슬산	비슬산자연휴양림 공영주차장 - 셔틀버스 - 대견사 - 대견봉 - 대견사 - 칠불능선 - 조화봉 - 월광봉 - 천왕봉 - 대견사 - 전기차 - 주차장	자가용	솔로	

날짜	산 이름	산행 코스	교통수단	동행	비고
2022-08-15	합천 매화산	돼지골탐방센터 - 매화봉 입구 - 매화봉 - 매화봉 입구 - 남산제일봉 - 돼지골탐방센터	자가용	솔로	100대 명산
2022-08-20	북한산	불광동 - 족두리봉 - 향로봉 - 비봉 - 사모바위 - 삼천사 - 은평한옥마을	대중교통	8240산악회	
2022-08-29	경주 남산	용장주차장 - 이무기능선 - 고위봉 - 백운재 - 이영재 - 금오봉 - 삼릉	자가용	솔로	100대 명산
2022-08-29	경주 토함산	석굴암주차장 - 토함산 정상 - 주차장	자가용	솔로	100대 명산
2022-09-03	영월 마대산	김삿갓문학관 - 김삿갓유적지 - 김삿갓주거지 - 마대산 - 전망대 - 처녀봉 - 김삿갓유적지 - 김삿갓문학관	자가용	솔로	100대 명산
2022-09-03	영월 태화산	흥교 태화산농원 - 태화산 - 흥교 태화산농원	자가용	솔로	100대 명산
2022-09-09	가평 연인산	용추폭포 - 옥녀봉 - 노적봉 - 바른골봉 - 송학봉 - 장수봉 - 연인산 - 전패봉 - 우정봉 - 마일리	대중교통	솔로	
2022-09-13	포천 종자산	중리저수지 - 중2리 - 굴바위 - 종자산 - 사기막고개 - 중리저수지	자가용	솔로	
2022-09-24	춘천 금병산	김유정역 - 김유정문화촌 - 금병산 - 김유정역	대중교통	대학 동기	
2022-10-16	가평 주발봉	가평역 - 주발봉 - 발전소고개 - 호명호수 - [30-04 버스] - 상천역	대중교통	솔로	
2022-10-22	강화도 마니산	상방리 - [단군로] - 참성단 - [단군로] - 상방리	자가용	대학 동기	
2022-10-26	여수 영취산	돌고개주차장 - 영취산 진례봉 - 돌고개주차장	자가용	솔로	100대 명산
2022-10-27	광양 백운산	진틀주차장 - 상봉 - 신선대 - 한재 - 논실마을 - 진틀주차장	자가용	솔로	100대 명산
2022-10-27	고성 연화산	연화산도립공원 주차장 - 매봉(연화1봉) - 느재고개 - 편백쉼터 - 월곡싸리재 - 시루봉 - 월곡싸리재 - 연화산 정상 - 운암고개 - 남산 - 황새고개 - 옥천사 - 주차장	자가용	솔로	100대 명산
2022-10-28	사천 와룡산	용두공원 - 대림정 국궁장 - 천왕봉(상사바위) - 도암재 - 새섬봉 - 민재봉 - 기차바위 - 활공장 - 용두공원	자가용	솔로	100대 명산
2022-10-29	고성 거류산	엄홍길전시관 - 문암산 - 거류산 - 거북바위 - 엄홍길전시관	자가용	솔로	
2022-10-29	창원 천주산	달천계곡 주차장 - 천주봉 - 만남의 광장 - 천주산 용지봉 - 주차장	자가용	솔로	100대 명산
2022-10-30	창녕 화왕산	옥천매표소 주차장 - 산성교 - 관룡사 - 청룡암 - 구룡삼거리 - 관룡산 - 옥천삼거리 - 동문 - 화왕산 - 서문 - 배바위 - 동문 - 옥천삼거리 - 산성교 - 주차장	자가용	솔로	100대 명산
2022-10-31	포항 내연산	보경사 - 문수봉 - 삼지봉 - 향로봉 - 시명리 - 12폭포 - 보경사	자가용	솔로	100대 명산
2022-11-01	거창 의상봉	거창 항노화힐링랜드 주차장 - 고견사 - 의상봉 - 우두산 상봉 - 마장재 - Y자형다리 - 주차장	자가용	솔로	100대 명산
2022-11-07	청계산	화물터미널 - 옥녀봉 - 헬기장 - 매봉 - 헬기장 - 원터골	대중교통	한토등산회	
2022-11-17	이천 도드람산	목리 - 체육공원 - 1봉 - 2봉 - 3봉 정상 - 돼지굴 - 체육공원	대중교통	솔로	
2022-11-17	이천 설봉산	체육공원 - 치킨대학 - 화두재 - 백운봉 - 청운봉 - 부학봉 - 정상 희망봉 - 연자봉 - 설봉산성 - 성화봉 - 호암약수 - 설봉공원	대중교통	솔로	
2022-11-26	관악산	사당동 - 하마바위 - 마당바위 - [용마능선] - 과천교회	대중교통	8240산악회	

날짜	산 이름	산행 코스	교통수단	동행	비고
2022-12-02	피재 - 구부시령	삼수령(피재) - 건의령 - 푯대봉 - 구부시령 - 외나무골교	산악회 버스 좋은사람들	준솔로	백두대간
2022-12-04	논산 노성산	애향공원 주차장 - 노성산 - 원점회귀, 관촉사[자가용] - 반야산 - 원점회귀	자가용	HW	
2022-12-07	지지대고개 - 무성봉	동원고 - 지지대고개 - 이동고개 - 오봉산 - 고인돌 - 당정역 - 용호사거리 - 군포시 노동종합복지관 - 감투봉 - 무성봉 - 덕고개 - 대아미역	대중교통	솔로	한남정맥
2022-12-15	종합운동장역 - 숯내마루 전망대	종합운동장역 4번 출구 - 풍납취수장 - 성내천길 - 탄천길 - 숯내마루 전망대 - 잠실수대	대중교통	한토등산회	송파둘레길
2022-12-24	북한산	우이동 - [소귀천계곡] - 대동문 - 원점회귀	대중교통	대학 동기	
2023-01-04	울산 가지산	석남터널 - 가지산 - 아랫재 - 운문산 - 아랫재 - 상양마을	산악회 버스 좋은사람들	준솔로	100대 명산
2023-01-12	울산 간월산	배내재 - 배내봉 - 간월산 - 간월재 - 신불산 - 신불재 - 영축산 - 지산마을	산악회 버스 좋은사람들	준솔로	100대 명산
2023-01-17	지기재 - 큰재	지기재 - 백학산 - 개터재 - 회령재 - 큰재	산악회 버스 좋은사람들	준솔로	백두대간
2023-01-18	덕유산	설천봉 - 향적봉 - 중봉 - 원점회귀	대절버스	한화회	
2023-01-28	양평 추읍산	원덕역 - 두레마을 - 추읍산 - 삼성리 - 원덕역	대중교통	대학 동기	
2023-01-31	평창 선자령	대관령 - 양떼목장 - 재궁골삼거리 - 선자령 - KT송신소 - 대관령	자가용	산장 모임 (솔로)	
2023-02-13	덕산재 - 삼마골재	덕산재 - 부항령 - 백수리산 - 박석산 - 삼도봉 - 삼마골재 - 물한계곡	산악회 버스 좋은사람들	준솔로	백두대간
2023-02-20	관악산	사당역 - 관악산 - 안양	대중교통	한토등산회	
2023-02-23	울산 천황산	얼음골주차장 - 천황사 - 얼음골결빙지 - 동의굴 - 주능선갈림길 - 천황산 - 천황재 - 재약산 - 고사리분교터 - 표충사 - 표충사 상가 주차장	산악회 버스 좋은사람들	준솔로	100대 명산
2023-02-25	불암산	백세문 - 백사마을 - 헬기장 - 상계역	대중교통	대학 동기	
2023-02-28	무성봉 - 한샘	덕고개 - 무성봉 - 슬기봉 - 수암봉 - 소나무쉼터 - 한샘	대중교통	솔로	한남정맥
2023-03-04	북악산	청운중 - 청와대 들머리 - 백운정 - 청와대 전망대 - 백운정 - 백운쉼터 - 백악마루 - 창의문 - 인왕산 - 홍난파가옥 - 서대문역	대중교통	8240산악회	
2023-03-17	북한산	불광역 - 족두리봉 중턱 - 불광역	대중교통	한토등산회	
2023-03-26	양주 불곡산	양주역 - 양주시청 - 상봉 - 상투봉 - 임꺽정봉 - 대교아파트앞	대중교통	대학 동기	
2023-03-29	큰재 - 추풍령	큰재 - 국수봉 - 용문산 - 작점고개 - 사기점고개 - 옛고개 - 502봉 - 금산 - 추풍령	산악회 버스 좋은사람들	준솔로	백두대간
2023-04-01	목포 유달산	목포여객선터미널 - 노적봉 - 일등바위 - 이등바위 - 관운정 - 노적봉	산악회 버스 좋은사람들	준솔로	
2023-04-01	홍도 깃대봉	홍도1구 - 깃대봉 - 홍도1구	산악회 버스 좋은사람들	준솔로	100대 명산
2023-04-02	흑산도 칠락산	흑산도항 - 샘골입구 - 칠락산 - 반달봉삼거리 - 면사무소 - 흑산교회 - 흑산도항	산악회 버스 좋은사람들	준솔로	
2023-04-08	계룡산	갑사 - 연천봉 - 관음봉 - 은선폭포 - 동학사	대중교통, 자가용	HW, KS	
2023-04-15	청계산	원터골 - 옥녀봉 - 진달래능선 - 원터골	대중교통	GH, GP	
2023-04-17	저수령 - 묘적령	저수령 - 촛대봉 - 투구봉 - 시루봉 - 배재 - 싸리재 - 뱀재 - 솔봉 - 모시골재 - 1,011봉 - 1,027봉 - 묘적령 - 고항치	산악회 버스 좋은사람들	준솔로	백두대간
2023-04-20	한샘 - 무지내중동마을	한샘 - 목감사거리 - 목감초등학교 - 시흥하늘휴게소 - 운흥산 - 금이사거리 - 부대 뒷편 - 무지내중동마을	대중교통	솔로	한남정맥

날짜	산 이름	산행 코스	교통수단	동행	비고
2023-04-21	수락산	수락산역 - 벽운계곡 - 새광장 - 깔딱고개 - 수락산 정상 - 하강바위 - 새광장 - 벽운계곡 - 수락산역 - 노원골	대중교통	한토등산회	
2023-04-22	무지내동 - 소사고	무지내동 부대앞 - 능내말 - 봉재산 - 양지산 - 비룡산 - 삼십고개 - 소사고 - 새내울역	대중교통	솔로	한남정맥
2023-04-27	소사고 - 부평삼거리역	소사고 - 여우고개 - 하우고개 - 성주산 - 거마산 - 불심정사 - 비루고개 - 만월산 - 부평삼거리	대중교통	솔로	한남정맥
2023-04-29	남양주 관음봉	호평동 천마산입구 - 구름재 - 관음봉 - 남양주 CC	대중교통	대학 동기	
2023-05-01	묘적령 - 죽령	고항치 - 묘적령 - 묘적봉 - 도솔봉 - 삼형제봉 - 흰봉산삼거리 - 샘터 - 죽령	산악회 버스 좋은사람들	준솔로	백두대간
2023-05-09	부평삼거리역 - 아나지고개	부평삼거리역 - 동암산 - 백운역 - 백운공원 - 호봉산 - 장고개공원 - 함봉산 - 원적산 - 장수산 - 인천나비공원 - 아나지고개	대중교통	솔로	한남정맥
2023-05-11	울진 응봉산	덕구온천 들머리 - 모랫재 - 헬기장 - 정상 - 포스교 - 원탕 - 용소폭포 - 덕구온천리조트 콘도주차장	산악회 버스 좋은사람들	준솔로	100대 명산
2023-05-14	화령재 - 지기재	화령재 - 윤지미산 - 무지개산 - 신의터재 - 지기재	산악회 버스 좋은사람들	준솔로	백두대간
2023-05-16	영양 일월산	윗대티 - KBS중계탑 - 월자봉 - KBS중계탑 - 일자봉 - 외씨버선길 - 용화리삼층석탑 - 자생화공원주차장	산악회 버스 좋은사람들	준솔로	100대 명산
2023-05-22	늘재 - 밀재	늘재 - 정국기원단비 - 청화산 - 시루봉삼거리 - 갓바위재 - 조항산 - 고모치 - 밀재 - 월영대 - 대야산용추계곡대형주차장	산악회 버스 좋은사람들	준솔로	백두대간
2023-05-26	도봉산	푸른마을아파트 - 송추유원지 - 여성봉 - 오봉 - 신선대 - 마당바위 - 도봉산탐방지원센터	대중교통	한토등산회	
2023-05-27	관악산	관악산역 - 돌산 - 칼바위능선 국기봉 - 삼성산 - 삼막사 - 경인교대	대중교통	대학 동기	
2023-05-30	정령치 - 통안재	정령치 - 고리봉 - 주촌 - 수정봉 - 여원재 - 고남산 - 통안재	자가용	솔로	백두대간
2023-05-31	양산 천성산	주차장 - 원효암 - 사거리 - 1봉 - 사거리 - 은수고개 - 2봉 - 은수고개 - 사거리 - 원효암 - 주차장	자가용	솔로	100대 명산
2023-05-31	저수령 - 벌재	저수령 - 문복대 - 벌재	자가용	솔로	백두대간
2023-06-01	봉화 문수산	축서사 - 문수지맥 능선 - 문수산 - 축서사	자가용	솔로	100대 명산
2023-06-01	화방재 - 만항재	화방재 - 수리봉 - 만항재 - 수리봉 - 화방재	자가용	솔로	백두대간
2023-06-02	닭목령 - 고루포기산	닭목령 - 왕산제1쉼터 - 왕산제2쉼터 - 고루포기산 - 원점회귀	자가용	솔로	백두대간
2023-06-07	강원도 고성 응봉	김일성별장 - 응봉 - 원점회귀	자가용	산장 모임 (솔로)	
2023-06-08	설악산 마등령	백담사 - 영시암 - 오세암 - 마등령 - 원점회귀	자가용	산장 모임 (솔로)	
2023-06-10	계룡산 도덕봉	수통골 주차장 - 도덕봉 - 자티고개 - 금수봉삼거리 - 주차장	대중교통, 자가용	8240산악회	
2023-06-15	제천 비봉산	케이블카 정거장 - 정상	자가용	가족 (마눌)	
2023-06-16	제천 주론산	리솜포레스트 - 감자바위 - 정상 - 원점회귀	자가용, 도보	솔로	
2023-06-18	청계산	청계산입구역 - 매봉 - 혈읍재 - 대공원	대중교통	NY, CH	
2023-06-20	우두령 - 괘방령	우두령 - 삼성산 - 여정봉 - 바람재 - 형제봉 - 황악산 - 선유봉 - 운수봉 - 여시골산 - 괘방령	산악회 버스 좋은사람들	MK	백두대간
2023-06-23	아나지고개 - 목상교	아나지고개 - 천마산 - 중구봉 - 징매이고개 - 계양산 - 피고개 - 꽃메산 - 목상교	대중교통	솔로	한남정맥
2023-06-24	남산둘레길	동대입구 - 남산둘레길 - 남산도서관	대중교통	대학 동기	
2023-06-27	목상교 - 서낭당고개	목상교 - 시천교 - 백석고 - 독정역 - 인천세무고 - 할메산 - 검단사거리 - 문고개 - 방아재고개 - 서낭당고개	대중교통	솔로	한남정맥

날짜	산 이름	산행 코스	교통수단	동행	비고
2023-07-02	영취산 - 육십령	무룡고개 - 영취산 - 덕운봉 - 민령 - 깃대봉(구시봉) - 육십령	산악회 버스 좋은사람들	준솔로	백두대간
2023-07-08	설악산	한계령 - 한계령삼거리 - 끝청 - 중청대피소 - 대청봉 - 오색	자가용	대학 동기	
2023-07-21	북한산	구기분소 - 승가사 - 사모바위 - 삼천사	대중교통	한토등산회	
2023-07-25	암태도 승봉산	승봉중 - 만물상 - 정상 - 원점회귀	자가용	NI, JB	
2023-08-12	하늘재 - 마골치	미륵세계사 - 하늘재 - 포암산 - 마골치 - 만수봉삼거리 - 만수봉 - 만수계곡 - 만수교 - 만수휴게소	산악회 버스 좋은사람들	준솔로	백두대간
2023-08-13	백암봉 - 빼재	무주리조트 - 곤돌라 - 설천봉 - 향적봉 - 중봉 - 백암봉 - 횡경재 - 못봉 - 대봉 - 갈미봉 - 빼봉 - 빼재	산악회 버스 좋은사람들	준솔로	백두대간
2023-08-18	수락산	장암역 - 석림사 - 기차바위 우회 - 주봉 - 수락산장터 - 내원암 - 청학동	대중교통	한토회	
2023-08-26	청계산	원터골 - 매봉 - 옛골	대중교통	8240산악회	
2023-08-27	궁촌정거장 - 초곡항	궁촌정거장 - 초곡항	자가용	산장 모임	해파랑길 30코스
2023-08-28	울진 가족탐방로	금강소나무생태관리센터 - [등산로] - 500년소나무 - 못난이소나무 - 미인송 - 관망대 - 못난이소나무 - 500년소나무 - [임도] - 금강소나무생태관리센터	자가용	산장 모임	울진 금강송 숲길
2023-08-28	봉화 대현리 열목어 서식지 - 백천계곡 전망대	봉화 대현리 열목어 서식지 - 현불사 - 백천계곡 전망대 - 현불사	자가용	산장 모임 (솔로)	봉화 청옥산 주변 백천계곡
2023-09-03	우두령 - 삼마골재	우두령 - 석교산 - 푯대봉 - 밀목재 - 감투봉 - 삼마골재 - 물한리주차장	산악회 버스 좋은사람들	준솔로	백두대간
2023-09-08	은티재 - 시루봉	은티마을 - 호리골재 입구 - 은티재 - 주치봉 - 호리골재 - 구왕봉 - 희양산 입구 - 시루봉 입구 - 이만봉 1.8km 전방 - 분지저수지 - 분지교	산악회 버스 좋은사람들	준솔로	백두대간
2023-09-15	양평 청계산	국수역 - 국수리국수 - 국수역 - 형제봉 - 청계산 - 형제봉 - 신원역	대중교통	한토회	
2023-09-18	한반도섬 입구 - 동수리 고대리 연결 다리	한반도섬 입구 - 한반도섬 - 제주도 - 짚라인 - 동수리 고대리 연결 다리 - 원점회귀	자가용	산장 모임 (솔로)	양구 10년 장생길
2023-09-18	해산터널 - 비수구미민박 방향 중간 지점	해산터널 - 비수구미민박 방향 3km 정도 - 원점회귀	자가용	산장 모임 (솔로)	화천 비수구미 트레킹
2023-09-25	베트남 판시판산	케이블카 정거장 - 정상 - 원점회귀	대중교통	가족 (온 가족)	가족여행
2023-09-30	청계산	원터골 - 매봉 - 원점회귀	대중교통	GH, GP	
2023-10-07	서낭당고개 - 대곳사거리	서낭당고개 - 가현산 - 스무네미고개 - 오성화학 - 수안산 - 대곳신사거리 - 대곳사거리	대중교통	솔로	한남정맥
2023-10-21	논산 바랑산	벤자민펜션 - 법계사 - 월성봉 - 삼거리 - 바랑산 - 삼거리(오산2리 방향) - 법계사 - 벤자민펜션	대중교통, 자가용	HW, KS	

후기

　산행했던 내용을 가지고 책을 쓰겠다는 생각은 회사에 다닐 때부터 했다. 시기는 퇴직 후. 그러다 작년 10월 12일 진짜로 퇴직이란 것을 하게 되었다. 제법 풍부한 것으로 생각했던 나의 산행 이력이 책으로 내기에는 상대적으로 빈약하다는 것을 알게 된 것은 1월 10일 국립중앙도서관에 갔다가 등산 관련 서적들이 있는 서가에 꽂혀 있는 아마추어들의 책을 몇 권 뽑아본 다음이었다. 베이비붐 세대들이 대거 퇴직하면서 책을 많이 내고 있고 그 주제의 상당 부분이 만만한 여행, 등산이었는데 나와 비슷한 수준의 산행 경험을 바탕으로 책을 낸 분도 있지만 나름 내공을 가지고 엄청난 산행을 하신 분들의 책이 더 많았다. 이미 레드오션이 되어 버린 어지러운 아마추어 산행 도서 판에 내가 굳이 책 한 권을 보탤 필요가 있나 하는 생각을 잠깐 했다. 그러나 다른 사람은 다른 사람이고 나는 나니 애초 생각대로 자기 만족을 위해 책을 내자고 마음을 다잡았다.

　책의 플롯을 어떻게 짤까 하다가 회사 다닐 때 했던 스몰 토크(월례회 때 한 명씩 돌아가면서 자유 주제로 5분 가량 발표하는 코너) 토픽이었던 "목표 지향의 산행"과 "관계 지향의 산행"을 기본축으로 놓고 여기에 젊은 시절의 산행을 앞에 두고, 산악문화와 기타 잡다한 이야기를 담은 산중한담(산에 들어가 썰을 푼다는 의미)을 뒤에 붙이기로 하였다. 이 책에 등장하는 산행들이 직장 생활 중 주말에 했던 것들이 대부분이라서 책 제목은 즉흥적으로 《주말 산꾼의 등산 이야기》로 지었고 부제는 Queen의 〈쇼는 계속되어야 한다(The show must go on)〉에서 따와 "산행은 계속되어야 한다"로 지었다. 원고는 2월 초부터 쓰기 시작했는데 블로그의 기존 산행기들을 짜깁기하여 수월하게 작성했다. 초고를 쓰고 나니 4월 20일경이었다. (원고를 쓰기 위해 블로그에 별도의 포스팅을 만들어 자투리 시간을 활용할 수 있었다.) 인터넷에 온갖 산행 정보가 넘쳐나는 작금에 산행 안내서 같은 책은 쓸 생각이 없었고 내가 산에 다녔던 이야기를 늘어 놓으니 개인문집에 가까운 형태의 책이 되었는데 애초 책의 기획 의도가 그러하니 문제가 되지는 않는다. (기억해보면 김형수의 《한국 555 산행기》 등이 나올 때인 2000년대가 산행 안내서의 전성 시대였던 것 같다.)

책에 들어갈 사진은 블로그에 있으니 해상도가 높은 원본을 찾아 활용하면 될 터였다. (4월 말에 사진에 등장하는 분들에게 초상권 사용 허락을 받았다.) 책에 등장하는 사람들에게는 나이, 직급에 관계없이 모두 영문 이니셜을 붙였는데(김대중을 DJ라고 부르는 식) 이 방식은 수많은 동명이인을 양산해낸다는 단점이 있지만 나름 장점도 있다. 실명을 사용하면 우리나라 정서상 손윗사람에게 이름만 쓰는 것은 건방지게 보이고 예의를 차린다고 일일이 직급을 붙이고 경어체를 사용하면 글이 무거워지니 영문 이니셜 사용은 익명성, 어느 정도의 예의, 편의성을 고루 확보하는 좋은 방법이라고 생각한다.

초고는 이미 나왔지만 책을 내기 전에 빈약한 나의 산행 이력을 조금이나마 보완하기 위해 몇 산 안 남은 100대 명산 그랜드슬램을 마치기로 하였다. 백두대간 종주까지 끝내고 책을 내는 것도 생각해 보았으나 그렇게 하면 너무 일정이 늘어져서 책 프로젝트 자체가 흐지부지될 것을 우려하여 백두대간 종주는 계획으로 남겨두기로 했다.

마침내 6월 1일에 100대 명산 그랜드슬램을 마치고 초고에 관련 내용을 집어 넣고 나서 드디어 책을 어떻게 하면 낼 수 있는가를 알아 보았다. 책을 내는 방식에는 출판사를 통하는 방식과 POD(print on demand) 방식(재고 없이 주문이 들어오면 주문 부수에 맞춰 책을 인쇄, 제본하여 송부하는 방식)이 있는데 비용이 덜 드는 POD로 할까 하다가 마눌님이 기왕 책 내는 거 출판사를 통해서 때깔 좋게 책을 뽑으라고 하길래 그렇게 했다. 가지고 있던 등산 관련 책을 낸 출판사 몇 군데에 연락하여 책을 낼 수 있겠는가를 타진하였다. 출판사 한 군데는 자비출판을 하지 않아서 그런지 출판기획서를 보내라고 했는데 내 책이 어차피 많이 팔릴 책이 아님을 자각하고 있는 나는 출판기획서가 거절될 것은 불문가지이므로 그 출판사를 우선 배제하였다. (기획출판을 하면 책의 구성을 내 마음대로 할 수 없기 때문이기도 했다.) 자비출판이 가능한 출판사로부터 계약서 초안을 받아 검토한 후 최종적으로 7월 8일 지식과감성#과 계약을 체결했다. (계약서 리뷰는 고교대학동기 HD가 해줬다.)

원고의 교정도 빨리 끝나지는 않았지만(8월 20일경 완료되었으니 40일 정도 걸린 셈), 편집은 더욱 오래 걸렸다(12월 15일경 완료, 115일 정도 소요). 워낙 나 같은 아마추어들이 갖가지 주제로 책을 내서 편집자 한 명이 많은 수의 프로젝트를 동시에 진행한 탓도 있지만(중간에 첫 번째 편집자가 퇴사를 해서 더욱 지연되기도 했다) 내가 수시로 자잘한 부분까지 수정에 수정을 거듭한 탓도 크다. 부제가 너무 막연한 것 같아 11월 초에 "100대 명산 그랜드슬램을 넘어 산행은 계속되어야 한다"로 바꾸었다. 100대 명산 그랜드슬램은 내가 만든 조어(造語)인데 100대 명산 4대 목록(산림청, 한국의 산하, 블랙야크, 조선일보) 완등이라는 뜻이다. (책이나 블로그 등에서 이 용어를 본 적은 없지만 산깨나 타는 분 중에 이미 달성한 분이 많이 계실 것이다.) 어쨌거나 100대 명산 다중 목록 완등을 책에서 처음으로 다루었다고 나름 뿌듯해하다가 신준호의 《황혼에 이룬 꿈 걸어서 국토 일주》을 읽고 비슷한 개념의 100대 명산 다중 목록 산행기(산림청, 한국의 산하, 블랙야크, 명산수첩, 안경호 목록)가 이미 쓰여진 것을 보고 김이 샜다.

 편집을 거듭하면서 든 생각이 있다. ChatGPT와 같은 생성형 AI에게 등산과 관련된 빅데이터를 학습시킨 후 나의 블로그 주소와 목차를 주고 책을 쓰게 하면 훨씬 더 유려한 문장의 글과 적절한 사진이 조화롭게 배치된 겉보기에 멋진 책이 나올 수도 있을 것으로 생각한다. 블로그에 없는 내용은 AI가 내게 물어 가면서 작업을 했을 터이다. 그런데 이렇게 되면 저자는 AI가 될 것이고 나는 자료제공자로 전락하게 될 것이다. 더 극단적으로 생각하면 머지않은 미래에는 등산갈 때 AI 기반의 등산앱을 사용하여 산행이 끝나자마자 산행기 한편이 뚝딱 나오는 것은 아닌지 모르겠다. 반갑지 않은 미래의 모습이다. (ChatGPT 3.5에게 나의 블로그 주소를 알려주면서 실제 테스트해 본 결과 작업이 불가능하다고 한다. 그 밖에 각 도별 최고봉이나 각 대륙별 최고봉 등에 대해서도 엉터리 정보를 쏟아내고 있으나 이런 문제는 조만간 해결될 것으로 본다.)

 백수의 생활이라는 것도 마냥 산을 탈 수 있는 것은 아니었다. 퇴직 후 처음 6개월 간은 39회, 이후 6개월 간은 50회 산행을 하였으니 1년간 89회를 한 셈이다. 일반적인 잣대로는 산행을 많이 한 것 같으나 매일 산꾼을 지향하는 나로서는 성에 차지 않았다. 여름이 되면서 폭우나 폭염이 연일 계속되면서 백두대간 산행이 여러 번 좌절된 탓도 있는 것 같다. 아무튼 이 책의 단기, 중장기계획에 기술한 산행들을 계속 해 나갔으면 좋겠으나 크게 연연하지는 않겠다. 세상사 주어진 상황에 맞추어 나가야 하니까.

2023년 12월 15일
상도동에서
진짜돌 이진석

Gabriel Loppé, The shadow of Mont Blanc at sunset on August 6, 1873, oil on board, August 6, 1873, 30×40 cm, private collection.

김홍도의 옥순봉. (1796년 봄)

주말 산꾼의
등산 이야기